法治保障 篇

李贵世 — 主编

甘肃文化出版社

和谐甘肃读本丛书编委会

主　　任：张余胜　袁爱华
委　　员：李玉政　汪晓军　玄承东　罗和平　卢旺存
　　　　　梁　辉　邢　玮　尚德琪　李贵世　苟保平
　　　　　陈　华　梁发芾　牛彦君　谢志娟　宋振峰
　　　　　李天伦　谢国西　车满宝　管卫中　王　奕
　　　　　温雅莉
总 主 编：张余胜　玄承东
总 策 划：谢国西　管卫中
执行主编：谢国西　管卫中
执行编辑：原彦平

序

张余胜

  和谐，是通贯五千年的中华文化基因，是起自华夏文明源头的价值追求。我国传统文化中"和"的理念由来已久，它推崇宇宙自然的和谐、人与自然的和谐、人与人的和谐以及人自身的和谐。主张"和而不同"，认为事物总是在千差万别中相依共存，和睦相处。"和"的思想作为中国古代哲学、政治理念的核心范畴之一，经过五千年历史长河的大浪淘沙，逐步演化成了中华民族追求的理想境界，积淀成了民族文化的精髓和价值目标，锻造了中国文化的基本精神。它数千年生生不息，历久而弥新，在中华文明发展史上一直发挥着维系社会稳定、促进社会进步、推动社会发展的重要作用。

  和谐，是流淌于大漠戈壁的古老清泉，是回响于陇原山间水际的灵动乐符。甘肃作为中华文明十分重要的发祥地之一，有史以来发展进步的每一步都浸润着和谐的清风细雨。从旧石器时代的文化遗存到伏羲女娲的古老传说，从周先祖的崛起到横扫六合一统华夏的大秦帝国，从张骞凿空西域到丝路文明的兴盛，从魏晋南北朝的短暂纷乱一直到隋唐帝国的繁荣，河陇大地逐步发展成为中国政治经济文化发展水平在某个时段的翘楚，丝路两侧沃野千里，胡商蕃客穿行如织，史载其时"天下称富庶者无如陇右"。宋元以降，甘肃因国家政治经济中心东移南迁而成僻壤，加之兵燹迭起，天灾频仍，至近代已异常凋敝衰败，以致左公慨叹"陇中苦瘠甲于天下"。尽管如此，这片土地却用和谐的乳汁滋育了中华56个儿女之中的46个，它们之间数千年的融合繁衍与和睦共生，为中华民族多元一体格局的最终确立作出了不可磨灭的贡献。

  60年沧海桑田，30载创新发展，新中国的建立和改革开放基本国策的确立，为古老的甘肃翻开了新的历史纪元，从新中国第一个油田——玉门油田的建设到现代完整工业体系的建立以及国家重要的能源、原材料基地地位的确立,从"两弹一星"撼动世界到神舟飞船遨游太空,从"一方水土养活不了一方人"到现代产业化农业的遍地开花,从追求温饱这一维持生命最基本的需求到精神文化生活水平的日新月异,驼铃古道正在闪现璀璨光芒,千里陇原正在焕发勃勃生机。

《和谐甘肃读本》丛书是甘肃建设和谐社会的见证之作。丛书分《勤政民本篇》、《法治保障篇》、《千秋名范篇》、《孝亲睦邻篇》、《仁爱慈助篇》、《诚信行世篇》、《多彩生活篇》、《惠民隆业篇》、《山川和美篇》、《科学发展篇》10个分册,近300万言。各分册主编多为资深记者,文章分别以记者的眼光如实记录了甘肃60年来,特别是改革开放以来在政治改革、经济建设、法制建设、生态环境保护、社会保障、文化建设以及传统优良道德恢复等方面取得的重大成就,生动展示了今日陇上生气勃勃、活力四射的面貌,和陇原人民焕然一新的精神风貌。它既是2600万甘肃人民在省委、省政府的领导下扎扎实实践行科学发展观的见证,也以丛书形式保存了一份鲜活的史料。丛书即将付梓之时,恰值新中国60周年华诞庆典之际,谨以此为献礼,祝愿祖国繁荣昌盛。

谨以为序。

二〇〇九年九月

目 录

法制前行的脚步

开启了公民立法的新阶段
　　——甘肃省立法程序规则新条款彰显立法进步　　　　　　　　曾华锋　3
为了政府更加高效廉洁
　　——甘肃行政审批改革述评　　　　　　　　　　　　　　　　吴梦寒　7
夯实基层民主的基石
　　——甘肃省推行村务公开和民主管理制度情况的调查
　　　　　　　　　　　　　　　　　　　　　　　张发祥　杜树旗　11
解决行政争议主渠道
　　——甘肃省行政复议工作情况综述　　　　《甘肃法制报》视点工作室　17
"警务阳光"温暖陇原大地
　　——甘肃公安机关开展"警务阳光进万家"活动纪实　　　　　陈志刚　22
心里始终装着百姓生活和谐
　　——庆阳推行乡镇干部全员调解矛盾纠纷制度纪实　周文馨　赵志锋　26
为了新农村的天地更广阔
　　——平凉市人大围绕新农村建设依法履职纪实　　　张晓峰　贾玉坤　30
营造和谐家园
　　——记定西市安定区人大永定路街道工委代表活动二三事　　蔺心睿　35
临夏县韩集镇双城村依法治村工作纪实　　　　　　　　　　　　　马芸　42

法规解读

让合法私权与公权一样神圣
　　——《物权法》的时代意义　　　　　　　　　　　　　申卫星　49
民生之本　安国之策
　　——解读《就业促进法》十大焦点　　　　　　　　《求是》杂志社　53
构建和发展和谐稳定的劳动关系
　　——法制办相关负责人就《劳动合同法实施条例》答记者问　　新华社　57
提高征收标准　坚守耕地红线
　　——三部门负责人解读新《耕地占用税暂行条例》　《国土资源报》社　62
裁决劳动争议的重要渠道
　　——解读《劳动争议调解仲裁法》　　　　　　　　　　谢良敏　66
政府信息应该让人民知道
　　——国务院法制办负责人就《中华人民共和国政府信息公开条例》
　　　有关问题答中国政府网问　　　　　　　　　　　　中国政府网　72
织造牢固的食品安全网
　　——解读《食品安全法》七大看点　　　　　　　　《检察日报》社　78
从行政性问责走向程序性问责
　　——我国官员问责制分析　　　　　　　　　　　　　　李　松　83
营造群众诉求的绿色通道
　　——16种信访工作违纪行为处分规定解读　　　　李亚杰　余庆红　88
加大便民力度　凸显人民司法
　　——最高人民法院研究室负责人解读《最高人民法院关于进一步加强
　　　司法便民工作的若干意见》　　　　　　　　　　　　刘　岚　92
从田间到餐桌全程监管
　　——解读《中华人民共和国农产品质量安全法》　　潍坊农业信息网　98

全面提高人民群众的医疗保障水平
　　——发改委、卫生部等就医改意见和实施方案发布答记者问　　新华社　109

法制人物

热血铸警魂
　　——记"任长霞式公安局长"习尚银　　　　　　　　　　张革文　121
法律天平的守护者
　　——记全国"诚实守信"道德模范提名奖获得者、甘肃省高级人民
　　法院法官马剑勇　　　　　　　　　　　　　郭玉红　潘　静　124
农民维权的贴心人
　　——记全国工商管理系统"2005红盾护农"行动先进个人姜敏
　　　　　　　　　　　　　　　　　　　　　　曲永春　李文郁　128
临洮公安的一面旗帜
　　——记临洮县辛店派出所原所长张晓军　　赵应平　刘　科　韩有存　131
格桑花开
　　——甘南玛曲县"马背普法宣传队"工作纪实　　　　　　王　刚　137
做农民利益的忠实捍卫者
　　——记农民利益的"保护伞"甘肃省农业执法总队　　　　何晨阳　140
乡村法官
　　——记天水市秦州区藉口镇法庭副庭长薛伟　　　　　　白育庆　143
三援"小茵子"
　　——律师王祖国援助受害者的故事　　　　　　　　　　马　斌　146
三获"国优"第一人
　　——记嘉峪关市公安局户政科科长张建华　　　　　　　张芳芳　149
民警的情怀
　　——记全国公安系统二级英模王志睿　　　　　严存义　吴梦寒　152

让法律的天平闪光
　　——记华亭县人民法院法官崔正涛　　　　　　　　王晓蕾　161
雄关脚下斩腐蠹
　　——记嘉峪关市人民检察院检察官蒋康志　　　　刘建生　赵　元　165

调解模范

十七年不变的情怀
　　——记"全国第二届十大民间禁毒人士"杨妙玲　　马　峰　文　洁　173
岷山脚下普法人
　　——记岷县申都乡司法助理员李成安　　　　　　　　周文馨　177
愿做大厦一块砖
　　——记甘肃全国优秀人民调解员孙林元　　　　　　　张蔚波　180
"王管闲"的故事
　　——记见义勇为的司法助理员王长利　　　　　　　　吴梦寒　183
真情铺就和谐路
　　——记甘肃省优秀人民调解员高军霞　　　　　　　　赵成勇　187
"清官"善断家务事
　　——记文县堡子坝乡司法所原所长、人民调解委员会副主任陶志新
　　　　　　　　　　　　　　　　　　　　　　　　　　刘二银　190
洒向山川都是爱
　　——记甘肃省华亭县山寨回族乡人民调解员刘瑞平　　石巨福　194
模范司法所长的"调解经"
　　——记全国模范司法所长马仲华　　　　　　　　周文馨　赵志锋　198
一个全国劳模的"维稳经"
　　——记临泽县倪家营乡下营村支书宋海　　　　　　　周文馨　202
不愧党性不负民
　　——记全国信访系统先进工作者王仁贵　　　　　　　景兴才　205

目 录

实案警世

深陷"老鼠窝"
　　——一位榆中农民的传销噩梦　　　　　　　　　　　　　景 冀 211
一个死囚的内心独白
　　——与农民工王斌余的对话　　　　孟昭丽　刘佳婧　刘晓莉 218
"同命同价"体现人本关怀
　　——对甘肃省两起人身损害赔偿案的调查　　　　　　　吴梦寒 222
智擒大毒枭
　　——甘肃破获省内最大毒品案　　李 勇　陈志刚　王艳丽　苏 华 225
合法土地经营权不容侵犯
　　——临泽县一起农民哄抢承包地案背后　　　　　　　　周文馨 230
为了冤魂的安息
　　——甘肃农民工法律维权站为农民工遗孀讨说法　张艺鸣　唐华伟 234
惨案是怎么样酿成的
　　——甘肃民乐县法院爆炸案幕后　　　　　　　　　　　赵 乔 236
三鹿的"结石"
　　——三鹿牌婴幼儿奶粉事件调查　　　　　　　　王 鄱　张 鹤 241
"捞人"的闹剧
　　——二级警司思登建导演惊天骗局始末　　　　张 嫄　张兆平 248
在"劫"难逃
　　——定西市安定区公安局侦破"2·24"特大入室抢劫案纪实
　　　　　　　　　　　　　　　　　　　　　　　王 刚　曾代荣 256

后记　　　　　　　　　　　　　　　　　　　　　　　　　　　260

法制前行的脚步

古謠諺卷四十九

开启了公民立法的新阶段
——甘肃省立法程序规则新条款彰显立法进步

曾华锋

2007年9月27日，甘肃省人大常委会通过《甘肃省人民代表大会及其常务委员会立法程序规则（修正案）》。这个地方性法规已经施行了6年，此次修改涉及20多条，并新增一些内容。其中，备受关注的是《立法程序规则》第四条："其他机关、企事业单位、社会团体、公民均可以直接或通过省人民代表大会代表、各专门委员会、常务委员会工作部门向常务委员会提出立法建议项目。"

将公民可以提出立法建议项目写进地方法规，这在甘肃省是首次，在全国也尚无先例。有法学专家认为，允许公民参与立法过程，包括参与论证、听证，提出立法建议项目，或者参与起草法律文本，法律上称之为"公民立法"。"公民立法"区别于传统的立法机构立法、委托立法以及专家立法等方式。地方法规作出如此规定，对保障公民有序的政治参与，意义是十分明显的。

公民还可以参与法规草案起草

"公民个人不仅可以提出立法建议项目，还可以参与起草法规草案。"甘肃省人大常委会法工委主任杨兴昌说。

这次修改通过的《立法程序规则》规定："省人民代表大会常务委员会、省人民代表大会专门委员会对涉及本省经济、政治、文化和社会等方面重要立法事项，可以组织起草法规草案，也可以委托大专院校、社会团体或者公民起草。"杨兴昌说："以前，我们委托兰州商学院、西北师范大学法学院起草了《甘肃省村务公开条例》、《甘肃省消费者权益保护条例》等地方性法规。以后，如果有合适的机会和人选，我们将委托公民起草地方性法规。"

《立法程序规则》还规定，在法规案审议期间，"各机关、组织和公民对法规案的意见或者建议，可以通过来访、来函或电子邮件等方式向常务委员会法制工作委员会提出，由法制工作委员会负责收集、整理；"人大常委会会议审议法规案时，"经主任会议决定，可以邀请全国和省人民代表大会代表、省人民代表大会常务委员会立法顾问和立法联系点负责人列席会议，可以组织公民旁听全体会议。"

同时，公民还能参与对地方性法规的修改、评估。据介绍，去年，甘肃人大在修订《甘肃省农业机械管理条例》时，就派了工作人员下去，找拖拉机司机问、找农户问，广泛征求民意。"一些公民向我们提出了不错的建议，我们有选择性地吸收、采纳了一部分。"杨兴昌说，"在对法规实施评估时，我们也邀请公民参与，提意见和看法。"

有了渠道，水才能流过来

为什么要将"公民立法"写进法规？杨兴昌说，这一方面表明了人大立法机关尊重民意、听取民意，在立法中体现人民的意志和人民当家做主的权利，也体现了我国政治制度的优越性；另一方面，以法规形式明确公民有提出立法建议项目的权利，并规定了参与立法的具体渠道，这将让更多有意识、有能力的公民参与到立法过程中来，加快法制建设进程。"有了渠道，水才能流过来，民意表达才能更顺畅。"

"公民提出立法建议项目，这是和谐社会建设的应有之义。"参与起草《立法程序规则》修正案的兰州理工大学法律系副教授张有亮说，"和谐社会提倡一种公民参与的精神，立法参与正是对此的一个有力诠释。目前，一方面公民民主参与的意识不断觉醒，另一方面信息的渠道逐渐畅通，公民参与的信息源瓶颈已经大大缓解。"

其实，2000年7月1日起施行的《中华人民共和国立法法》对公民参与立法也有规定，如"列入常务委员会会议议程的重要的法律案，经委员长会议决定，可以将法律草案公布，征求意见。各机关、组织和公民提出的意见送常务委员会工作机构"；"行政法规在起草过程中，应当广泛听取有关机关、组织和公民的意见。听取意见可以采取座谈会、论证会、听证会等多种形式。"

相对而言，甘肃省人大这次修改通过的《立法程序规则》又向前迈进了一步，公民参与立法渠道更通畅、保障更有力，使"公民立法"这个概念更加凸显出来。

公民参与彰显"公民意识"

　　公民有没有参与立法的热情？公民有没有参与立法的能力？答案是肯定的。在民间，从来不乏关心时事、热心公益的人。兰州大学经济学院教师徐辉就是其中一位。当年提出立法建议时，她还是在读的硕士研究生，她提交的立法建议与黄河有关。

　　近年来，甘肃黄河段由于历史欠账多、污染物总量大、资金投入不足、老企业污染治理难度大等原因，污染较为严重，污水年排放量达2.12亿吨。作为兰州本地人，徐辉感到心痛。"既然可以依法治国，为什么不可以依法治水呢？"写硕士毕业论文时，徐辉决定将方向定为"如何用法律的手段进行黄河甘肃段污染防治"。

　　恰好，当地报纸刊登了省人大常委会征集立法建议的通告。她眼前一亮，想尝试一下，于是花了一个多月的时间，赶在截止日期前将一份长达70多条的《黄河甘肃段水污染防治办法》建议稿送到了省人大常委会法工委。杨兴昌说："我们研究后觉得不错，就将她的建议稿列入了《甘肃省人大常委会2003—2007年立法规划》中。"一份公民的建议稿被列入立法规划，这在甘肃省还是第一次。

　　杨兴昌还举了两个例子。2000年，甘肃省白银市农业局的一位职工向法工委提出了比较系统的防沙治沙的建议，建议的很多内容被吸纳到甘肃省防沙治沙的地方性法规中。兰州市的一位老人想捐献人体器官，却被很多医院以无法律依据为由拒绝。他拿着一个纸片找到法工委，纸片上草草地写满了有关器官捐赠的立法建议。杨兴昌说："经过完善、加工，我们也将这个建议列入了五年立法规划中。"

　　甘肃省委政策研究室的肖光畔说，党的十七大报告明确要坚定不移发展社会主义民主政治，还提到要加强公民意识教育。甘肃省人大修改通过的《立法程序规则》，就是对"公民意识"的彰显。

主编点评:"公民立法"显现"公民意识"

公民是国家的主人,理所当然享有立法参与权。但是,长期以来,公民被单纯看成学法、守法的对象,而参与立法则是官员、专家及人大代表的事。省人大常委会通过的《立法程序规则(修正案)》第四条明确肯定了普通公民有参与地方法规建设的权力。公民参与立法渠道更通畅,保障更有力,使"公民立法"这个概念更加凸显出来,在全国引起良好反响。兰州市民徐辉的黄河治污办法、一位老人关于器官捐赠的立法建议等,均受到省省人大的重视,或被列入立法规划,或已被吸收到新法规中。虽然,这只是几个"个案",但却显示出公民意识的觉醒和法治的进步。

为了政府更加高效廉洁
——甘肃行政审批改革述评

吴梦寒

2007年11月，记者从省监察厅了解到，《行政许可法》实施近4年来，我省的行政审批改革已经取得了阶段性成果。行政审批项目得到了大幅度的消减，行政许可行为逐步得到规范，行政效率得到进一步提高，"重审批，轻管理"的行政管理模式逐渐退出历史舞台。

政府更高效　群众更满意

开办一个企业，需要多长时间？有人说，在美国需要几个小时，在香港需要几天，但是在内地的一些地方则需要几个月，甚至几年。那么在我省，开发这样一个项目需要多久呢？

2003年，我省有关部门对全省房地产业发展做了专题调研。会上，一位兰州的开发商说，他的项目从开始审批到奠基，一共有160多人签字，公章盖了50多个。说起办理建设项目审批，兰州一家房地产企业分管项目审批的副总说，他负责的项目中，办得最快的是一个联建项目，共花了13个月。从正常办理的项目来看，两年办完是"比较顺的"。专家认为，这是审批项目过多过滥，审批程序复杂、漫长所造成的。所幸，随着我省行政审批改革的深入，这种情况正在逐步改观。

近年来，通过几轮清理，我省省级政府部门行政审批事项已经从改革前的2430项减少到现在的899项，累计取消和调整行政审批等事项1531项，减幅为66.22%；市（州）一级平均减幅为52.3%，县（市、区）一级平均减幅为44%。

行政审批的减少，意味着政府更高效。11月9日上午，记者走进省政府政务大厅，发现并没有想象中人头攒动的场面。政务大厅的王主任解释说，这是因为大厅一站式服务，专人集中审批，所以大家基本不用排队等待，随时来随时办理。这样既方便了群众，又提高了政府工作效率。

对此，兰州翔顺物流公司的容维华女士深有感触。她正在省交通厅的窗口办理超限运输车辆通行证。容女士说，她所在的公司准备运输一台大型设备到青岛，需要办理超限运输车辆通行证，她本以为手续会比较麻烦，还要来个几趟，没想到这么顺利，当场就办结了。省交通厅路政总队安力昊副科长说，只要手续齐全都能当场办结。即使有特殊情况，当场无法办结，也会承诺在法定工作日内，作出许可或不许可的决定。

难怪一个现场办事的人员说，现在我们来办事，再也不用像以前那样跑断腿、磨破嘴了。

审批更规范　政府更廉洁

过去，有人说行政审批是"八个大盖帽管一个破草帽"。行政部门的人每天忙着审批，但很少有人说清本部门有多少行政审批项目，可见行政审批之多、之杂乱。专家分析说，部门利益是审批背后的驱动力量。如果没有"钱"的因素，行政审批将不会那么多。审批既是一种权力，更是一种资源。然而，实践证明，政府控制的利益越多，市场发育越迟缓，公民权利意识越淡薄，最后导致个人、企业和社会完全依附于权力，使得行政审批成为权力寻租、官员腐败的土壤。

为了解决这一难题，近年来，随着行政审批改革的深入，我省在减少行政审批项目的同时，还着力解决了现行行政审批项目的"合法性"问题。《行政许可法》中一个重要的原则就是，政府"法无授权不得为"。因此，省政府对省级政府部门现行行政审批项目，多次进行清理、审核，对没有法律依据的项目全部予以取消；对有法律依据，但明显不属于审批性质的事项，调整为正常工作；对有法有据的行政许可项目予以保留，并以不同方式进行公布。

同时，省政府还进一步将行政审批行为进行规范，继2004年出台《甘肃省行政许可过错追究试行办法》后，又于2006年4月制定了《甘肃省实施行政许可程序暂行规定》。省政府还对行政许可项目多，许可频次较高的省直部门分别制定了"内部监督规约"、"相对集中审批或一个窗口对外受理"和"向社会公开承诺"三项制度。各市（州）也相应出台了监督制约和后续监督的制度和办法，为规范行政许可行为起到了重要的保证作用。

西北民族大学行政法学副教授张朝霞认为：减少行政许可项目，规范行政审批行为，目的是促使政府从管理型向服务型转变，创造更加宽松的发展环境，让市场主导经济发展。如今，减少审批也就减少了很多收费环节，审批项目的精简、规范，使得审批背后的部门利益无处藏身，切断腐败源泉。这样也更凸显了行政审批改革的另一层含义，就是让政府更高效也更廉洁。

从全能到有限　从管理到服务

跑过审批的人，谈起行政审批，都有一肚子苦水，"政府什么都要管。审批项目多、部门多、程序多、时间长。要是想办件事，那就别的什么事都别干了，扎扎实实跑吧。啥都要审批，有时候一件事办下来，往往需要盖100多个公章，来来回回跑上几个月，甚至几年。"

对此，我省著名行政法学家李润成认为，这是计划经济时代形成的全能政府的表现。他解释说，全能政府是指，政府什么事都能做到，说明政府的职能是全能的，政府是想管什么就管什么，说明政府的权力是无限的。这样的政府显然是非常态的，是与社会主义市场经济体制不相适应的。因为，在市场经济体制下，政府解决的应该是市场自身无法解决的问题和市场经济在运行中产生的问题。市场有能力解决好的，应该让市场自己解决，政府只能在法律划定的界限内，提供公正安全的整合机制。

李润成还认为，政府过多的审批环节，会限制了社会经济资源的合理流动、市场主体的公平竞争和社会自律管理、公民自主决定，妨碍了市场机制对社会资源配置的基础性作用，严重影响了市场经济体制的完善和社会生产力的发展。有的行政审批行为失范，甚至出现利用审批权进行权力寻租的现象。市场经济要求我们必须按照市场的规则办事，尽可能地减少政府过多的、不规范的行政干预，最大限度地发挥市场机制的作用。事实证明，在很多方面，市场的调节远比行政审批更公正、有效。

为此，《行政许可法》明确规定，凡是公民，法人或其他组织能够自主决定的；市场竞争机制能够有效调节的；行业组织或者中介机构能够自律管理的；行政机关采用事后监督等其他行政管理方式能够解决的，政府就不再设定行政许可。

兰州市法制局罗应龙副局长也说，精简行政审批项目，是政府从全能走向有限，从而进行职能转变的一个重要内容。只有政府权力规范了，市场才有可能发育、激活，市场规则也才有可能发挥作用。现在政府机构精简了，行政效率提高了。过去办一个房产证拖拖拉拉，几个月都办不下来，但是前不久一个朋友办理房产证，只花了几天时间。近几年兰州的投资环境也明显好转，今年兰洽会的签约率高于往年，就很能说明问题。

同时，张朝霞认为，取消审批不是取消管理，而是要改变过去"重审批，轻管理"的行政惯性。行政审批，从某种意义上说就是市场的准入制度，说穿了，审批仅仅就是个门卫。政府并不是管得越少越好，而是管得越到位越好。政府的监管应该适度，该管的必须管紧，不该管的就要坚决放手。比如对于涉及老百姓生命健康的食品、药品的监管，这些年监管力度反而加强。但是对一些重复的审批项目，正在逐步消减、调整。

要保证市场的纯洁和有序，政府就不能放松监管。当然，加强监管也不是加强审批。罗应龙认为，行政审批改革进行到现在，已经步入实质性的阶段，不能简单地用减少了多少项目，来衡量行政审批改革的成果，而要看该管的是不是管住了，该放开的是不是放开了。政府在消减审批项目，放松市场入口的同时，还应该严把出口关，加强对市场的监管。德国有关部门对市场的监管，就是通过建立企业诚信档案，而不是加强审批来实现的。兰州市去年也建立了工程建设的跟踪审计制度，不失为一个有益的尝试。

主编点评：

社会治理的权力分配，应该是立法、司法、行政三方平衡，并且积极吸收民间组织的自律与管理。多年来，政府的权力过于大而集中，政府职能的转变比较缓慢，缺乏有效监督与问责，机构臃肿，效率低下，腐败现象屡禁不绝，老百姓不是很满意。《行政许可法》的颁布实施，为我省行政审批制度改革指明了方向和动力，我省上下也已经行动起来了。然而，政府职能改进是个系统工程，不可能一蹴而就，也不可能一劳永逸，我们期待着在法治中国的建设中，我们的政府更加高效、廉洁，成为管理型服务型政府。

夯实基层民主的基石
——甘肃省推行村务公开和民主管理制度情况的调查

张发祥　杜树旗

为了贯彻落实党的十五大关于扩大基层民主，保证人民群众直接行使民主权利，推进农村基层民主建设，密切党群干群，促进农村的改革、发展和稳定的精神，甘肃省从1998年3月起，在全省农村普遍推行村务公开和民主管理制度。目前，全省已经有60%以上的村推行了村务公开和民主管理制度。总体上看，我省推行村务公开和民主管理制度工作进展顺利，发展势头良好。

基本做法和经验

1. 以群众普遍关注的热点问题为重点，确定村务公开内容

各地在推行村务公开和民主管理工作中，注重抓了五个方面的规范：

一是规范村务公开项目，一般选择十二项内容，即村经济发展计划、财务收支、三提五统、两工使用、集体经营项目、公益建设、计生指标、宅基地审批、村级干部报酬、水电费收缴、专项资金和物资的使用分配、上级有关社会经济发展的优惠政策等。

二是规范村务公开程序，对确定公开的事项，先由村民监督小组或议事小组审议，再经村"两委"会议审定后公布。对涉及村上重大村务的公开，还必须提交村民代表会议审议决定。

三是规范村务公开形式，主要是通过召开会议公布和设置室内外公布栏公布。兰州市红古区、天水市北道区村村都设立了永久性室外公开栏，做到严肃醒目，美观大方，群众随时都可以知晓村务，监督村务。同时完善了村务工作

档案，重新订立了各种会议记录本，群众意见登记薄等，便于上级督促检查村务公开情况，有利于群众随时查阅监督。

四是规范村务公开范围，凡属公开的事项，要求村一级公布到组，组一级公布到户，村上重大事务要及时召集村民代表会议，由村委会主任负责报告工作，接受质询和监督。

五是规范村务公开时间，根据所要公开的内容和要求，一般分为按月按季公布、半年公布、年终公布和随时公布四类。金塔县建立了村务公开对照监督卡，就公开的项目、期限、方式、责任人等先行公布，接受村民监督。

2. 以清理财务为突破口，着力抓好财务公开

财务公开是村务公开的关键和重要内容，是群众关注的热点问题之一，能否真正推行村务公开，财务公开必须先行到位。针对全省村级财务会计科目乱、白条抵账多、财务收支透明度差的状况，省农业厅及时制定下发了《推行村级财务公开，规范财会管理工作的示范方案》，同时抽调专人在陇西和民乐两县先行试点。他们对两县1993年以来的村级财务进行了全面审计清理，共涉及金额1.19亿元，其中清理出违纪资金52.41万元，农户拖欠款255万元，收回集体资金103.02万元，解决了一些群众反映强烈而长期得不到解决的遗留问题，为全面公开财务奠定了基础。

各地在财务清理工作中，突出了"两个重点"，即欠款回收和整章建制；抓住了"四个环节"，即清财、处理、兑现、建账；实行了"三统一"，即统一会计科目，统一会计账簿，统一会计凭证。部分县市在试点的基础上，结合当地实际探索财务公开办法。兰州市红古区在推行村务公开中，针对部分村级经济实力强，村上掌管着一定数量的资金，但是缺乏有效的监管手段，群众对一些财务收支有意见的实际，专门制定了"财务双代管"的办法，其基本内容是，以乡村财务清理结果为依据，由乡镇农经站统一会计科目、统一代管各村会计账务，各村设立复账，资金的所有权和使用权属不变，村上各项开支一般需经"两委"负责人共同签字，村民理财小组审核签章，报乡镇农经站审核备案后方可支付，一次性支出数额在3千元以上的，还必须提交村民代表会议审议通过，否则，银行不予划账支付，乡镇农经站不予记账。乡镇农经站每月与各村核对一次账务，每季度对村财务状况审计一次，并将审计结果进行公布。实行"财务双代管"办法，有效地制约了村级财务中收支的随意性，增强了财务的透明度，给了群众一个明白，使组织监督和群众监督有机地结合起来。

3. 以制度建设为保障，促进村务公开经常化

实行村务公开，制度是保证，只有建立了规范的村务公开制度，干部才能知道怎样搞公开，群众才能知道怎样去监督。已经推行村务公开的县市，普遍建立了村民代表会议议事制度，村民委员会选举制度，村委会会议议事规则，村级财务监督制度，民主评议干部制度，以及村务民主管理制度等。

在推行村务公开中，一些县市还把村务公开延伸到乡镇政务公开，公开乡镇政府及"七站八所"的办事规则、收费依据、办事程序和办事结果，努力做到向群众收费有法可依，为群众办事有章可循，促进了减轻农民负担工作，增强了政务工作的透明度。天水市秦城区要求各乡镇专门设立政务公开栏，公布乡镇政府近期的重要工作、税费征收标准、水电费收缴等内容，同时组织人大代表对乡镇政府和"七站八所"的工作进行视察评议，进一步强化了乡镇干部的公仆意识和民主法制意识，受到了群众的欢迎。

实行村民代表公议议事制度，是实现村民自治的一种有效形式。过去，许多村里的事情是干部说了算，现在通过村民代表会议议大事，村民有了对村务管理发表意见的新场所，民主管理有了新载体。村上一般按7—10户村民推荐一名代表，参加村民代表会议，他们具有一定的参政议政能力，热心为群众服务，通过他们参与村务民主管理，反映群众的呼声，监督村上干部的工作，促进了民主管理制度的落实，激发了群众的创造性和积极性。

推行村务公开和民主管理制度的初步成效

推行村务公开和民主管理制度，促进了基层民主建设，有力地推动了农村基层组织建设和农村各项事业的发展。

1. 实行村务公开，为民主选举奠定了基础

村务公开使村上的工作经常置于村民的监督之下，对干部的工作评价有了客观依据。一些村结合村务公开进行民主选举，一批得到群众认可、廉洁奉公、真心实意为群众办实事的村干部被重新选进了"两委"班子，同时调整改选了一些财务不民主，办事无规章，无开拓进取精神的村级班子，村组班子的整体功能和个体素质有了明显提高。在民主选举中，村民渴望加快发展经济的强烈愿望得到充分体现，他们更加拥护那些市场经济观念强、为农村脱贫致富做出贡献的村干部，群众因为有了可以信赖的带头人，进一步调动了他们发展经济和参加公益事业的积极性。

2. 实行村务公开，为民主管理创造了条件

在实行村务公开后,绝大多数村党支部、村委会,坚持把重大决策、工作结果、工作中的难点、热点问题交给村民代表会议讨论,村民代表积极发表对村务活动的意见和建议,有效地避免了村务工作中的失误和不公正,真正体现出群众当家做主的权利。

3. 实行村务公开,强化了民主监督功能

过去群众对村干部意见最大的是财务不民主、不公开。推行村务公开后,群众能够经常了解村务活动,有了对村上财务的知晓权,原来不明白的现在明白了,一些具体问题得到了及时解决,增强了对干部的信任感。部分集体经济实力较强的村,通过实行"财务双代管"等民主监督办法,实现了集体资产的保值增值。兰州市红古区上街村拥有窑街电厂建设征地款上千万元,群众一度对管好用好这笔资金忧心忡忡,通过实行"财务双代管",及时公布财务收支状况,有效地实施了财务监督,给群众吃了一颗"定心丸"。不少乡村干部深有感触地说:"实行村务公开后,我们感到时时、事事都有群众监督,群众的抵触情绪少了,干部的责任感强了。"

4. 实行村务公开,有力地促进了村级经济的发展,焕发了干部群众的创造热情

村务公开的民主管理的实践,使村组干部更加注重发扬民主,尊重群众的意愿和首创精神,群众更加理解和支持干部的工作,关心村上的经济发展和公益事业,呈现出群策群力改变乡村面貌的新气象。皋兰县在村务公开中,依靠民主决策振兴乡镇企业,共复活企业23家,完成股份制改造17家,引进新建企业5家,使一些濒临倒闭的企业获得新生。

5. 实行村务公开,加强了民主管理制度建设

各地在推行村务公开中,建立了一整套规范基层干部,约束村民行为的规章制度。这些规章制度体现了村民自治的基本要求,促使村民按照自治章程和村规民约进行自我约束、自我教育、自我管理、自我服务。通过制度建设,保证村务公开的经常化、规范化,促使民主管理向纵深发展。同时促进了民主管理向上延伸,推进乡镇的政务公开,乡镇政府和"七站八所"的执法、行政水平也相应得到了提高。

存在的问题和建议

各地在推行中借鉴成功的经验和做法,取得了明显成效,但是还存在一些

具体问题，需要进一步引导和解决。一是群众对参与村务公开和民主管理的热情很高，但怕制度定了，办法有了，不能长期坚持下去，变成"形势来了一阵风，形势过后没人问"的状况；二是一些村的公开内容不够真实、全面，群众担心搞不好会摆了花架子、走了过场；三是个别县市在制定有关制度中，没有紧密结合当地实际，照搬照抄，缺乏针对性；四是个别乡村的公开阵地不完善，有的把公开栏设在村委会办公室内或者将公开内容写在纸上，贴在墙上，易受风雨侵蚀，不便于群众经常阅读和监督村务。因此，我们认为，要贯彻落实《中华人民共和国村民委员会组织法》，认真总结经验，加强督促检查，在狠抓落实上下功夫。

第一，要进一步提高对推行村务公开和民主管理制度的认识。

要继续在广大村民和乡村干部中宣传推行村务公开和民主管理制度的重要意义，使他们更加清楚地认识到推行村务公开是加强基层民主建设的基础和核心，是关乎到农村的改革、发展和稳定，实现农村的长治久安的重大任务，绝不是权宜之计。只有让群众真正掌握了村务的知晓权，才能实现由群众广泛参加的民主选举、民主决策、民主管理和民主监督，广大群众当家做主的权利才能真正得到体现。推行村务公开和民主管理制度，是基层民主建设的一次重要实践活动，必然经历从推行到不断规范完善的过程，不可能一蹴而就。因此，各级党委和政府要进一步加强领导，加大推行力度，及时总结经验，抓住有力时机，力争全面推行村务公开和民主管理制度。

第二，要充分发挥村民监督小组对村务公开的监督作用。

村民监督小组是实现群众监督的基本形式之一，村务公开的内容，必须事先经过监督小组的核实审查，使公开的内容真实、准确、全面；并且要经常督促，按期公布，使这一制度经常坚持下去，防止走过场、搞形式主义。村民监督小组不仅要监督办事结果的公开，并且要把监督贯穿于村务工作的全过程，使村务工作自始至终置于群众的监督之中。

第三，有关部门要经常开展对村务公开的监督检查工作。

乡党委、人大等组织要发挥组织监督检查的功能，随时了解村务公开情况，倾听群众意见，经常督促检查村务公开和民主管理制度的落实情况；对那些不及时公开村务，搞假公开、半公开的村，要采取由乡镇农经站审计财务、民主评议村务、定期通报村务公开情况等形式，督促落实村务公开制度，做到有布置、有检查、有落实。

第四，积极推行"财务双代管"等办法。

兰州市红古区在实行村务公开中,采取了"财务双代管"办法,这对于加强村级财务管理,实行有效监督,克服财务账目混乱、财务收支随意的现象,增强村组财务的透明度是一种好办法,应进行推广。

第五,进一步抓好民主选举工作,充分贯彻村委会组织法精神,规范村委会选举的实际操作程序。

要坚决克服"指选"、"派选"现象,充分体现广大群众当家作主的意志。通过村民直接选举,使一批品行端正、懂经营、会管理,能够带领群众发展经济的能人进入村级班子。各级党组织要加强对换届选举工作的监督检查,坚决制止和纠正有法不依、以言代法、压制民主的错误做法,及时处理家族、宗派势力干扰选举和以不正当手段拉取选票的行为。

主编点评:

村级组织,是国家政权组织的基石;村民自治,是法治政府的缩影。村务公开和民主管理,是村级政府组织民主建设的重点,也是广大农民群众行使民主权利的关键。通过多年的推行,村级组织的法制观念在加强,村民的民主意识在觉醒,广大农民群众从自己的生活中现实、直观地感受到了时代的进步,享受到"主人"的权力,这是值得欣喜的法治进步。

解决行政争议主渠道
——甘肃省行政复议工作情况综述

《甘肃法制报》视点工作室

近年来，我省深入贯彻《行政复议法》及其实施条例，行政复议工作取得明显进展，涌现出一批先进单位和个人。在前不久召开的全国行政复议工作经验交流暨"双先"、"双优"表彰大会上，定西市人民政府法制办公室被评为全国行政复议工作优秀单位、武威市人民政府法制办公室行政复议科科长符润润被评为获国务院法制办、国家人力资源和社会保障部表彰的全国行政复议工作先进个人荣誉称号、兰州市人民政府法制办公室行政复议处处长曹丽慧被评为全国行政复议工作优秀个人。

甘肃省政府法制办公室坚持以邓小平理论和"三个代表"重要思想为指导，以科学发展观为统领，深入贯彻《行政复议法》及其实施条例，牢固树立行政复议工作围绕中心、服务大局的思想，积极解决行政争议，及时化解矛盾，为推进和谐社会建设，发挥了重要作用并取得明显成效。行政复议已逐步成为我省解决行政争议的主渠道之一。

在构建社会主义和谐社会、全面推进依法行政、加快建设法治政府的新形势下，党中央、国务院近年来高度重视行政复议工作，采取一系列措施加强和改进行政复议工作。2004年3月，国务院印发了《全面推进依法行政实施纲要》，其中对加强行政复议工作提出了明确要求；2006年9月，根据党中央、国务院领导同志的批示精神，中办、国办印发了《关于预防和化解行政争议健全行政争议解决机制的意见》（中办发[2006]27号），对加强和改进行政复议工作提出了新的更高的要求；特别是2007年8月1日起开始施行的《中华人民共和国行政复议法实施条例》，是推进我国行政复议制度建设的重要保证。全面、正确地贯彻《实施条例》，加强行政复议工作，是实现依法治国方略的必然要求，是加快法治政府建设、推进依法行政的重要内容，必将对我们做好新形势下的行政复议工作产生极其深远的影响。省委省政府对做好新形势下的行政复议工作一贯给予高度重视,陆书记、徐省长多次对加强依法行政和做好行政复议工作作出指示,特别是上届省政府第105次常务会和今年第17次常务会议,就市县政府依法行政和加强行政复议工作提出了特别要求。党中央国务院和省委省政府这一系列的重要举措,给全省行政复议工作不仅带来了新的理念和要求,也带来了新的机遇和发展环境。

我省行政复议工作情况分析

近些年来,全省各级行政复议机关及其工作人员恪尽职守、克服困难,积极推进工作。

一是依法、公正、及时地办理各类行政复议案件。2004至2008上半年,全省共收到行政复议申请2909件,其中受理2721件,不予受理170件,作其他处理18件。受理案件的办理情况为:维持1455件,占受理案件总数的53%;撤销450件,占受理案件总数的17%;变更100件,占受理案件总数的4%;其他716件,占受理案件总数的26%。2004年至今,省政府共收到行政复议申请84件,受理54件,不予受理20件,作其他处理10件。在受理案件中作出维持决定的29件,占54%;作出撤销决定的7件,占13%;作出变更决定的3件,占5%;作出调解、驳回等其他处理的15件,占28%。化解了一批行政争议,促进了经济发展与社会和谐稳定。

二是认真落实国家关于加强行政复议工作有关精神和《行政复议法实施条例》。2006年底全国行政复议工作座谈会召开后,省政府高度重视会议精神的落实,召开全省政府法制工作会议,以甘政发[2007]24号文件下发了《关于进一步加强行政复议工作的意见》,就畅通行政复议渠道,创新行政复议方式,加强行政复议能力建设等方面提出了明确要求。在报刊和甘肃政府法制网增发加强和改进行政复议工作的报道和文章。省政府领导亲自撰文在《甘肃日报》发表了"加强行政复议工作,推进和谐社会建设"的文章。《行政复议法实施条例》颁布后,省政府法制办及时举办《行政复议法实施条例》的培训班,省政府各部门,各市、州政府和各县市区政府法制机构的分管领导和行政复议工作人员264人参加了培训。为了贯彻落实《条例》确定的行政复议工作人员资格管理制度,对全省行政复议工作进行了检查指导。各级行政复议机构联系实际,陆续制定了行政复议案件办理规则、证据调查和认定规则、便民接待及权利义务告知、重大案件督查回访、行政复议案卷评查、行政复议人员工作纪律等多项制度，推行行政复议工作目标责任制，使行政复议案件的办理有章可循，促进了依法行政工作的顺利开展。

三是坚持"以人为本、复议为民"，发挥行政复议快速高效、简易便民、不收费用的优势，纠正了一批违法、不当的具体行政行为，切实维护人民群众的合法权益，增强了政府的公信力。保障和监督行政机关依法行使职权，强化了行政机关工作人员"有权必有责、用权受监督、违法要追究、侵权须赔偿"的意识，提高了各级行政机关依法行政的能力和水平。同时，通过办理行政复议案件，大力宣传有关法律法规，积极引导群众以理性合法的方式表达利益诉求，增强了全社会的法制意识。

四是注重运用协调与调解方式化解矛盾和争议。全省各级行政复议机关在办理案件中，较普遍地采取了协调与调解的方式解决行政争议，化解相关民事权益纠纷。对事关人民群众切身利益的纠纷和问题，在既不违反法律的原则性又能体现政策灵活性的前提下进行调解，提高了行政复议效能，节约了行政成本，也给了行政机关自我纠正错误的机会。

五是实地调查、深度介入，认真解决疑难权属纠纷案件。近年来，涉及地权、林权、水权等自然资源权属以及房地产、拆迁安置等问题引发的行政纠纷，在我省各级行政复议机关受理的复议案件中占有较大比例。广大行政复议工作人员认真贯彻《条例》规定，普遍采取了深入现场踏勘、实地调查、质证听证等解决纠纷的做法。对关系到社会稳定和谐的群体性事件，从维护大局出发，在收到申请后认真进行分析，调查取证，做好当事人的说服工作，取得了良好的社会效果。

尽管我省行政复议工作在依法行政大环境的氛围中取得一定成绩，但是存在的问题和差距仍不容忽视，突出表现为四个不适应：一是行政机关领导的思想认识与新形势的要求不相适应。有的地方和部门的领导对新形势下依法及时解决行政争议是政府的一项基本职能的认识不到位，对通过行政复议法律制度解决行政争议还缺乏必要的了解，不善于运用行政复议手段解决矛盾和问题。二是行政复议机关和行政复议机构工作人员的工作作风与新形势的要求不相适应。有的地方和部门不积极受理、审查符合法定条件的行政复议案件，相互推诿、敷衍塞责，致使相当一部分行政争议的处理仍然游离于法定轨道之外，行政机关仍然限于应付信访、忙于应对行政诉讼的被动局面。三是行政复议机构和队伍建设与新形势的要求不相适应。有的地方和部门的领导对行政复议能力建设关注不够，市、县的能力建设尤为薄弱，机构不健全、编制不到位、队伍不稳定、素质不够高的问题突出。四是行政复议办案能力和基础建设与新形势的要求不相适应。行政复议办案质量有待进一步提高，行政复议决定的权威性和社会公信力需要进一步加强，行政复议配套制度和基础建设也需要不断完善。如有的地方和部门有案不受和受案后不依法处理的问题还不同程度地存在，因为害怕当被告，对应当依法撤销或变更的案件都是简单维持了之。全省行政复议工作开展仍旧不平衡，每年都有一些县、区政府和部门一年都没有受理过一件行政复议案件，对审查符合法定条件的行政复议案件，也推诿敷衍，塞责了事。与全国其他大部分省份相比，我省各级行政复议机关受案数量偏低，差距很大，如河南、山东、辽宁等省近年来累计受案数几乎为我省的10倍，行政复议制度在我省所发挥的作用，与党中央、国务院要求作为化解行政争议主渠道的作用相距甚远。

现阶段行政争议的特点及行政复议存在的问题

现阶段行政争议的特点是建立在经济快速发展、社会逐步转型、民主水平提高、民生得到改善这样一个基础之上的，和以往相比，行政争议呈现出四个新的特点：一是量大面广，行政争议发生在各个行政管理领域，且呈逐年增长趋势。二是重点突出，主要发生在市、县两级公安管理、国土资源、城镇拆迁、企业改制和重组、劳动与社会保障、工商和税收管理等热点领域。三是处理难度大，行政争议持续时间长、有的涉及人员众多，法律关系复杂。四是政治性强，行政争议的处理结果往往直接关系到社会和谐稳定的大局。从国家有关方面的分析看，目前约有70%的行政纠纷未经行政复议直接进入了行政诉讼，究其原因，一是在制度层面，根据行政诉讼法的规定，经行政复议的案件，行政复议机关改变原具体行政行为的，复议机关是被告。在这种制度设计之下，行政复议机关因怕当被告，往往对行政复议申请采取能不受理就不受理、能维持就维持的态度，公信力被大打折扣。二是工作层面的问题更大。我国虽然确立了行政复议制度，但相应的运转条件没有跟上。据初步统计，我国有行政复议权的机关有1.8万多个，但地方三级政府的专职行政复议人员仅有1532人；区县级政府专职行政复议人员平均仅有0.2人，却需要办理案件总量的50%，行政复议力量严重不足。三是受现行行政管理体制的制约，原本有限的行政复议资源被分散在各个政府工作部门中，加上行政管理各自特点不同，政府工作部门的行政复议工作任务很不平衡,造成有的部门有人没案办,有的部门有案没人办,行政复议资源无从优化利用,变得更加紧张,成为制约行政复议功能发挥的瓶颈。

 **主编点评:**

以人为本,复议为民。行政复议作为解决行政争议的主渠道之一,通过解决行政争议,及时化解矛盾,为我省推进和谐社会建设,发挥了重要作用,并取得成效。当前,在公安管理、国土资源、城镇拆迁、农村征地补偿、企业改制和重组、劳动与社会保障、工商和税收管理等热点领域所发生的各种纠纷呈频发态势,公权侵害私权的现象相当普遍。过去,遇到行政不公,要么上访,要么上法院,行政复议渠道的畅通,为人民群众排解纠纷、追求公正多了一条路子。

"警务阳光"温暖陇原大地
——甘肃公安机关开展"警务阳光进万家"活动纪实

陈志刚

2007年12月下旬,甘肃省公安厅从践行科学发展观,构建和谐警民关系的高度出发,厅党委作出决定,在全省公安机关开展以"送温暖、献爱心、解民忧、促和谐"为主题的"警务阳光进万家"活动。近一年多来,全省公安机关通过采取具体措施将"以人为本"的理念直接体现在服务民生、改善民生、保障民生的实践活动中,取得良好的社会效果。

只要是对老百姓有帮助的事,我们都应该做

除了打击犯罪外,公安机关还需要做什么?

"只要是对老百姓有帮助的事,我们都应该做"。时任甘肃省省长助理、公安厅党委书记、厅长何挺在接受记者采访时说。

2008年1月10日上午,省公安厅在兰州东方红广场举行了名为"警务阳光进万家"活动的启动仪式,第一缕警务阳光出现了。

"警务阳光"一开始就受到了群众的广泛关注,因为这其中蕴含着一个转变——警察主动走进群众家,而不是群众去找警察。

在"警务阳光进万家"活动的宣传材料上清楚地写着:"为一家一户办实事、解难题,为一方社区村屯送平安、建和谐,履行公安机关的社会管理和公共服务职能。"

"各地将搭建多种形式的沟通平台,拓宽社情民意表达渠道,深入社区、农村、学校、企业、机关进行大走访,充分了解社情民意。"

从办一个身份证、一本驾驶证、一本护照等与人民群众生产生活息息相关的具体事情抓起，认真落实各项便民利民措施，让警务阳光进入千家万户。

通过面对面和群众接触，倾听群众呼声，进一步改进和加强110接警处工作，争取广大人民群众更多的理解、支持和关心。"

省公安厅一位领导说："其实，这些也是我们应该做的，并且要做的很好，但过去我们一直都做得不够。"

警察围着百姓转，温暖了百姓心

近年来，甘肃省委、省政府把发展劳务经济作为农村经济发展的战略产业来抓，全省劳务输出人员相对较多。在这个群体中，多数人长年无法回家，若这部分群众返回户籍地办理"二代证"，不但花钱费时，而且会带来工作、生活方面的诸多困难。针对这一情况，省公安厅把异地设立"二代证"办证点作为关注、改善和保障民生的一项重要工作来抓。去年下半年以来，先后在广东深圳、北京、新疆等地设立了"二代证"办理点。截至今年7月底，累计为4.7万人异地受理"二代证"，仅此一项就为群众节约回家办证经费4700万元。

与此同时，他们把广大人民群众最关心、最直接、最现实的利益问题作为"警务阳光进万家"活动的重中之重，积极引导教育广大民警转变执法观念，坚决摒弃以管人者自居的特权思想，树立人民至上、百姓为重的观念，把"警务阳光"与警务工作结合起来，与群众工作结合起来，努力把这一活动打造成为民警受教育、百姓得实惠、警民共和谐的品牌工程。省公安厅在继续抓好28项便民利民措施的同时，指导兰州市公安局制定了《关于解决农民工户口问题的实施办法》，经兰州市政府同意，于10月底正式施行，标志着"农民工"变为"城里人"有了更明确的政策依据。《办法》规定，农民工落户公安机关25个工作日办结。各地公安机关结合实际，也相继出台了一些便民利民措施。据了解，这些措施在法律和政策允许的范围内，能放宽的都作了进一步放宽，手续能简化的都作了进一步简化，办理时限能缩短的都作了进一步缩短，门槛能降低的都作了进一步降低，行政手段能不介入的都作了禁止性规定。

从"百姓围着警察转"到"警察围着百姓转"，全省广大民警的执法观念发生了根本性转变，从不同角度出发，全方位地围绕群众想什么、盼什么这个核心，来履行公安民警的职责。

警察和百姓"距离"近了，关系和谐了

"感谢警察救了我妈！"武山县余寨村农民康新胜说起今年3月发生在他家的火灾时，不断地重复着对武山县公安局民警的感激。

原来，3月的一天，武山县公安局马力派出所副所长周爱民和几名民警前往余寨村给群众发放已办理好的二代身份证。当走到村民康新胜家门口时，看见康家院内浓烟滚滚。

周爱民和几名民警立即冲了进去，发现是厨房起火，火焰喷起一米多高，周爱民立即找来一床棉被，用水浇湿后顶在自己头上，冲进厨房里关掉了煤气阀门，截断了火源，救出了被困在屋里的康新胜的母亲。

"过去我感觉警察都是冷冰冰的，现在格外亲。"康新胜说。

一桩桩、一件件实实在在的好事实事拉近了警察和群众之间的距离。据统计，截至目前，全省各级公安机关共走访慰问困难群众19万余人；为群众做好事、办实事3万余件；组织为困难群众和地震灾区累计捐款达870多万元，捐物5万多件；结帮扶对子11709对；全省民警建立"警阳光档案"16841份。

去年12月以来，甘肃各级公安机关以"爱民实践活动"为载体，热情邀请群众走进基层所队，认真征求群众对公安工作和辖区治安管理的意见建议，并就群众提出的意见现场表态，承诺解决办法与时限。组织民警深入社区、农村、学校、企业、机关，就各警种的工作向社会各界征求意见，结合行风评议，积极开展"开门评警"活动，主动走访地方党委、政府、人大代表、政协委员和共建单位，虚心听取和征求他们对公安工作的意见和建议，汇报公安工作的实际情况，争取地方党委政府和人民群众对公安工作的理解和支持。

变"被动打击犯罪"为"主动建设和谐"

"警务阳光进万家"、"爱民实践大走访"活动带来了一次空前的转变。

省公安厅一位负责人说："过去我们是被动打击犯罪，警务工作陷入被动，就会不断造成社会对立面，埋下引发新矛盾的隐患。现在我们主动做工作，针对引发犯罪的多种因素，将可能发生的案情消灭在萌芽状态。"

事实上，过去一发生大案、要案，就搞地毯式排查，时常让警察累得迈不动腿，但一些居民还不配合。现在民警走访群众成日常化，有了案情马上知晓。

"阳光警务，爱民实践"活动使警务工作走向社会化。他们利用公安系统机构遍布城乡，接触群众广泛的优势，整合与警务相关的一切资源，延伸扩展了公安职能。

一名村干部说，以前公安能破案，咱老百姓心里高兴；现在公安更了不起，他们能让案子不发生，这才是咱老百姓最盼望的。

"爱民实践大走访"、"警务阳光"的旺盛生命力就在于，它温暖了百姓内心深处。

主编点评：

一段时间以来，面对群体性事件，有的地方政府应对缺乏新思维，动辄就把警察推到前台，用专政的手段对付本处是人民内部的矛盾，使人民警察的形象受到影响，警民矛盾在有些地区比较明显。警察的工作与社会的稳定、人民的安康息息相关。"警务阳光进万家"、"爱民实践大走访"活动的开展，密切了警民关系、政民关系和党群关系。从"百姓围着警察转"到"警察围着百姓转"，全省广大民警的执法观念即将发生根本性转变，从不同角度出发，全方位地围绕群众想什么、盼什么这个核心，来履行公安民警的职责。这样的警风，人民群众欢迎。但愿这不是一股季风，而是四季春风，时时温暖百姓的心。

心里始终装着百姓生活和谐
——庆阳推行乡镇干部全员调解矛盾纠纷制度纪实

周文馨 赵志锋

在甘肃省庆阳市的乡村、社区，时常可以见到兜里装着"矛盾纠纷排查调处手册"的乡镇街道干部走街串巷的身影，在他们苦口婆心地劝解下，一件件邻里间不大不小、婆婆妈妈的纠纷，滋生在萌芽状态时，很快便被化解了。

"矛盾纠纷排查调处手册"之所以能够带来如此的效果，关键是当地建立了"乡镇干部全员调解矛盾纠纷"制度。该制度要求，每位乡村干部都要随身携带矛盾纠纷调处手册，接到或发现辖区矛盾纠纷后，必须随时随地负责调处，并及时上报调处结果。

从"口头调解"到"口袋调解"的飞跃

2008年9月20日，对庆阳市西峰区彭原乡司法所所长张治海来说，是不平常的一天。当日，庆阳市综治委正式下发文件，决定在全市推广彭原乡实行的乡镇干部全员调解矛盾纠纷制度。

张治海是这项新制度的首创者，这位因善于调解纠纷而在当地知名度较高的"大专生"对记者表示，连他自己都没想到一起偶然的事情会催生一项新制度的产生，更没想到这项新制度日后会在全市推广。

时间要追溯至2005年的一天，张治海在彭原乡鄢旗坳村调解纠纷时，村支书告诉他，村里有一起承包地纠纷，村调委会三次调解，当时都调解成功了，但事后总有一方会反悔，导致这起纠纷长期存在，一直未能了结。

张治海听了后，随即前去对该纠纷再次进行调解。考虑到这场纠纷几次反复，调解结束后，张治海准备让双方签订一份调解协议，但发现自己手头的格式《调解协议书》已经用完了，于是就在自己随身携带的笔记本上草拟了一份协议，复写成一式三份，让双方当事人签名确认后，从本子上撕下来，两份交给了当事人双方，一份自己留底。

这一次，这起承包地纠纷再也没反复。这起纠纷的调处，对每天和调解打交道的张治海触动很大。他认为，基层一些小矛盾、小纠纷时常出现调解后事态又反复、反弹的现象，只因为都是村干部往往当时是口头调解，没有形成文字和签名约束机制。

在与村干部商量之后，大家一致认为："很有必要设计一个易携带、能反映纠纷内容、调处结果的小册子来代替口头调解，对一般性、不需要专门签订调解协议的纠纷进行登记、调处，调处结果经双方当事人签字认可，作为凭证予以保留。"

两天后，4本《彭原乡矛盾纠纷排查调处手册》破"茧"而出，首先在鄢旗坳村试点，两个月的实践，村里发生的11起纠纷再没反弹，此后开始在全乡推行。

2007年3月，彭原乡党委、政府下发意见，规定从村组干部到乡镇干部，人人都是矛盾纠纷调解的责任人，并把调解工作纳入干部考核，严格奖惩。

2008年5月，彭原乡所在的西峰区出台实施意见，在原有制度的基础上进行了进一步完善，并从格式和内容上修订统一了"调处手册"，随后在全区实施推广。

2008年9月20日，庆阳市综治委正式下发文件，决定在全市推广彭原乡实行的"乡镇干部全员调解矛盾纠纷制度"。

从此，庆阳市所有的乡镇、街道干部以及6200多名基层调解人员，每个人的口袋里都揣着一本调处手册，时刻紧盯着庆阳大地上的每一起矛盾纠纷。

"口袋调解"使纠纷反复率大幅下降

彭原乡义门村村民张某在油田干活时，不慎摔伤，抢救无效死亡。在赔偿问题上，受害人家属与施工队发生了强烈的冲突性纠纷，张某的亲属甚至抬着尸体准备到有关部门去讨公道。

该村的乡镇干部闻讯后，立即带领村干部赶到现场，一方面对受害人的家属做工作并从法律的角度讲清了利弊，使其情绪很快稳定下来；另一方面做油田项目负责人的思想工作，经过几次动之以情、晓之以理的调解，最终达成了协议，双方在调处手册上签了字。

一起即将激化为群体性上访的事件，经过乡镇干部、基层调解人员的努力，很快平息了下来。

据统计，"口袋调解"推行以来，彭原乡的矛盾纠纷数量由2005年的362件锐减至2008年的不足100件，纠纷的反复率由2005年的9.5%降至2008年的1.1%。

在彭原乡鄢旗坳村采访时，很多群众都告诉记者，这个地处城郊的村由于社情比较复杂，在2005年以前，刑事、治安案件发生频繁，加上吸毒人员较多，群众对治安现状感到很不满意。近三年来，这一现象在鄢旗坳村得到彻底改观，特别是2008年奇迹般实现了"零发案"，群众满意度大幅提升。

"口袋调解"所带来的磁场效应

以"口袋调解"为载体的"乡镇干部全员调解矛盾纠纷制"所带来的仅仅是纠纷反复率的大幅下降吗？

"当然不仅是这些。"庆阳市委常委、政法委书记张文礼说，把群众的矛盾纠纷化解在村庄院落、田间地头，以往动辄到乡镇政府上访堵门的现象几乎没有了，这样一来，镇党委书记、镇长就可以腾出手脚，把主要精力集中在谋划领导辖区经济和社会事业的发展上。

"口袋调解"就像一块磁石，以磁石为中心，周围会形成巨大的磁场，带来一系列良好的连锁反应。

首创"口袋调解"的彭原乡，如今，乡政府已从群众来访接待中解放出来，能够安心抓经济、搞建设、谋发展。三年来，全乡农民人均纯收入已由2004年的1980元增加到2008年的近3000元。

彭原乡党委书记孙立权、乡长郭光峰深有感触地说，"口袋调解"为当地党委、政府分忧、为信访分流、为公安减压、为法院减负、为群众解愁，为党委政府倾力抓经济建设创造了一个和谐稳定的社会环境，本本虽小，意义深远。

"'口袋调解'，说的理儿和法院一样，不花钱、不伤和气、不误工。小小的'口袋调解'营造了家庭和睦、邻里友善的良好氛围。"彭原乡鄢旗坳村村民说。

在谈到乡镇干部全员调解矛盾纠纷制度的特点时，张文礼总结了三点：一是随时发现、及时调处，从源头上消除影响农村社会治安的各类问题；二是人人参与、全员调处，大大增加了参与调解纠纷的力量；三是贴近群众，贴近实际，拉近了干部与群众的距离，密切了党群关系。

中央综治委检查组去年底在庆阳检查验收综治工作时，充分肯定了这一经验。他们认为，乡镇干部全员都参与矛盾纠纷的调处化解工作，并将调处结果纳入干部考核，充分调动了每个干部调解纠纷的积极性，改变了过去单纯依靠乡镇司法、综治干部单打独斗的被动局面，形成了整体合力，把大量矛盾纠纷化解在了基层，体现了以人为本的执政理念，对调处化解矛盾纠纷、构建社会主义和谐社会、落实党的十七届三中全会精神，具有重要的启示和借鉴意义。

主编点评：

"口袋调解"是个形象的说法，就是提醒干部要密切联系群众，密切联系实际，心中时时装着人民群众的利益，为他们排忧解难。庆阳市在全市推广彭原乡实行的"乡镇干部全员调解矛盾纠纷制度"，取得了很好的效果。因为这种做法体现了执政为民的理念，把调解基层矛盾当作一项系统工程。乡镇干部责任到人，上下联动，形成了合力，事半功倍。春风化雨，暖阳融冰，只要以人为本，权为民所用，情为民所系，利为民所谋，心里装着人民群众，设身处地的为民着想，没有化解不了的矛盾和纠纷。

为了新农村的天地更广阔
——平凉市人大围绕新农村建设依法履职纪实

张晓峰　贾玉坤

二月二，龙抬头。每年的农历二月初二一过，尽管还是春暖乍寒的日子，但性急的庄户人家就要开始准备一年的农事。

2008年3月10日，农历的二月初三。甘肃省平凉市人大常委会组织的执法检查组也和庄稼人一样性急，一大早，一行数人就出发了。

这次检查的是《中华人民共和国种子法》在全市的贯彻执行情况。

4月10日，记者在平凉市人大常委会采访得知，如此早的时节就对《种子法》进行执法检查，缘于平凉市今年实施的一项现代农业种植项目——40万亩双垄沟地膜玉米项目。

平凉市人大常委会农业与环境资源工作委员会主任李克和告诉记者，种植业，种子是关键，是源头，在选种环节上如果出了问题，那40万亩的双垄沟地膜玉米项目的效益就要打折扣，就很难保证农民真正实现增产增收。市人大常委会如此"性急"，正是基于此，可以说是未雨绸缪之举。

记者进一步采访得知，对于发展现代农业和新农村建设，成立一年多的平凉市第二届人大常委会的关注从未松懈，调查、听取汇报、执法检查、督办代表建议等手段多管齐下，这次执法检查仅是他们具体工作的一环。

一份调查报告，被市委批转全市贯彻落实

2007年1月18日至21日，平凉市第二届人民代表大会第一次会议召开。

大会闭幕当日，新成立的第二届人大常委会随即召开了第一次全体会议。这次会议的一个重要议题就是审议2007年常委会工作要点。按照常委会组成人员的一致意见，听取和审议新农村建设、新型农村合作医疗等工作报告和调查

汇报被郑重列入工作要点。同时，针对农村土地管理上存在问题较多，代表和群众意见较多的实际，该市人大常委会将《中华人民共和国土地管理法》也列入了当年的执法检查计划。

4月9日，市人大常委会副主任万英、秘书长田志明率领的新农村建设情况调查组出发了。

这个调查组的成员结构很"复杂"，除了市人大常委会农业与环境资源工作委员会、市新农村建设办公室的负责人之外，还有交通、建设等部门的负责人，部分熟悉新农村建设情况的市人大代表也被邀请在列。

调查组一行先后深入庄浪、华亭、崇信、灵台四县，现场调研了17个乡镇的22个新农村建设示范点，入户调查了120个参与新农村建设的农户，召开村社干部、农户代表、人大代表和相关部门负责人参加的座谈会8场次，广泛听取各个方面的意见和建议。

在基本摸清了全市新农村建设情况的家底后，5月28日，平凉市第二届人大常委会第三次全体会议召开，调查组的调查报告和市农业办公室的工作报告一并提交会议进行审议。

新农村建设，惠及全国9亿多农民朋友，本身就是一个热门话题，对农业为主的平凉市来说，更加显得热门。两个报告引起了与会人员的热切关注，大家一致建议，在向政府及其部门发出审议意见书的同时，将调查报告上报市委。

报告在充分肯定全市新农村建设工作取得的成绩的同时，实事求是地指出了新农村试点成效明显，但以点带面比较难；部分产业优势虽然形成，但农民增收的难度仍然较大；移民搬迁是改善群众生活条件的有效措施，但搬迁后的生产生活问题多；免除农村税费群众得了实惠，但村级债务问题突出；农村教育发展较快，但提高农民素质仍是一项长期任务等五个需要研究的问题。

报告建议，要充分认识新农村建设的长期性和艰巨性；要把发展农业产业作为新农村建设的重中之重；要坚持既定的因地制宜搞好新农村建设的方针；要硬件建设与软件建设两手抓；要依法维护农民的合法权益，保证新农村建设健康发展。

在认真审阅了市人大常委会党组《关于全市新农村建设情况的调查报告》后，中共平凉市委书记、市人大常委会主任马学军在报告上批示：市人大常委会党组在深入调研的基础上形成的这个报告，总结了全市新农村建设所取得的成绩，指出了存在的问题，特别是有针对性地提出了五个方面需要研究的问题和建议，希望全市各级党委、政府、农口有关部门高度重视，在今后的工作中注意把握，逐步研究解决，以推动我市新农村建设健康、稳步发展。

6月11日，中共平凉市委2007年28号文件转发了该报告，并要求各级各部门"结合实际，认真抓好落实"。

平凉市人大常委会副主任、调查组组长万英近日在接受记者采访时说，平凉是农业大市，以新农村建设为重点的涉农工作是全市工作的重点和热点，理应成为人大工作的重点。人大常委会通过调查、视察等方式，努力使上情下达，下情上达，为市委的战略决策和市政府的工作决策提供参考，才是自己的本位，目的就一个，形成合力，共谋发展。

人大调查，书记批示，市委转发，在全市上下立即引起了强烈反响。

2007年11月8日，平凉市政府办公室向市人大常委会提交了落实审议意见的报告。报告中说，针对调查报告和审议意见中提出的问题和建议，市政府主要分管领导召集市现代农业及新农村建设协调领导小组主要成员单位进行认真研究，深入分析，决定采取三个步骤进行整改落实：一是在对新农村建设点的工作指导上，准确把握中央"二十字"方针的内涵，突出生产发展，注重科学规划和发挥农民的主体作用，着力扩大覆盖面和受益面；二是结合全市农业和农村工作监督，对审议意见中指出的问题和在督察中发现的问题，要求各县区及时纠正新农村建设中重住宅建设忽视产业开发、急于求成、规划滞后等倾向和问题；三是在研究部署今后新农村建设工作中，认真吸收人大审议意见和建议。

一份代表议案，与市政府承诺的"10件实事"一并纳入监督视野

新农村建设，不仅仅是新村庄建设和新房屋建设，而是要促进农村物质文明、精神文明、政治文明协调发展，医疗卫生和教育等等也要得到保障，让农民真正成为现代化的新型农民。正是基于这样的认识，平凉市第二届人民代表大会第一次会议期间，新当选的326名市人大代表共提出67条议案和建议。经大会议案审查委员会审查，灵台代表团苏克俭等14名代表提出的《关于建立全市城乡医疗基本保障体系的议案》，被保留为大会唯一一份议案。

无独有偶，在市政府工作报告中，向全市人民承诺要着力办好10件实事，落实医疗卫生工作"四个覆盖"：即新型农村合作医疗制度覆盖全部农村人口；城市合作医疗制度覆盖城市非职工人群；廉价病床制覆盖县级公立性医院；基

层卫生院人员工资财政全额供给覆盖所有乡镇。

这份议案和市政府的承诺,不仅得到了与会代表的一致赞同,也进入了人大常委会的关注视野。在2007年市人大工作要点中明确规定,组织部分省、市人大代表,对10件实事的办理工作分阶段进行视察。

2007年4月16日,就在市人大常委会新农村建设情况调查组出发后的第7天,市人大常委会副主任朱建国带领的新型农村合作医疗试点工作调查组也出发了。

5月28日召开的平凉市第二届人大常委会第三次全体会议上,审议新型农村合作医疗试点工作情况调查报告和新农村建设情况调查报告同时成为会议的两大议题。

9月17日,平凉市第二届人大常委会第五次全体会议召开,《土地管理法》执法检查报告被提交会议审议。

12月25日,平凉市第二届人大常委会第七次会议听取和审议了市政府关于10件实事落实情况的报告。同时,会议还听取了市人大常委会人事代表工委关于市政府10件实事落实情况的视察报告。

一次执法检查,为了40万亩双垄沟地膜玉米项目顺利实施

2008年1月10日,平凉市第二届人民代表大会第二次会议召开,市人大常委会副主任马森骏在常委会工作报告中说,围绕建设社会主义新农村的重大部署,常委会第三次会议在听取市政府关于全市新农村建设工作情况的报告和人大有关工委的调查汇报后,重点对点面结合、农民增收、移民搬迁、村级债务、农村教育发展等方面存在的困难和问题进行了认真讨论并有针对性地提出了审议意见。常委会党组就这项工作形成专题报告,市委将报告批转全市各有关部门贯彻落实,推动这项工作的深入开展。

马森骏在报告中还提出,围绕推进现代农业和弱势群体生活保障等热点难点问题,2008年,常委会将对《中华人民共和国种子法》和《农村五保供养条例》等法律法规的实施情况进行检查。1月12日,市第二届人大常委会第八次全体会议通过的2008年常委会工作要点也将这些内容郑重写入。

3月10日至14日,常委会组成执法检查组,由分管副主任万英带队,市人大办公室、农环工委、市农牧局、种子管理站、物价局、工商局负责人参加,邀请所在县(区)部分人大代表参与,对全市实施《中华人民共和国种子法》

的情况进行了检查。

　　检查组紧紧围绕种子执法机构建设、种子生产经营和鉴定检疫、种子价格和良种补贴、种子试验示范推广、种子法规宣传和违法案件查处等重点内容，先后深入崆峒、泾川、崇信、灵台4县区的15个点进行了现场检查，听取了县区政府和市农牧局的工作汇报，征求了部分市人大代表的意见和建议。其他未检查的3个县，也经过自查报送了书面材料。

　　3月25日，市第二届人大常委会第九次会议上，市人大常委会农业与环境资源工作委员会主任李克和作了关于检查全市《种子法》实施情况的报告。审议时，平凉市委书记、市人大常委会主任马学军指出，今后全市种子执法工作要重点抓好加强种子市场的管理，完善管理体系，不断提高市场监管水平。要抓好种子基地建设，积极建设优质种子基地。要积极培育龙头企业，推动种子繁育、推广、销售一体化，形成种子生产经营的主渠道。

　　会后，关于执法检查报告的审议意见被送达市政府。

　　4月10日，市人大常委会农业与环境资源工作委员会主任李克和告诉记者，这次会后，市政府相关部门组成了联合工作组，对全市各县区所有的种子生产经营企业和门店进行了一次拉网式检查。

　　在平凉采访期间，记者发现，在公路边的耕地里时有成片成片已经覆盖好的塑料薄膜，这就是平凉市今年推广的40万亩双垄沟地膜玉米项目。

　　一场春雨来临，雨滴打在等待下种的塑料薄膜上沙沙作响，看来又是一个丰收年。

主编点评：

　　地方人大能否有作为，怎样才能有作为？平凉市人大是一个很好的例子。地方人大的工作重在基层，贵在做实，深入实际、深入群众，有效监督政府行为，督察执法效果，为广大基层群众提供法制支持。平凉市人大走出机关，走出会海，走出城市，来到田间地头、居民院落，设身处地地深入调研，问题抓得准，督察查得实，件件工作做到了群众的心坎上。其次，紧紧围绕党委的中心工作，沟通得快，配合得好，工作很主动，富有成效，彰显了地方人大的效能。

营造和谐家园
——记定西市安定区人大永定路街道工委代表活动二三事

蔺心睿

三级人大代表和王大妈的自行车

2008年初夏，走进甘肃省定西市这座年轻的城市，四处都是一派热火朝天的建设场景，空气中也弥漫着和谐与发展的气息。

家住安定区永定路街道西河社区的王大妈，喜欢推着一辆半新不旧的自行车上街闲转，既可以捎带着买点菜，也可以锻炼锻炼身体，真是悠然自得。可是2005年的一天早上，王大妈出门时却怎么也找不见自己放在楼下的那辆自行车了。"这社会治安管理不好，看来这回该自己倒霉了！"王大妈在小区内边走边念叨，无奈地上街去了。

宋涛，安定区永定路街道综治办副主任，正坐在办公室寻思着辖区内市新华书店因治安防范出现严重疏漏而发生的入室盗窃案件，被综治委等五部门"一票否决"的事。就在这时，街道人大工委主任苏汉武推门进来，说最近有部分群众反映辖区内出现了自行车被盗等多起社会治安案件，人大工委已用3天时间深入辖区105个责任单位中的60多家进行了初步的调查摸底，经请示区人大常委会和街道党工委，下周要组织省市区三级人大代表对辖区社会治安综合治理情况进行一次工作评议，请做好有关准备工作。

宋涛心想这事怎么就引起了人大代表的关注？

原来，王大妈在小区内念叨的那几句话，被身为原区人大代表的王桂香正好听到，她觉得这事没有那么简单，就在代表小组集中活动时向街道人大工委进行了反映。群众利益无小事，居民的关注和诉求就是街道人大工委代表工作的命令和重点，苏汉武联想到最近发生的这些事情，觉得很有必要组织一次代表集中评议活动。

当年10月10日，由省市区三级人大代表组成的评议会前调查组成立。定西市一中校园内，悬挂起了"热烈欢迎人大代表来我校调查指导工作"的红色横幅。各位代表一进入学校后就仔细地查看着这些单位每个重要部位的隐患防范情况，认真翻阅着各种工作记录，入神地聆听着有关人员的叙说和意见，有的还不时地做着记录。

原区人大代表王桂香一坐到会议室里，就神色凝重地说，"为什么那么重要的部位，这些单位就是不落实有关部门所再三要求的110智能报警系统等防范措施呢？"

"此前我辖区的社会治安状况确实很好，这一段时间自行车频繁被盗，居民已经议论纷纷，为什么有些部门和单位聘用的仍是'老、弱、病、残'的值班人员呢？"市人大代表杨若平在之后召开的集中评议会上发言时激动地说。

"经过很长时间的辛勤努力，我们辖区的社会治安状况是比较令人满意的。最近接连发生了一系列的盗窃案件，暴露出了我街道在社会治安防范措施上还有让犯罪分子可乘的疏漏。同时，说明个别部门和单位对社会治安综合治理工作的思想认识仍不够明确，规章制度仍不够健全，督促落实仍不够得力等。"原省人大代表曾海珊颇有见地的评议发言引起了与会代表的共鸣。

宋涛至今记忆犹新。他说，那次评议会之后，街道办立即将街道人大工委转来的代表意见建议向上级作了汇报，并组织开展了自行车被盗专项整治活动。

公安部门也加大工作力度，集中警力破获了各起盗窃案件；主管部门调整了市新华书店的领导班子，并增加了值班人员和改造安装了部分防盗门；市一中立即购置安装了110智能报警系统和防盗门等安全设施；学校、单位坚决地撤换了"老、弱、病、残"的值班人员，选用了一批年龄结构合理、责任心较强的保安人员。代表的评议意见得到了很好的落实。

目前，已有98%以上的责任单位安装了以110智能报警系统为主的技防设施，市自来水公司还特意自行研制安装了一套监控一体化的自动报警系统；93%以上的临街门店安装了"电子狗"、"门磁"等报警装置；部分家属楼院还安装了楼宇对讲系统、加固了防盗栅栏、修建了封闭或半封闭式的自行车棚等"物防"设施。街道办也组织了一支专门的队伍，加大检查力度，夜间巡逻至今没有间断过。辖区社会治安技防措施更加严密，工作又上了一个新台阶。

好长时间没有推自行车上街的王大妈又买了一辆自行车，逢人便笑着说：

"这下再不怕它丢了,真要感谢人大代表关注了咱老百姓的大小事,要不哪有如今这般放心呢!"

代表准备要质询的"垃圾"突然不见了

　　这件蹊跷之事发生在2006年的仲夏。说起此事,还得从一根1米长的桥头护栏说起。

　　定西市城边有一座山,山不出名也很小却是当地人经常休闲锻炼的好地方。可这一段时间以来,人们发现通往山门路上的那座西岩大桥桥头横向的一米护栏不知什么时候被撞坏了,一直不见有人修理。

　　一天,去交电话费的该区人大代表程秀兰听见有些人正议论着这事,说那么危险的事,怎么就没人管。这几天程秀兰正走访群众,准备下周要参加街道人大工委组织的对辖区环境卫生工作进行的视察。

　　城市环境卫生尤其是生活小区垃圾的整治一直是个老大难的问题,让程秀兰这位社区居委会主任很是头疼。就在上个月,该市妇联就来信反映,其下属一所幼儿园所在的某小区经常把生活垃圾堆放在幼儿园旁边,滋生蚊蝇还散发臭气,直接影响着全园职工和幼儿的身体健康,希望能够协调处理。为这事,程秀兰也不知多少次对小区的物业管理人员进行了督促,就是得不到解决。她知道那些垃圾已经越堆越多了,不下决心整治在短期内是很难得到彻底清理的,这样的事在其他社区也时有发生。这次她准备要在视察时联合几位区人大代表质询有关主管部门。

　　现在又听说了这护栏的事,程秀兰心想先去瞧瞧,不然真像大伙说得出一点什么事,谁都无法向市民交待。于是,程秀兰就先去那桥头看了看,果然一根护栏被拦腰撞断,十多米高的河堤就像狮子大张口一样,似乎在等待着吞噬食物。

　　街道人大工委主任苏汉武接到程秀兰的电话后,也立即赶赴现场进行了实地察看,并经请示区人大常委会和街道党工委,向有关部门进行通知,决定在下周代表视察时把该桥头护栏维修建造情况连同那个小区的生活垃圾处理情况作为主要内容安排代表进行视察。

　　代表的视察如期进行。首先来到的就是这个危及群众生命的桥头。陪同视察的街道办一位负责人说,为了此事,他们也向好几个部门进行了反映,但是由于市区两级政府事权划分,城市建设职能划归市上主管,直到今天还是没有听到要解决的消息。

张滔代表皱起眉头生气地说,这不是一件小事,它反映出个别部门应急处理危机事件的能力和意识还跟不上城市发展的新形势,工作作风也存在着一定问题。如果此事得不到尽快解决,我们就要联名经过区人大常委会直至市人大常委会向有关部门依法提出问责建议,因为这已经影响到党和政府在群众中的良好形象。

程秀兰代表说,人大代表就要在为人民服务中体现价值和发挥作用,这是一件涉及群众生命安全的事,虽然不属于我区政府的职能范围,但我们不会一看了之,一定要有个说法。

当即,街道人大工委就将代表们的意见向区人大常委会再次作了汇报。区政府主要领导高度重视,立即安排城建局即刻向市上主管部门进行了汇报,并表示将以此为契机,认真检查有关部门的工作,狠抓工作落实和作风建设,全力整改,一定会给各位代表一个满意的答复。

据了解,几天之后,该桥头的护栏就被重新修好,比以前更加结实了。每天上山锻炼的袁大爷说起这事,难以抑制自己激动的心情。他说,很多群众通过这件事,看到了人大代表的权威和地位。

当代表视察完城市建设情况来到前面所说的那个垃圾成堆的某小区时,那堆了好几个月、近60吨的垃圾却不翼而飞了。在向旁边幼儿园的老师询问时,老师们都笑着说,小区物业管理人员听说你们昨天的事后,知道今天你们来了肯定不会有好"脸色",昨晚连夜就把垃圾都拉走了。百闻不如一见,人大代表管起事来还真有威力。

事后,该区人大常委会主任王仲谦说,我们都是为人民服务的公仆,只要我们的出发点是为人民服务的,一心执政为民,全力依法办事,我们就会赢得群众的信任、理解与支持的,各部门也会对人大工作和人大代表有一个客观公正的认识和评价。

让市长牵挂了几年的一句话

王秀英,安定区永定路街道西街社区居委会主任,安定区第十五届人大代表。

作为一位普通的社区"保姆",王秀英每月靠着向辖区单位"募捐"来的一点办公经费,拿着300元工资,却要为社区几千号人的"柴米油盐"和安居乐业操心，有时个别辖区单位还不理解。这让王秀英和像她一样的社区干部很是"难心"。

就是在这样的情况下，王秀英才在2007年那次以人大代表身份出席的市级会议上说了这样一番话：虽然我们是一个农业县区，但有关部门也应该了解了解城市社区工作的重要性和艰难程度，应该积极主动地来共同构建我们日常生活的这个和谐家园。

其实，在此之前，她已经与部分安定区人大代表联名把这些想法以代表建议的形式在该区十五届人大一次会议上向区政府提出了。

本是有感而发的一席话和一条建议，王秀英也没有想到后来会引起市区两级党委和政府的高度重视。

那次发言之后，该市财政局等市直有关部门就受市长的委托，多次深入街道调研社区工作人员的生活待遇和社区工作的开展情况。

特别是2007年6月，安定区区长郭维团亲自带领财政、城建、社保等部门的负责人再次深入居委会调研工作，当即决定向每个社区居委会拨付办公经费1000元。更让她们没有想到的是，区财政决定从2007年1月份起，为每位社区干部每月在前一年涨了100元工资的基础上再涨200元，而且以后每年为每个社区居委会拨付办公经费1200元。同时，市上经过调研，也决定从2007年开始为每个社区干部涨工资100元，为每个社区居委会每年拨付办公经费1200元，所需经费从市财政直接解决。

听到这些消息，社区干部欢呼雀跃。中西社区居委会主任汪慧珍说："在人大代表征求意见时，我们虽然将那些想法向代表反映了，但说实话，当时心里也没有多大期望，没想到政府这么重视，以后就是再苦我们也要尽力把我们的社区工作搞好。"

同样难掩喜悦的王秀英代表说："我也没有想到这条建议会办得这么快、这么好，真是办到了社区干部的心上了，这是我当代表感到很舒心的一件事。"

其实，让王秀英这些永定路街道辖区的人大代表感到舒心的事还有很多。

永定路街道有四个代表小组，每个季度都要各自组织召开一次小组活动。刚组织代表调查完城市居民基本医疗保险实施情况的苏汉武，在存放整齐的文件柜内，抽出了一个档案盒，里面装的全是各位代表履职情况的记录。

一位代表在"怎样当好一名人大代表"的学习心得中这样写道："人大代表必须明确，我们是由选民选举产生的，不向选民负责、不履行自己的职责也是一种腐败，无功便是过。"

该街道人大工委秘书康忠芳对笔者说，城区代表中各部门的行政领导人员比较多，代表在闭会期间的活动很难集中组织与开展。对此，工委向代表提出了开展"六个一"活动的倡议，以切实督促代表向选民负责，为人民群众办事。这"六个一"活动就是：每个代表年内要在本选区联系选民至少100人次、至少要提出一条合理化建议、至少要参加一次调查或视察活动、至少要撰写一篇履职体会、至少要参加一次工作评议和记好一本履职记录。倡议得到了各代表的积极响应。

王秀英代表说："街道工委的这个倡议非常好，就是在这样的学习与集中活动中，我们才懂得了当一名人大代表的光荣，懂得了什么是人大代表的职责，群众的有些意见我向有关部门也敢说了、会说了。"

南街代表小组的张滔在联系选民时了解到，某小区23户住户因资金问题一直没有接到自来水，用水要到很远的地方去挑。按自来水公司的最低标准每户也要交600元才能接通自来水。此事报至街道人大工委后，苏汉武主任多次组织与自来水公司协商，最终感动了公司领导，每户只交了100元就接通了自来水，还为每户住户免费修通了下水通道。

陈海山一家有四口人，女儿在某高校就读，妻子动了手术卧病在床，只有他和儿子一起摆地摊挣钱养家糊口。西街代表小组王秀英代表知道此事后，积极与有关部门衔接，为陈海山一家每月争取到了煤气补贴、物价补贴和肉食补贴等150多元，感动得这个硬汉子流下了泪水。

40多岁的李建新夫妇双双下岗在家，生活没有了任何经济来源，本人还多年有病干不了重活，一家三口就挤在30平方米左右的租住屋内，每月还要为房租发愁。西河代表小组的王存兰在走访选民时发现了这一情况，很快就向有关部门进行了反映，将争取到的廉租房补助送到了李建新手中。李建新双手捧着补助款对王存兰连连说，我一辈子都会感谢你们。

某运输公司一位下岗职工张某家庭非常困难，永定路代表小组张慧芬代表知道后，立即发动小组内各代表和群众为张某进行捐款，并建议民政部门将其纳入了低保。

……

一件件令人感动和舒心的事，在永定路街道各代表小组的履职记录中比比皆是，他们用一样的职责、一样的行动和一样的小事，诠释着人大代表神圣的使命，守护着这方和谐的家园，在人民群众心中树起了一个个让人信服的人大代表的形象。

主编点评：

街道不仅是我国政权建设和社会和谐稳定的重要载体，而且也是基层人大工作的重要阵地。街道人大工作如何开展，全国各地的经验并不是很多。然而，定西市安定区永定路街道人大工作委员会的件件作为，却显示着其对街道人大工作的艰辛探索与深入实践，值得街道人大借鉴。关键是心中有群众，手中有实事，敢于言人民群众之所言，善于做人民群众之所盼，把人大和人大代表的神圣使命贯彻在工作始终。正如程秀兰代表说的，人大代表就要在为人民服务中体现价值和发挥作用。

临夏县韩集镇双城村依法治村工作纪实

马 芸

双城村地处兰朗公路沿线，全村有农业户450户，2140余人，大部分田地被开发区征用。2001年，该村被命名为县小康村，2003年被县委、县政府评为学习推广枫桥经验先进村、治安安全村，同年又被县委、县政府授予"四五"普法先进集体称号。此外，该村在"四四"普法中，还被省司法厅、省民政厅命名为"全省民主法治示范村"，成为临夏县基层司法所学习的典范。

抓好建章立制 规范村级管理

2000年初，该村组织村两委干部外出学习依法治村经验，召开村委会议，传达学习有关开展基层依法治理的文件精神，明确了依法治村的重要性和必要性，统一了村级班子的思想认识。随后，该村建立了依法治村工作班子，制订了依法治村实施计划，并利用村广播、标语、宣传窗等形式进行宣传，使依法治村工作家喻户晓，人人皆知，为依法治村工作的全面开展奠定了基础。

针对村民法制观念淡薄，农村民事纠纷较多的实际情况，该村组织社组长以上干部和部分村民代表先后开展了《宪法》、《民法通则》、《土地管理法》、《治安管理处罚条例》等十几部法律法规的面授教育，并多次邀请司法局的同志为村民现场解答有关法律问题。采用录象、听广播、出墙报、送《普法读本》等形式对村民进行法制宣传教育。通过一系列的法制宣传教育，不仅提高了村干部的法律水平，同时也增强了村民的法制观念。

在普法教育的基础上，该村多次召开村两委会议，对照法律的要求和先进单位的做法，结合本村实际，进行了认真剖析，指出了以往工作中管理软弱、工作不到位和"老法不管用，新法不会用"等问题。大家一致认为：要改变这种现状，就必须把农村工作当作一个系统工程，制定切实可行的《村规民约》，实行依法治村，才能充分发挥村级组织的自治职能，才能彻底改变过去那种"头痛医头，脚痛医脚"的被动局面。同进，该村还多次召开村民代表座谈会，请村民给班子找问题、提建议。在深入细致的调查研究之后，该村从村级组织建设、村务公开、财务管理、综合治理、土地管理等10个方面建章立制，并经村民反复讨论、修改后，提交村民代表大会讨论通过后实施。

强化四民主两公开　突出依法治村重点

民主选举、民主决策、民主管理、民主监督和村务公开、财务公开是依法治村的重点内容，也是充分保障村民民主权利得以实现的重要方式。在开展依法治村工作中，该村始终把"四民主、两公开"作为重点内容来抓，做到了选举合法、决策前瞻、管理严格、监督有力，村务财务公开透明，让村民切实体会到法制的民主化。在民主选举方面，严格贯彻《村民委员会组织法》和《农村基层组织工作条例》，按法定程序进行选举，真正做到了把群众拥护的思想好、作风正、有文化、带头致富、真心实意为群众办实事的人选进村民委员会班子。在各级人民代表选举、村民代表选举、监督小组成员选举和各种荣誉评选推荐方面，也全部依法通过民主选举和推荐产生。在民主决策、民主管理方面，凡是涉及村民利益的重要事项，标的在1万元以上的投资或支出，都提请村民代表大会讨论，按多数人的意见作出决定。500元内由书记村长决定，1000元以上由村民代表大会通过。坚持每季度在公开栏里公布一次村财务收支情况，年度向村民代表大会报告一次村财务预决算情况，并成立了经村民代表选举产生的5人村财务监督小组，对季度、年度的村财务收支情况进行审核，经审核通过后方可公布，接受村民监督。通过以上做法，极大地调动了村民参与村务议事、民主管理的积极性，使村里的重大事项和群众普遍关心的热点问题都向村民公开，接受群众监督。

加强精神文明建设　促进民主法制进程

该村十分注重丰富村民的文化生活。平时，经常组织人员出墙报、写标语，宣传党的政策和国家新颁布的法律法规。县普法办开展"送法进农户"活动时，村里做到《农民常用法律知识问答》、《财务制度管理》、《村规民约》每户一册。邀请剧团来村演出，组织电影放映队来村放映电影，极大地丰富了村民的文化生活。目前，该村拥有党员电化教育室、老年活动室、青年之家和村民健身房为一体的综合办公室，引导村民健康娱乐。此外，该村还十分注重树立典型，弘扬正气。村民马福禄，致富不忘本，把家乡的许多剩余劳动力介绍到常州务工。村里还实行村与村、户与户、党员与党员之间的结对扶贫网，从资金、项目、技术等方面予以扶贫。

该村成立了青少年关心桥，维护青少年合法权益。关心桥的同志经常找青少年谈心，了解他们的思想情况，鼓励他们做有理想、有道德、有文化、有纪律的公民。同时，从村集体经济中拿出3万元用于双城中心小学校舍建设，使青少年关心桥真正成为了青少年学生之家。

通过以上一系列的措施，农村民主法制建设工作取得了良好成效，并为其他村的民主法制建设树立了一个良好的榜样。

村干部、村民提高了对依法治村工作重要性的认识，法制观念明显加强。开展依法治村工作前，由于村干部法律水平低，管理软弱，村民法律意识淡薄，偷水偷电、滥挖沙滩、侵占集体财产等现象时有发生。开展依法治村工作之初，少数村干部和村民还有抵触情绪，认为国家有那么多法律，没有必要搞什么《村规民约》。针对这些模糊认识，通过召开村干部会议、村民座谈会以及各种形式的法制宣传，使大多数人认识到：开展依法治村工作是贯彻依法治国方略的需要，也是真正体现村民自治的唯一途径。三年来，村干部和村民法律意识有了很大提高，"四民主、两公开"得到了正确贯彻实施，村民偷水偷电、滥挖沙滩和侵占集体财产等现象也已基本杜绝。尤其是本村的计划生育、农业税缴纳、村民建房等社会治安工作，每年都能划上一个圆满的句号。起初一些认识模糊的同志事后深有感触地说：现在我们明白了，制订《村规民约》，开展依法治村，就是为了把法律知识从书本里融入实际工作中来。

完善了群防群治体系，社会治安有了明显好转。上世纪90年代初，双城村社会治安状况恶化，"大打三六九，小打天天有"，刑事发案率居高不下。仅1996年，全村就有2个青少年因斗殴而被劳教。开展依法治村后，在《村规民约》中就社会治安综合治理工作作了专章规定，并认真学习了"枫桥经验"，建立了群防群治体系，落实了责任人，同时不定期地组织义务巡逻。七年来，全村未发生一起刑事案件，民事纠纷大量减少，社会治安综合治理工作有了明显改观，确保了一方平安。

邻里关系和睦，民事纠纷减少，精神文明建设得到进一步加强。前些年，由于多种原因，不少村民邻里关系紧张，宅基地、责任田、老人赡养等一些民事纠纷和其他一些轻微违法行为屡有发生，纠纷不断，每年不下五六起。开展依法治村工作后，情况发生了根本变化。现在的双城村，邻里关系和睦，尊老爱幼、互帮互助的新风尚正在逐渐形成，精神文明建设得到了进一步加强。七年来，通过邻村联调、双方当事人先自我检讨等方式方法，村两委会调解处理各类民事纠纷共29件（次），调解成功率达100%。

村级集体经济收入不断增加，村民生活水平不断提高。2001年，双城村虽然被命名为"小康村"，但村集体纯收入只有2.5万元，村民人均收入只有1000元左右。今年村两委围绕经济建设这个中心，闯出了一条适合本村实际的发展路子。村集体纯收入5万元。在村两委会的带动下，村民八仙过海，各显神通，先后走上富裕之路。

主编点评：

农村的经济发展相对滞后，农村的基本建设及制度建设比较薄弱，所以"三农"问题是否解决得好，是建设小康社会的难点。我国有70%以上人口是农民，绝大多数生活在农村，没有农村的现代化没有国家的现代化。营造家庭和睦、民风纯朴，生活安康的农村环境，是广大农民的美好愿望，也是建立社会主义新农村的主要内容。双城村从强化"四民主两公开"，完善村民自治入手，完善群防群治体系，依法治村，取得了两个文明建设双丰收。双城村的实践告诉我们，一个文明村的建设，一是关键要有一个为民着想，有威信，有思路的领导班子；二是调动广大村民的积极性、创造性，走依法治村的路子。

法规解读

古賦辨體

让合法私权与公权一样神圣
——《物权法》的时代意义

申卫星

2007年3月16日，十届全国人大五次会议上，历经8次审议和广泛讨论的《物权法》获得高票通过，将于今年10月1日起实施。这部法律被认为对于推进中国经济体制改革和建设法治国家都具有重大意义，标志着社会主义市场经济进一步完善，政治文明迈出了重要一步。《物权法》的通过，对中国社会和经济发展具有重要意义。

一、《物权法》的社会意义

1. 明确财产权归属，发挥定纷止争的作用。随着人类的不断繁衍，物质的有限性凸显出来，越来越不能满足人类的需要，由此产生了对物质资料占有并排斥他人的需要。为了维持安定的社会秩序，确立有限的物质资料的归属，国家不得不从法律上承认私人对物的权利，并对该权利进行保护。

《物权法》第一条开宗明义，强调立法的目的在于"明确物的归属"，其作用主要体现在所有权制度上，但不限于所有权制度，此次颁布的《物权法》中对土地承包经营权、建设用地使用权、宅基地使用权的规定和保护，同样具有明确归属、减少纷争，促进经济发展的意义。

2. 提高物的利用效率，达致物尽其用的效果。《物权法》第一条在立法目的上除了强调"明确物的归属"，还明确指出要"发挥物的效用"。《物权法》保护财产归属的作用，间接地促进资源的有效使用，增进了物的使用价值和交换价值。因为如果没有物权界定、保护个人或组织对物的所有权，将使得个人或者组织担心并尽力地隐藏其所拥有的财产，从而使得财产的利用和流转变得相当困难；从另一个角度讲，如果个人或者组织的财产不受保护而能够被他人拥有和使用,将不会有人对此物进行完善和保护,人们会仅仅寄望于同等的使用和利用他人之物。反之,在物归为自己所有,并能得到充分保护的前提下,所有人为了追求利益最大化,必然会对物的使用作出最有效的管理和规划,从而大大提高物的效用。

3. 有恒产方有恒心,对物权的保护激发人们创造财富的进取心。物权法的一个重要使命就是确认保护财产权利,财产权得到充分保护,人们才有创业的动力和投资的信心。

《物权法》保护创造积极性及创造产生的成果。公民创造出的财富只要是合法的,就会得到保护,这样可以激发人们的进取心、创造力,推动社会进步。因为,民法制度尤其是物权制度从本质上来说,是激活社会的创造力最有效的手段。正如英国法学家布莱克斯通所言,"没有任何东西像财产所有权那样如此普遍地激发起人类的想象力,并促动起人类的激情。"个人追求财富的行为,既是个人生存与发展的必要条件,也是一个国家和社会生存与发展的必要条件。

4. 仓廪实而知礼节,鼓励人们合法获取财富以增强人格尊严。《物权法》除了保护财产权以及财产的有效利用外,它还能维护和促进人格的成长。财产是个人经济独立自主的必要支柱,人来到这个世上,衣食住行都离不开财产,财产与人的自由度存在最紧密的联系。黑格尔曾说过,"人格权本质上是物权。"所有权等物权是实现人权的基础,没有基本的、最低标准的财产,人就会在贫困中受煎熬甚至死去,所谓的人身自由、信仰自由、住宅不受侵犯等诸多自由也就成了水中月镜中花。因此,保护财产权是人类正常生活、保护其他基本人权的基础。

为此,一个良好而健康的社会就应该给人们创造财富、实现内心愿望提供一个通畅的渠道,使得人们能够通过自己的努力改变自己的命运,使得人们在将其内心想法合法地变成外在现实的过程中体味成就感,不断增强自信,解放自我,实现人格的升华。

二、《物权法》的经济意义

以上理念都可以体现《物权法》对国民经济发展的促进作用。除此之外,《物权法》的具体规定对经济发展的意义还表现在如下几个方面:

1. 保护市场经济主体的平等地位,促进公平竞争。《物权法》厘清了国有财产、集体财产和私人财产的界限,一方面可以防止国有资产的流失,另一方面也可以防止私有财产受到侵犯。这样规范社会主义市场经济的基本秩序，构建和谐社会就有了法制保障。公有财产需要保护，合法的私有财产同样不能被侵犯。《物权法》特别规定，不论是国家、集体物权还是私人和其他权利人的物权受到侵害，都应受到法律的保护（第四条）。当国家征收征用私有财产的时候必须按照法定程序，并给予相应的补偿，这就使得市场经济主体同在一个起跑线上平等竞争，其意义深远。

2. 进一步完善农民对土地的权利，维护中国农村经济制度的根本。农村土地承包经营权在原有的《农村土地承包法》中也作了规定，但对其权利性质向来多有争议。《物权法》将农村土地承包经营权的性质明确界定为物权中用益物权之一种，把农村的土地承包经营权放在了更高的法律地位上，给土地承包经营人更为全面的保护。这是因为，《物权法》将其性质明确为物权，作为绝对权，不仅可以对抗所有权人，使得发包方没有权利随意撤回发包；而且可以对抗任何意图哄抢、盘剥经营成果者，稳定了农民对土地的利用关系。

《物权法》的规定中还有一点很重要，即第一百二十六条对耕地、林地、草地的承包期不仅作出了具体规定，并强调，土地承包期届满，由土地承包经营权人按照国家有关规定可继续承包。这一规定赋予了农民长期而有保障的使用土地的权利，使农民对土地的长期投资有了积极性，有助于促进农村经济的发展。

3. 保障债权，融通资金，促进经济发展。物权是债权的起点和最终归宿，债权是实现物权的桥梁和手段。物权和债权在功能上具有互动和互用的关系，这主要体现在担保物权对金融债权的影响上：所谓互动，是指一方面当事人设立债权，需要提供担保物权来担保债权的实现；《物权法》第二百零三条规定的最高额抵押制度，是为了担保未来将要连续发生的债权，其功能不但简化了逐笔债权的担保手续，节约了交易成本，更重要的是可以"诱导"未来债权的发生，从而促进资金的融通。所谓互用，是指不仅存在担保物权对金融债权实现的保障功能，而且债权本身也可以成为担保物权的客体，如根据《物权法》第二百二十三条规定，债权人可以在债务人或者第三人有权处分的汇票、支票、本票、债券、存款单、仓单、各种应收账款以及法律、行政法规规定可以出质的其他财产权利上设定权利质权。物权与债权制度相互配合，作为两大支柱，共同构筑了我国现代财产法的体系。

4. 提供更多担保形式，拓宽融资渠道。《物权法》虽然在担保物权类型上没有增加新的形式，但是在抵押权、质权、留置权这三大类传统担保物权下，增加了新的亚类型担保物权，如在抵押权下增设了浮动抵押制度，在权利质权下增加了应收账款质押，这使得我国担保物权制度能够适应担保手段多样化和担保手段商业化的需求，拓宽了融资渠道。

5．扩大担保物种类，满足中小企业融资需求。《物权法》为了满足中小企业融资的需求，极大地扩大了担保物的范围。如，在可以作为抵押物的财产上，物权法第一百八十条第（七）项，一改过去《担保法》"依法可以抵押的其他财产"为"法律、行政法规未禁止抵押的其他财产"，这样无需由法律明确规定出来哪些财产可以抵押，其意在凡是法律不禁止且具有流通性的财产均可在其上设立抵押权；再如，在质押物的范围上，《物权法》第二百零九条规定，法律、行政法规禁止转让的动产不得出质。对此条规定进行反向解释，可以得出的结论是：凡是法律、行政法规不禁止转让的动产均可出质。

上述这些改动明显地体现了立法者扩大物权法上私法自治的空间，扩大担保物的种类，以满足人们融资需求的意图。由于担保物范围的限制，过去中小企业的融资处于较为困难的境地，也不利于充分发挥物的效用。因此，《物权法》扩大担保物的范围，对于中小企业的融资担保具有积极作用。

主编点评：

　　长期以来，我们把公民享有的合法私权，视为"私有制"剥削制度的产物，而受到打压与排斥，在公权神圣的旗帜下，漠视私权。其实，法律不能保护私权，也就没有平衡的公权，就不能保障人权。私权与公权同样宝贵，同样值得尊重。《物权法》的基本目标就是关注民生，通过确立物权的各项规则以及物权的保护制度和方法，切实维护老百姓的合法财产权益。"三农"问题是我国社会经济发展的重中之重，新颁布的《物权法》对我国农村土地权利制度进行了比较全面的规定，对土地承包经营权、宅基地使用权、征地、拆迁等方面作了比较具体的规定，切实保障农民的利益。《物权法》的颁布实施，是对私权的尊重与保护，是我国法制进步的重要标志。

民生之本 安国之策
——解读《就业促进法》十大焦点

《求是》杂志社

《中华人民共和国就业促进法》于2007年8月30日由十届全国人大常委会第二十九次会议通过，从2008年1月1日起施行。为了便于掌握《就业促进法》的基本精神和主要内容，现就人们普遍关心的若干问题作简要回答。

问题一：制定《就业促进法》主要是解决什么问题？

答：党和政府高度重视就业工作，近几年来，先后制定了一系列积极促进就业的政策，对于扩大就业，增加就业总量，推动经济发展与促进就业良性互动，维护社会稳定产生了积极影响。但是，我国人口多，劳动力总量过大，就业结构性矛盾十分突出，就业工作仍然面临着十分严峻的形势。

一是劳动力供求总量矛盾突出，就业压力大。到2010年，全国劳动力总量将达到8.3亿人，城镇新增劳动力供给5000万人，而劳动力就业需求岗位只能新增4000万个，劳动力供求缺口在1000万人左右。二是劳动力素质与就业岗位需求不相适应而产生的劳动力结构性矛盾突出。一些传统行业出现大批下岗失业人员，而一些新兴的产业、行业需要的高技能劳动者却供不应求，直接影响经济发展。三是人力资源市场不规范。一些非法的职业中介活动，侵害求职者的合法权益。四是一些用人单位在招工中存在对妇女、残疾人、农村劳动者以及传染病病原携带者的歧视，侵害他们的平等就业权利。五是随着我国经济的快速发展，对劳动者的职业能力和素质提出了更高要求，迫切需要建立完善以就业为导向的职业教育和培训体制，以提高劳动者的就业能力和创业能力。

要在认真总结我国促进就业工作实践经验的基础上，制定专门的《就业促进法》，将促进就业的各项工作纳入法制化轨道，建立社会主义市场经济条件下促进就业的长效机制。

问题二：就业是民生之本、安国之策。制定《就业促进法》有何重大意义？

答：就业是保障和改善人民群众生活的基本前提和基本途径。制定《就业促进法》，是解决广大人民群众最关心、最直接、最现实问题的重要举措。依法促进就业，千方百计扩大就业，使更多的劳动者找到工作岗位，生活有保障并不断改善，分享经济社会发展成果，有利于促进社会和谐稳定。制定《就业促进法》，在立法中体现以人为本，关注民生，落实积极的就业政策，是维护广大人民群众根本利益的需要。同时，在1994年制定的《劳动法》的基础上，制定《就业促进法》，加强社会领域立法，有利于进一步完善我国劳动法律制度，为社会主义市场经济健康发展提供法律保障。

问题三：关于国家促进就业的方针，《就业促进法》是怎样规定的？

答：在发展社会主义市场经济的条件下，必须充分发挥市场在劳动力资源配置中的基础性作用，政府的职能要从计划经济体制下的包揽就业转为加快培育市场就业机制，创造良好的就业环境。《就业促进法》规定："国家把扩大就业放在经济社会发展的突出位置，实施积极的就业政策，坚持劳动者自主择业、市场调节就业、政府促进就业的方针，多渠道扩大就业。"

问题四：实施积极的就业政策是这部法律的突出特点。政府将实施哪些积极的就业政策？

答：要建立促进就业的政府责任体系，包括通过发展经济和调整产业结构、实行有利于促进就业的各项经济和社会政策，拓宽就业渠道，增加就业岗位。建立健全失业保险制度，依法确保失业人员的基本生活。建立促进就业的政策支持体系，包括产业政策、投资政策、财政政策、税收优惠政策、金融政策、城乡统筹、区域统筹和群体统筹的就业政策。建立统一、规范的人力资源市场体系，面向所有劳动者的职业教育和培训体系，不断完善公共就业服务体系，建立劳动者公平就业制度和困难群体就业援助制度。

问题五：《就业促进法》关于公平就业作了哪些规定？

答：实行公平就业，反对就业歧视，保障劳动者的平等就业权利，是就业促进工作的一项重要原则。《就业促进法》规定，劳动者依法享有平等就业和自主择业的权利。劳动者就业，不因民族、种族、性别、宗教信仰等不同而受歧视。同时明确规定，各级人民政府应当创造公平就业的环境，消除就业歧视。用人单位招用人员和职业中介机构从事职业中介活动，应当提供平等就业机会和公平就业条件，不得实施就业歧视。国家保障妇女、少数民族劳动者、残疾人、农村劳动者、传染病病原携带者等特定人群的劳动权利。对用人单位和职业中介机构违反上述规定，实施就业歧视的，专门规定了受害劳动者的权利救济渠道。

问题六：在我国的就业服务体系中，既有劳动部门管理的劳动力市场，也有人事部门管理的人才市场。那么，《就业促进法》如何统一和规范"人力资源市场"？

答：为了培育和完善统一开放、竞争有序的人力资源市场，创造公平的就业环境，促进劳动者通过市场实现就业，《就业促进法》将劳动力市场和人才市场予以统一，称为"人力资源市场"。同时对公共就业服务机构和职业中介机构的有关问题作出了明确规定。

问题七：在加强对公共就业服务机构和职业中介机构的管理方面，《就业促进法》是如何规定的？

答：《就业促进法》规定，县级以上人民政府建立健全公共就业服务体系，设立公共就业服务机构，为劳动者免费提供就业服务；公共就业服务机构不得从事经营性活动；公共就业服务经费纳入同级财政预算；举办招聘会，不得向劳动者收取费用，并明确了违法行为应承担的法律责任。《就业促进法》还规定，要加强对职业中介机构的管理，完善设立职业中介机构的条件和许可程序；从事职业中介活动应当遵循合法、诚实信用、公平、公开的原则；不得利用职业中介活动侵害劳动者合法权益，并明确规定了四类禁止行为。

问题八：职业教育和就业培训对于就业促进具有重要作用，《就业促进法》作了什么相应的规定？

答：《就业促进法》规定，国家依法发展职业教育，鼓励和支持各类职业院校、职业技能培训机构和用人单位依法开展就业前培训、在职培训、再就业培训和创业培训；企业应当对劳动者进行职业技能培训和继续教育培训；建立健全劳动预备制度，对有就业要求的初高中毕业生实行一定期限的职业教育和培训；组织和引导进城就业的农村劳动者、失业人员参加技能培训、就业培训，增强其就业能力和创业能力。

问题九：对就业困难人员如何实施就业援助？

答：《就业促进法》规定，各级人民政府建立健全就业与再就业援助制度，采取税费减免、贷款贴息、社会保险补贴、岗位补贴等办法，通过公益性岗位安置等途径，对就业困难人员实行优先扶持和重点帮助。法定劳动年龄内的家庭人员均处于失业状况的城市居民家庭，可以申请就业援助，经确认属实的，应当为该家庭中至少一人提供适当的就业岗位，逐步消除"零就业"家庭。

问题十：如何做好《就业促进法》的贯彻实施工作？

答：各级人民政府和有关部门要把扩大就业放在经济社会发展的突出位置，依法履行在促进就业工作中的各项职责，建立健全促进就业的工作机制。劳动行政部门要对《就业促进法》的实施情况加强监督检查，建立举报制度，受理对违法行为的举报，并及时予以核实处理。充分发挥工青妇等人民团体的作用，形成全社会共同参与、齐心协力做好就业工作的局面。进一步加强社会领域立法，抓紧做好《就业促进法》配套法律、法规的制定工作，抓紧制定社会保险法等法律和相关法规。

主编点评：

我国是个人口大国，就业是民生之本、安国之策。有活干，有饭吃，这是基本人权。面对前所未有的就业的严峻形势，国家适时出台了《就业促进法》，对国家来说的固本之策，稳定之略，对处于相对弱势群体的数千万农民工、数百万需就业的大学生和众多城市下岗、待岗职工来说是个福音。作为需要就业群体中的一员，要熟悉相关法律，善于运用法律争取和利用就业机会，并在争取就业的过程中保护自己的权利。只要做个有心人，机会总会是有的。

构建和发展和谐稳定的劳动关系
——法制办相关负责人就《劳动合同法实施条例》答记者问

新华社

2008年9月18日,国务院总理温家宝签署第535号国务院令,公布了《中华人民共和国劳动合同法实施条例》(以下简称《实施条例》),《实施条例》自公布之日起施行。为了帮助大家理解和认识制定实施条例的有关情况,新华社记者近日采访了国务院法制办负责人。

问:为什么要制定《实施条例》?

答:《劳动合同法》作为一部构建和发展和谐稳定劳动关系的重要法律,自公布施行以来,对于规范双方当事人的权利和义务,保护劳动者的合法权益,发挥了重要作用。用人单位增强了依法用工的意识,提高了劳动合同的签订率。但是,《劳动合同法》施行以来,社会有关方面对该法的一些规定在理解上存在分歧,主要有三个方面:一是无固定期限劳动合同是否是"铁饭碗"、"终身制";二是用人单位滥用劳务派遣用工形式是否会侵害劳动者的合法权益;三是经济补偿和赔偿金是否同时适用。为了澄清这些问题,同时使《劳动合同法》更具有操作性,有必要在劳动合同法规定的基础上,制定《实施条例》。

问:制定《实施条例》经过了哪些过程?

答:国务院对制定《实施条例》高度重视。法制办、原劳动保障部遵照国务院领导同志抓紧研究制定《实施条例》指示精神,组织力量研究起草《实施条例》,先后三次征求了全国人大财经委、全国人大常委会法工委、最高人民法院、发展改革委、财政部、商务部、国资委、全国总工会、台盟中央、全国工商联等26个中央有关部门、单位和各省、自治区、直辖市人民政府的意见。2008年5月8日至5月20日,通过中国政府法制信息网公开向社会各界征求对草案的意见,共收到各方面的反馈意见82236条。经法制办、人力资源和社会保障部与全国人大财经委、全国人大常委会法工委、国资委、全国总工会、台盟中央、全国工商联等单位反复沟通协调、认真研究修改,形成了《中华人民共和国劳动合同法实施条例(草案)》。2008年9月3日,国务院第25次常务会议审议并原则通过了这个草案。2008年9月18日,温家宝总理签署第535号国务院令,公布了这个《实施条例》,《实施条例》自公布之日起施行。

问：制定《实施条例》遵循的基本原则是什么？

答：在起草《实施条例》的过程中,我们主要把握了以下三个基本原则:

一是一致性原则。《实施条例》作为《劳动合同法》的配套行政法规,必须维护劳动合同法的严肃性和权威性,与《劳动合同法》规定的制度相一致。

二是协调性原则。《实施条例》根据《劳动合同法》的规定,妥善处理好经济发展和社会就业的关系、企业发展和维护职工合法权益的关系、保护职工利益长远目标与现阶段目标的关系,准确体现《劳动合同法》的立法宗旨,维护劳动者的根本利益,努力实现用人单位和劳动者双方权利、义务关系的协调。

三是可操作性原则。《实施条例》重点针对《劳动合同法》中比较原则的规定和一些社会上存在误解的条款,作出具体的规定和必要的衔接,增强《劳动合同法》的可操作性。

问：无固定期限劳动合同是"铁饭碗"、"终身制"吗？

答：无固定期限劳动合同不是"铁饭碗"、"终身制"。《劳动合同法》公布施行后,一些用人单位和劳动者认为无固定期限劳动合同是"铁饭碗"、"终身制"。为了消除误解,《实施条例》将分散在《劳动合同法》第三十六、三十七、三十八条中劳动者可以依法解除包括无固定期限劳动合同在内的各种劳动合同的13种情形作了归纳,规定劳动者在用人单位未按照劳动合同约定提供劳动保护或者劳动条件、未及时足额支付劳动报酬、未依法为劳动者缴纳社会保险费、以欺诈胁迫等手段违背劳动者真实意思订立或者变更劳动合同、以暴力威胁或者非法限制人身自由的手段强迫劳动以及违章指挥强令冒险作业危及劳动者人身安全等情形下可以依法解除劳动合同。同样,《实施条例》将分散在《劳动合同法》第三十六、三十九、四十、四十一条中用人单位可以依法解除包括无固定期限劳动合同在内的各种劳动合同的14种情形作了归纳，规定用人单位在劳动者试用期间被证明不符合录用条件、严重违反用人单位规章制度、严重失职营私舞弊给用人单位造成重大损害、经过培训或者调整工作岗位后仍不能胜任工作以及企业转产等情形下可以依法与劳动者解除劳动合同。这样规定，有利于澄清无固定期限劳动合同是"铁饭碗"、"终身制"的误解。

问：对劳务派遣问题，《实施条例》作了哪些具体规定？

答：针对一些用人单位滥用劳务派遣用工形式，侵害劳动者合法权益的问题，《实施条例》对劳务派遣作了三个方面的具体规定：

第一，为了避免用工单位规避劳动合同法律义务，侵害劳动者的合法权益，《实施条例》规定，用工单位应当履行劳动合同法第六十二条规定的义务。这些义务包括支付加班费、绩效奖金，提供与工作岗位相关的福利待遇，连续用工的要实行正常的工资调整机制等。如果用工单位不履行这些义务，依照《实施条例》的规定，用工单位就必须承担相应的法律责任。

第二，为了避免劳务派遣单位以非全日制用工形式招用劳动者，侵害劳动者的合法权益，《实施条例》规定：劳务派遣单位不得以非全日制用工形式招用被派遣劳动者。

第三，为了维护劳务派遣工的合法权益，避免用人单位滥用劳务派遣用工形式，依照《劳动合同法》第四十六条第七项"法律、行政法规规定的其他情形"的规定，《实施条例》规定：劳务派遣单位或者被派遣劳动者依法解除或者终止劳动合同的，劳务派遣单位也应当向该劳动者支付经济补偿。

《劳动合同法》对劳务派遣问题已作出明确规定，《实施条例》又作了具体规定，维护劳动者的合法权益，关键是用工单位和劳务派遣单位必须严格依法办事。

问：如何处理经济补偿与赔偿金的关系？

答：《劳动合同法》规定，用人单位依法解除、终止劳动合同应当向劳动者支付经济补偿，同时规定用人单位违法解除或者终止劳动合同，应当向劳动者支付赔偿金。对经济补偿与赔偿金是否同时适用，社会上有不同的理解：一种意见认为，为了有效惩罚用人单位的违法用工行为，用人单位违法解除或者终止劳动合同在支付了相当于经济补偿两倍的赔偿金后，还应当再向员工支付经济补偿。另一种意见认为，已经支付赔偿金的，不应当再支付经济补偿。

按照经济补偿与赔偿金的不同性质，《实施条例》明确规定：用人单位违反劳动合同法的规定解除或者终止劳动合同，依照劳动合同法的规定支付了赔偿金的，不再支付经济补偿。

问：贯彻《实施条例》应当注意哪些问题？

答：为了保证《实施条例》的贯彻执行，需要切实做好以下几个方面的工作：

一是要加强学习、宣传和培训工作，使社会各方面全面准确理解《劳动合同法》及其《实施条例》。抓学习、宣传和培训，是掌握《劳动合同法》及其《实施条例》的内容、把握其精神实质的重要途径，要在全社会大力开展《劳动合同法》学习、宣传教育活动的基础上，不断创新学习、宣传和培训方式，做到"三个结合"，即：把学习、宣传和贯彻《劳动合同法实施条例》与深入贯彻落实科学发展观结合起来，与学习、宣传和贯彻实施《劳动法》、《劳动合同法》、《就业促进法》、《劳动争议调解仲裁法》等法律法规结合起来，与本地区、本部门、本单位的实际工作结合起来。要扩大学习、宣传和培训的对象，既要加强对政府机关工作人员、工会工作人员、企业代表组织工作人员的宣传培训，又要加强对企业、民办非企业单位、个体经济组织等用人单位和广大劳动者的宣传培训。要注重学习、宣传效果，通过学习、宣传，使全社会真正理解和认识《劳动合同法》及《实施条例》的精神实质，不断增强劳动合同的法律意识，切实保障劳动者和用人单位的合法权益。

二是要坚持依法行政，确保《劳动合同法》及《实施条例》的贯彻实施。政府依法行政是建设法治政府、构建社会主义和谐社会的必然要求，也是正确贯彻实施《劳动合同法》及其《实施条例》的保障。在《劳动合同法》及《实施条例》贯彻实施过程中，各级政府要严格依法行政。要按照权责统一的要求，既要严格依法行使法律授予的管理权，又要依法承担不作为、乱作为的法律责任；要按照程序正当的要求，严格遵循法定程序，依法保障劳动者和用人单位的知情权、参与权和申诉权；要按照高效便民的要求，积极履行法定职责，提高办事效率，提供优质便捷的服务；要严格执法，切实加大对《劳动合同法》及《实施条例》的执法力度，劳动保障监察机构要切实负起责任，依法惩处各种违法行为，切实维护广大劳动者的合法权益；要自觉接受人大监督、政协民主监督、司法监督、工会监督和社会监督，强化行政机关内部监督，发挥行政复议的层级监督作用。

三是要加强备案审查工作，维护法制的统一和尊严。法规、规章、规范性文件备案制度，是维护法制统一、保持政令畅通的重要措施。在《劳动合同法》及《实施条例》的实施过程中，国务院法制办将依照《法规规章备案条例》，加强对劳动合同方面的地方性法规、地方政府规章和国务院部门规章的备案审查力度，坚持"有件必备、有备必审、有错必纠"。地方人民政府法制机构也要依法加强对下级行政机关发布的规章和规范性文件的监督，及时纠正违法不当的规范性文件，切实维护法制的统一，确保《劳动合同法》及《实施条例》的正确实施。

主编点评：
改革开放以来，广大农民从土地的低效劳动束缚中解放出来，每年有数亿人次的农民出外务工，农民工与用工单位之间的各类纠纷和官司不断增多，受到损害的大多是处于相对弱势群体的劳动者。《劳动合同法》、《劳动合同法实施条例》将对保障包括农民工在内的所有劳动者的合法权益发挥重要作用。但是，用人单位要增强依法用工的意识，提高劳动合同的签订率；广大就业者要增强法律保护意识和维权意识。广大农民朋友出门在外打工创业，除依靠亲朋族友出谋划策外，一定要签订劳动合同，而且是合法的合同，为自己的合法权益打上保护伞。依靠法律保护自己是最有力、最可靠的手段。

提高征收标准　坚守耕地红线
——三部门负责人解读新《耕地占用税暂行条例》

《国土资源报》社

2007年底，国务院对1987年发布并施行的《中华人民共和国耕地占用税暂行条例》（以下称"现行条例"）作了全面修订。新修订的《中华人民共和国耕地占用税暂行条例》（以下简称《条例》）将于2008年1月1日正式施行。为便于大家理解《条例》有关内容，国务院法制办、财政部、税务总局负责人接受了记者的采访。

问：《条例》修订的背景是什么？

答：国务院于1987年发布的"现行条例"实施20年来，对保护耕地、促进合理利用土地资源起到了积极的作用。但随着经济的发展，"现行条例"越来越不适应新形势的需要，保护耕地的作用日益弱化。为此，财政部、税务总局拟订了《中华人民共和国耕地占用税暂行条例（修订草案）》（以下简称《草案》）报国务院审批，国务院法制办征求了国务院有关部门和地方政府的意见。2006年8月国务院下发《国务院关于加强土地调控有关问题的通知》（国发[2006]31号），提出要提高耕地占用税征收标准，加强征管，严格控制减免税。党的十七大也提出要严格保护耕地。根据党中央、国务院文件精神和有关方面意见，国务院法制办与财政部、税务总局共同对《草案》进行了反复研究、修改和完善，报请国务院审批同意后，以国务院令形式公布施行。

问：《条例》修改的主要内容是什么？

答：《条例》对"现行条例"主要作了四个方面的修改：一是提高了税额

标准，将"现行条例"规定的税额标准的上、下限都提高4倍左右，各地具体适用税额由省、自治区、直辖市人民政府依照《条例》的规定根据本地区情况核定。同时，为重点保护基本农田，《条例》规定，占用基本农田的，适用税额还应当在上述适用税额的基础上再提高50%。二是统一了内、外资企业耕地占用税税收负担。三是从严规定了减免税项目，取消了对铁路线路、飞机场跑道、停机坪、炸药库占地免税的规定。四是加强了征收管理，明确了耕地占用税的征收管理适用《中华人民共和国税收征收管理法》。

问：为什么《条例》将耕地占用税税额标准提高4倍左右？

答：《条例》将耕地占用税税额标准在现行规定的基础上提高4倍左右，主要基于以下考虑：一是多年来物价上涨因素。根据国家统计局公布的统计数字，2006年居民消费价格指数比1987年上涨了2.2倍。二是地价上涨因素。根据对山西、内蒙古、吉林、湖南、海南、四川等6个地方地价的抽样调查，2006年平均地价水平比1987年上涨了6倍多。除去一些误差因素，地价上涨幅度也远远高于物价上涨幅度，耕地占用税在用地成本中的比例越来越低。1987年用地成本中耕地占用税的比例一般在20%左右，据抽样调查，2005年已降低到4%以下，2006年全国40个重点城市这一比例均低于1%。耕地占用税税额标准提高4倍左右，可基本保持1987年时的实际税负水平，有效发挥耕地占用税保护耕地、调节占地行为的功能。三是贯彻落实国家最严格的耕地保护制度。通过提高耕地占用税税额标准，减少占用耕地，充分利用城市现有土地。四是更多地筹集用于"三农"的资金。2006年中央1号文件规定，提高耕地占用税税率，新增税收应主要用于"三农"。

问：为什么《条例》将外商投资企业和外国企业纳入耕地占用税的征收范围？

答：全国人大常委会1984年通过的《全国人民代表大会常务委员会关于授权国务院改革工商税制和发布试行有关税收条例（草案）的决定》规定，国务院发布试行的税收条例草案，不适用于中外合资经营企业和外资企业。因此，"现行条例"规定："本条例的规定不适用于外商投资企业。"随着我国经济的高速发展和城市化进程的加速推进，耕地保护的形势越来越严峻，如继续对外商投资企业和外国企业不征收耕地占用税，既有悖于税收公平原则，也会影响税收调控功能的有效发挥。为了贯彻实施最严格的耕地保护制度，公平税负，根据全国人大常委会1993年通过的《全国人民代表大会常务委员会关于外商投资企业和外国企业适用增值税、消费税、营业税等税收暂行条例的决定》的授权，《条例》删除了"现行条例"不适用于外商投资企业的规定，同时在有关纳税人范围的规定中增加外商投资企业和外国企业。

问：《条例》修改前后减免税政策有哪些变化？

答：按"现行条例"和有关政策规定，对铁路线路、公路线路、飞机场跑道、航道等基础交通设施建设占地，有的免税，有的执行规定的低档税额，有的按所在地适用税额征税。同为基础交通设施建设占地，税收负担不同。为严格控制减免税，公平税负，《条例》取消了有关铁路线路、飞机场跑道、停机坪、炸药库占地免税的规定。考虑到既要统一税收政策，又要尽量减轻对国家基础设施建设的影响，《条例》规定：铁路线路、公路线路、飞机场跑道、停机坪、港口、航道占用耕地，减按每平方米2元的税额征收耕地占用税。根据实际需要，财政部、税务总局商国务院有关部门并报国务院批准后，可以对上述规定的情形免征或者减征耕地占用税。

问：为什么《条例》明确规定耕地占用税的征收管理依照《中华人民共和国税收征收管理法》执行？

答："现行条例"关于耕地占用税征收管理的一些规定与现行法律、行政法规有关规定不一致，比如"现行条例"规定，从滞纳税款之日起，按日加征千分之五的滞纳金，这与《中华人民共和国税收征收管理法》规定的按日加征万分之五的滞纳金的规定不一致。《中华人民共和国税收征收管理法》是关于税收征管的一般性法律，耕地占用税的征管也应适用《中华人民共和国税收征收管理法》。为加强税收的统一征收管理，与有关法律、行政法规衔接，《条例》删除了与《中华人民共和国税收征收管理法》和其他有关法律、行政法规不一致的征收管理规定，明确了耕地占用税的征收管理依照《中华人民共和国税收征收管理法》和《条例》的有关规定执行。

主编点评：

民以食为天。土地是财富之母。

耕地，对国家来说是最基本最根本的自然资源，对农民来说是生产和生活的主要依托。土地是宝贵的有限资源。自然退化、人为污染、各种滥用土地的建设不断扩张、撂荒现象等等因素，使我国耕地不断减少，红灯频闪。《耕地占用税暂行条例》的颁布实施，是通过提高耕地使用的成本，是以经济与法律的手段调节占地行为、保护耕地的法律措施，将更好地促进贯彻落实国家最严格的耕地保护制度。

裁决劳动争议的重要渠道
——解读《劳动争议调解仲裁法》

谢良敏

2008年5月1日,《劳动争议调解仲裁法》开始施行。与原先的劳动争议处理法律法规相比较,《劳动争议调解仲裁法》有以下几个新的特点:

一、突出了劳动争议仲裁,回避了劳动争议诉讼

突出仲裁程序的有利之处,在于可以进一步发挥这一制度的作用,为劳动争议的处理提供快速途径。但是,劳动争议处理是一个完整的程序,从国务院的《企业劳动争议处理条例》到《劳动法》,都对劳动争议处理的调解、仲裁、诉讼三个阶段作了相应的规定。而《劳动争议调解仲裁法》从名称看,侧重的是劳动争议的调解和仲裁;从法条的内容看,第三章第一节规定的是仲裁的一般规定,第二节规定的是仲裁的申请和受理,第三节规定的是仲裁的开庭和裁决。绝大多数条款规定的是仲裁,对诉讼则几乎没有涉及,只是在仲裁一章中对涉及诉讼的仲裁程序作了接续。

在劳动争议处理程序中,诉讼是非常重要的一个阶段,这一阶段在劳动争议处理问题上所体现的是国家的司法权力。劳动争议案件与其他民事案件相比,有其自己的特点,特别是在劳动关系中,用人单位和劳动者存在实际上的不平等,使劳动争议案件与普通民事案件的处理原则有一定的区别。刚刚修正颁布的《民事诉讼法》对劳动争议案件的处理程序并未作出相应的规定,《劳动争议调解仲裁法》也未对此作出明确规定,具体法律规定的缺失,有可能使劳动争议诉讼成为劳动争议案件处理的难点。

二、缩短了劳动争议的处理时限

按照《劳动法》和相关规章的规定，现行劳动争议仲裁的期限，一般是当事人提出仲裁申请后，从当事人申请到仲裁机构受理是7日；劳动争议仲裁机构应当自收到仲裁申请的60日内作出仲裁裁决，特殊情况下可以延长30日。《劳动争议调解仲裁法》则规定：劳动争议仲裁委员会收到仲裁申请之日起5日内，认为符合受理条件的，应当受理。仲裁庭裁决劳动争议案件，应当自劳动争议仲裁委员会受理仲裁申请之日起45日内结束。案情复杂需要延期的，经劳动争议仲裁委员会主任批准，可以延期并书面通知当事人，但是延长期限不得超过15日。逾期未作出仲裁裁决的，当事人可以就该劳动争议事项向人民法院提起诉讼。

可见，《劳动争议调解仲裁法》规定的仲裁期限为50日，如果延长时也不得超过65日。在仲裁期限上，较原有规定有所缩短。除此之外，《劳动争议调解仲裁法》还针对有的仲裁机构长时间不作出仲裁裁决已变相剥夺劳动者劳动争议诉讼权利的做法，明确规定，超过上述期限后，如果劳动争议仲裁机构未作出仲裁裁决，当事人可以将该劳动争议事项直接向人民法院提起诉讼。

三、部分案件实行"一裁终局"

与原来的劳动争议处理制度相比，最大的一个变化是对劳动争议仲裁案件实行了"一裁终局"制度，即对当事人申请仲裁的法定案件，除另有规定的情况外，劳动争议仲裁机构的仲裁裁决为终局裁决，裁决书自作出之日起发生法律效力。

"一裁终局"的案件包括：（1）追索劳动报酬、工伤医疗费、经济补偿或者法定赔偿金，不超过当地月最低工资标准十二个月金额的争议；（2）因执行国家的劳动标准在工作时间、休息休假、社会保险等方面发生的争议。

实行"一裁终局"的有利之处在于，当事人可以省去诉讼这一花费时间较长的环节，尽快解决争议，把精力投入到正常工作和生活中去。同时，为保证劳动者的诉权得到实现，《劳动争议调解仲裁法》还明确规定，对"一裁终局"不服的劳动者，可以自收到仲裁裁决书之日起15日内向人民法院提起诉讼。这样一来，劳动者的仲裁或诉讼权利都得到了较好的实现，使劳动者在维护自身权益问题上有了法律规定的选择渠道,可以根据实际情况确定相应的维权形式。

四、对劳动者作了相应的保护性规定

对劳动者作了相应的保护性规定,具体表现在以下几个方面:

1. 申请劳动争议的时效延长。现行劳动争议案件的申请时效是《劳动法》规定的,立法时的目的是希望受到侵害的劳动者权益得到尽快的维护,所以规定劳动争议发生之日起60日内要提出仲裁申请,超过这一时效当事人即被视作放弃权利。而在劳动法实施后,不少用人单位想方设法拖延劳动者在发生争议后提出仲裁申请的时间,找各种借口把60日的时效拖过,然后再拒绝承担责任;劳动者如果听信了用人单位的谎言进行等待,在用人单位翻脸后就失去了提出仲裁申请的时效,结果是受到侵害的权益难以得到维护。

《劳动争议调解仲裁法》针对这种情况,把劳动争议申请仲裁的时效期间规定为一年,为劳动者维护权益确定了足够的时间。

2. 合理确定了劳动关系双方的举证责任。《劳动争议调解仲裁法》明确规定,发生劳动争议,当事人对自己提出的主张,有责任提供证据。但与争议事项有关的证据属于用人单位掌握管理的,用人单位应当提供;用人单位不提供的,应当承担不利后果。这一规定也是针对在劳动争议处理实践中,有的用人单位拒绝提供对自己不利的相关证据,以逃避其应当承担的法律责任,劳动者则因为不掌握涉及劳动争议事项的相关证据,而处于不利的情形之中。《劳动争议调解仲裁法》对用人单位举证责任的规定,明确了其拒绝提供相关证据的法律后果。

3. 劳动者可以依据调解协议书向人民法院申请支付令。《劳动争议调解仲裁法》规定:"因支付拖欠劳动报酬、工伤医疗费、经济补偿或者赔偿金事项达成调解协议,用人单位在协议约定期限内不履行的,劳动者可以持调解协议书依法向人民法院申请支付令。人民法院应当依法发出支付令。"

人民法院的支付令是人民法院对拒不履行法定义务的当事人所采取的一种督促程序,支付令的程序由民事诉讼法规定。在劳动争议的处理过程中,由于拖欠劳动报酬、工伤医疗费、经济补偿或者赔偿金事项都是与劳动者的基本生活联系在一起的,如果这几个方面的费用得不到保证,就会直接影响到劳动者的基本生活水平,引发社会问题和不稳定因素。而用人单位和劳动者对此达成调解协议、签订了调解协议书,实际上说明用人单位已经作出了相应的承诺,认可了应当承担的法律责任。在其不履行签订的调解协议书时，明确规定劳动者可以直接申请支付令，为劳动者保护权益多提供了一条维权渠道。

4. 对部分事实已经清楚的案件可以就该部分先行裁决。《劳动争议调解仲裁法》规定："仲裁庭裁决劳动争议案件时，其中一部分事实已经清楚，可以就该部分先行裁决。"先行裁决是指劳动争议仲裁庭在仲裁过程中对部分事实已经清楚的案件先行作出仲裁裁决。之所以规定先行裁决的程序，是考虑到大多数劳动争议案件集中于劳动报酬、福利待遇、经济补偿和赔偿等涉及劳动者切身利益的问题，特别是对拖欠或者克扣劳动者工资的劳动争议案件，本来用人单位就已经拖欠或克扣了劳动者几个月的工资，劳动者的基本生活已经没有着落，如果仍然按照既定的仲裁程序和诉讼程序进行，劳动者需要更长的时间才能拿到工资。实际生活中，有的用人单位不仅故意拖欠和克扣劳动者的工资，还故意按照劳动争议处理的程序，在仲裁之后向人民法院提起诉讼，在一审之后又提起上诉，一直拖延到走完全部程序，个别案件甚至拖三到五年。而规定先行裁决程序，对涉及劳动者基本生活的事项先行作出裁决，有利于维护劳动者的合法权益和基本生活。

5. 劳动者申请先予执行的，可以不提供担保。这是《劳动争议调解仲裁法》的一个亮点。在民事诉讼中，当事人申请先予执行时，人民法院可以责令申请人提供担保，申请人不提供担保的，驳回申请。而《劳动争议调解仲裁法》规定，劳动者申请先予执行的，可以不提供担保。这是在民事诉讼法规定的基础上，根据劳动关系的特殊情形，作出的进一步规定。劳动者是劳动关系中的弱者，之所以要申请仲裁或者提起诉讼，也往往是迫于无奈，被用人单位逼到不得不如此的地步。

一般情况下，劳动者在申请仲裁时，劳动报酬、医疗费、经济补偿或赔偿金等已经有一段时间没有拿到了，生活已经发生了困难，在这种时候，如果还让劳动者提供担保，劳动者是难以提供的；如果因为劳动者不能提供担保，而取消了劳动者申请先予执行的权利，会让已经生活困难的劳动者雪上加霜。因而，规定劳动者申请先予执行可以不提供担保，是符合我国劳动关系的实际情况的，也将是缓和劳动关系矛盾的一种有效方式。

五、劳动争议仲裁不收费

《劳动争议调解仲裁法》明确规定，劳动争议仲裁不收费。这是根据我国劳动争议处理的实际情况作出的规定。劳动争议仲裁收费,一直是职工群众和劳动争议案件当事人反映较大的问题之一。在近些年的劳动争议处理中,一个具体的劳动争议案件,人民法院最多收费 50 元,而劳动争议仲裁机构少则收 300 元,多则收 600~700 元,近年来,有的劳动争议仲裁机构甚至收费上千元。

在劳动争议立法征求意见的过程中,绝大多数职工都要求劳动争议的处理制度应当实行或裁或审,其中一个重要原因,就是劳动争议仲裁是劳动争议案件处理的必经程序,职工当事人往往要在仲裁阶段交比人民法院高得多的仲裁费用,如果劳动争议案件没有经过仲裁这个阶段,人民法院则以未履行法定仲裁程序为由不予受理,最终的结果是导致当事人对仲裁阶段的反感,希望直接提起诉讼。如果劳动争议案件的处理实行或裁或审,当事人就可以少交许多费用。现在,明确规定劳动争议仲裁不收费,其有利之处在于,可以使广大劳动者更加认同这一制度,从而为劳动争议仲裁制度在劳动争议的处理中发挥重要作用提供有利的基础。

六、事业单位的聘用争议多了一条解决渠道

《劳动争议调解仲裁法》规定:事业单位实行聘用制的工作人员与本单位发生劳动争议的,依照本法执行;法律、行政法规或者国务院另有规定的,依照其规定。由于事业单位与聘用人员之间劳动争议的处理一直是一个有争议的问题,未能形成一致意见。本条规定对这一问题作了原则性的规定,至于事业单位的聘用争议如何解决,尚有待于国务院的有关规定出台。但是,在国务院尚未出台相关行政法规的情况下,事业单位的劳动争议原则上按照《劳动争议调解仲裁法》规定的程序进行。

主编点评:

"仲裁"这个词,对于大多数农民朋友来说比较抽象,但仲裁行为自古有之,我们并不陌生。当我们在劳动中有了争议与纠纷的时候,不外乎以下几种解决途径,要么上访有关党政部门,要么上法院打官司,要么采取过激行为,要么忍了。后两种方式不可取,前两种方式

是正道,但往往成本较高。向法律授权的仲裁机构申请仲裁,是劳动关系各方解决争议的另一条法律通道。作为劳动者,我们需要了解相关法律条文,保存好证据,理智应对,用法律的手段保护自己的合法权益。

政府信息应该让人民知道
——国务院法制办负责人就《中华人民共和国政府信息公开条例》有关问题答中国政府网问

中国政府网

《中华人民共和国政府信息公开条例》（以下简称《条例》）将于2008年5月1日起施行。为帮助公众更好地理解《条例》的有关内容和精神，日前国务院法制办负责人接受了中国政府网的采访。

问：为什么要制定《条例》？

答：推行政府信息公开，是提高科学执政、民主执政、依法执政能力和水平，构建社会主义和谐社会的必然要求；是推进社会主义民主，建设法治政府的重要举措；是建立行为规范、运转协调、公正透明、廉洁高效的行政管理体制的重要内容。党中央和国务院对政府信息公开工作高度重视。中共中央办公厅和国务院办公厅多次下发文件，部署、推动政务公开工作。

为了统一规范政府信息公开工作，强化行政机关公开政府信息的责任，明确政府信息的公开范围，畅通政府信息的公开渠道，完善政府信息公开工作的监督和保障机制，国务院制定了《条例》。

问：按照《条例》规定，哪些单位应当公开政府信息？

答：《条例》规定的政府信息公开主体主要是行政机关和法律法规授权的具有管理公共事务职能的组织。这两类主体是政府信息的拥有者，也是政府信息公开义务的承担者。《条例》规定，各级政府及县级以上政府部门要建立健全本行政机关的政府信息公开工作制度，并指定政府信息公开工作机构，负责本行政机关政府信息公开的日常工作。

此外，教育、供水、供电、供气、供热、环保、医疗卫生、计划生育、公共交通等与群众利益密切相关的公共企事业单位在提供社会公共服务过程中也制作、获取了大量社会公共信息。公开这些与人民群众生产、生活密切相关的社会公共信息，有利于更好地保障广大人民群众获取信息、利用信息的合法权益。为此，《条例》也将这部分公共企事业单位纳入了调整范围。同时，考虑到这些公共企事业单位不是行政机关，《条例》特别规定，这些单位应当参照《条例》，公开其在提供社会公共服务过程中制作、获取的信息，具体办法由国务院有关主管部门或者机构制定。

问：《条例》对政府信息公开的范围作了哪些规定？

答：政府信息公开范围是《条例》的核心内容。为了切实保证人民群众的知情权、参与权、监督权，《条例》从我国实际出发，总结国内部分地方政府信息公开立法的经验，从三个方面对政府信息公开的范围作了规定：

一是明确了行政机关主动公开政府信息的范围。行政机关对符合下列基本要求的政府信息应当主动公开：（一）涉及公民、法人或者其他组织切身利益的；（二）需要社会公众广泛知晓或者参与的；（三）反映本行政机关机构设置、职能、办事程序等情况的；（四）其他依照法律、法规和国家有关规定应当主动公开的。各行政机关要按照上述要求，确定主动公开政府信息的具体内容。同时，为了保证主动公开的要求能够落到实处，《条例》还根据县级以上各级政府及其部门、乡（镇）政府的工作职责，分别规定了其应当重点公开的政府信息。

二是确立了依申请公开政府信息的制度。政府信息量大面广，涉及社会生产生活各个方面。其中，有相当一部分政府信息只涉及部分人和事，对特定公民、法人或者其他组织从事生产、安排生活、开展科研等活动具有特殊的作用。为了保证公民、法人或者其他组织获取所需要的政府信息，《条例》规定：除行政机关主动公开的政府信息外，公民、法人或者其他组织还可以根据自身生产、生活、科研等特殊需要，向国务院部门、地方各级政府及县级以上地方政府部门申请获取相关政府信息。对政府信息公开申请的形式、答复方式和时限要求，《条例》也作了规定。

三是明确了不予公开的政府信息范围。这是国外政府信息公开立法普遍采取的做法。《条例》从我国实际出发，根据地方政府信息公开立法的经验，规定：行政机关公开政府信息，不得危及国家安全、公共安全、经济安全和社会稳定。行政机关不得公开涉及国家秘密、商业秘密、个人隐私的政府信息。

问：如何保障公民、法人或者其他社会组织及时、准确地获取政府信息？

答：为了保障公民、法人和其他组织及时、准确地获取政府信息，提高政府信息公开的实效性，《条例》在设定具体制度时充分考虑不同社会群体平等获取政府信息的需求，在对全国的政府信息公开工作进行统一规范、严格约束的基础上，统筹兼顾各地方、各部门政府信息公开工作的实际情况，要求行政机关根据实际，采用多种方式公开政府信息。一是行政机关应当及时、准确地公开政府信息，发现影响或可能影响社会稳定、扰乱社会管理秩序的虚假或不完整信息的，应当在其职责范围内发布准确的政府信息予以澄清；二是行政机关应当建立健全政府信息发布协调机制，发布政府信息涉及其他行政机关的，应当与有关行政机关进行沟通、确认，保证行政机关发布的政府信息准确一致；三是行政机关应当通过政府公报、政府网站、新闻发布会以及报刊、广播、电视等便于公众知晓的方式公开政府信息；四是各级政府应当在国家档案馆、公共图书馆设置政府信息查阅场所，配备相应的设施、设备，为公民、法人或其他组织查阅、获取政府信息提供方便；五是行政机关可以根据需要设立公共查阅室、资料索取点、信息公告栏、电子信息屏等场所、设施，公开政府信息；六是行政机关应当编制、公布政府信息公开目录和政府信息公开指南，并及时更新。

问：如何处理政府信息公开与保守秘密的关系？

答：为了处理好公开与保密的关系，使《条例》与保守国家秘密法等法律法规相衔接，达到既保证公民、法人和其他组织及时、准确地获取政府信息，又能防止出现因公开不当导致失密、泄密的目的，《条例》建立了相应的政府信息公开审查机制。行政机关在公开政府信息前，应当依照保守国家秘密法及其他法律、法规、规定，对拟公开的政府信息进行审查；对政府信息不能确定是否可以公开时，应当依法报有关主管部门或者同级保密工作部门确定；行政机关不得公开涉及国家秘密、商业秘密、个人隐私的政府信息，但经权利人同意或行政机关认为不公开可能对公共利益造成重大影响的，可以予以公开。

问：《条例》在监督和保障政府信息公开方面提出了哪些措施？

答：公开政府信息是坚持和发展社会主义民主，建设社会主义民主政治的有效形式，是加强政府自身建设、建立健全惩治和预防腐败体系的重要内容，必须通过加强制度建设积极稳妥地推动政府信息公开，使政府信息公开成为政府施政的一项基本制度。为此，《条例》建立了政府信息公开工作的监督和保障制度。一是各级政府应当建立健全政府信息公开工作考核制度、社会评议制度和责任追究制度，定期对政府信息公开工作进行考核、评议；二是政府信息公开工作主管部门和监察机关负责对行政机关政府信息公开的实施情况进行监督检查；三是各级行政机关定期公布本行政机关政府信息公开工作年度报告；四是公民、法人或其他组织认为行政机关不依法履行政府信息公开义务的，可以向上级行政机关、监察机关或政府信息公开工作主管部门举报，收到举报的机关应予调查处理；五是公民、法人或其他组织认为行政机关在政府信息公开工作中的具体行政行为侵犯其合法权益的，可以依法申请行政复议或提起行政诉讼。此外，《条例》还对违反相关规定，未建立健全政府信息发布保密审查机制、不依法履行政府信息公开义务、违反规定收取费用等行为设置了相应的法律责任。

问：政府信息公开对促进廉政建设将会产生怎样的影响？

答：党的历次代表大会和各种政策文件，都反复强调要发展社会主义民主政治，并提出了政务公开、透明的要求。国内外的实践表明，政府信息公开对于推进民主法治建设和促进反腐倡廉工作具有非常重要的意义。一是可以使行政机关的职责权限、办事程序、办事结果、监督方式等为人民群众广泛知晓，有利于规范行政权力的正确行使，确保行政权力不被滥用，实现依法行政；二是有利于加强反腐倡廉的制度建设，从制度上遏制和预防腐败，避免行政行为暗箱操作，填补权力运行机制中的漏洞，减少腐败行为发生的机会；三是有利于强化社会监督，拓宽人民群众参与社会经济事务管理的渠道，切实保障人民群众的知情权、参与权和监督权，提高行政机关工作人员廉洁奉公的自觉性；四是有利于行政机关更好地做到立党为公、执政为民，聚民意、集民智、凝民心，有利于转变政府职能，加强机关作风建设，不断提高行政水平和工作效率。

问：《条例》自2008年5月1日起施行，政府机关需要做好哪些准备工作？

答：《条例》的出台是我国民主法治建设的一件大事。全面正确地实施《条例》，是各级行政机关的重要职责和基本义务。为了保证《条例》各项规定的落实，各级行政机关应当进一步加强自身建设，积极稳妥地做好《条例》的实施准备工作。

一是充分认识贯彻实施《条例》的重要意义，通过各种渠道使广大人民群众了解《条例》的各项规定，学会依法获取政府信息，维护自己的合法权益。同时，加强对行政机关工作人员的教育培训，增强政府信息公开意识，提高做好政府信息公开工作的能力。

二是建立健全本单位的政府信息公开工作制度，充分利用现有工作基础，并指定机构负责本单位政府信息公开的日常工作，理顺内部工作机制，明确职责权限。

三是加快本单位政府信息的清理，做好政府信息公开指南和公开目录的编制和修订工作，并在所有政府信息查阅场所和政府网站免费提供。

四是健全政府信息公开的发布机制，加快政府网站信息的维护和更新，建立政府信息公开场所，为公民、法人或其他组织获取政府信息提供便利。

五是建立健全政府信息发布协调机制以及政府信息公开工作考核制度、社会评议制度、责任追究制度等，加强领导，明确责任，认真落实《条例》的各项规定。

主编点评：

知情权是公民生存权和发展权的重要组成部分，是民主社会的基石。我们的政府是人民的政府，应该尊重人民的知情权，人民政府的信息理应让人民知道。《信息公开条例》的颁布实施，使这一常识法律化。政府是信息的集散地，政府的每一条信息都与广大公民的利益息息相关。了解政府信息既是公民享有的权利，也是我们从事生产、生活的需要。我们要不断提高自身的法律意识，通过合法程序和形式，及时了解并理直气壮地要求政府职能部门提供与自身利益相关的政府信息，为自己的生产生活提供帮助，享受法制进步的阳光。政府部门也应该不断改进作风，依法定期公布有关信息，切实为人民提供各类信息服务。

织造牢固的食品安全网
——解读《食品安全法》七大看点

《检察日报》社

历时三年,跨越两届,社会各界广泛建言的《食品安全法》终于出台,该法共十章104条,2008年6月1日起施行,届时《食品卫生法》同时废止。

这部新法能有效预防重大食品安全事故的发生么?本报记者采访了参与该法制定过程的几位专家。

由"卫生"到"安全":不只是监管理念的转变

按照通常的立法程序,一般的法律案经三次审议后就会通过,但《食品安全法》草案三审过后,反复打磨,立法的审慎和精细超乎寻常。全国人大常委会法工委行政法室主任李援接受记者采访时表示,"这与我国的食品安全现状直接相关。"1995年10月30日施行的《食品卫生法》,对保障食品安全发挥了重要作用,但是由于食品检验不够规范、责任不够明确,以及食品监管方面存在空白等问题,食品安全事件接二连三地发生。"尤其是在三次审议之前,'三鹿奶粉'事件暴露的食品添加剂等问题,如何解决,都需要法律反复推敲,如今出台的法律都作出了回应。"

李援说,该法从"卫生"到"安全",不只是两个字的改变,更是监管观念上的转变,即从注重食品干净、卫生,对食品安全监管的外在为主,转变为深入到食品生产经营的内部进行监管,这个转变的目的就是要解决食品生产经营等环节存在的安全隐患。

记者从全国人大常委会法工委了解到,为打磨好这部法律,该法自2007年12月十届全国人大常委会第三十一次会议初审后,法律委员会、全国人大教科文卫委员会先后召开了9次会议,对《食品安全法》草案进行审议;常委会组织了13次《食品安全法》调研活动；全国人大常委会曾向31个省、自治区、直辖市以及27个省会市；18个较大的市；28个国家部委；6个社会团体；16个高等院校和法学研究所等单位征求意见。2008年4月20日至5月20日，草案全文公布，并向社会征求意见，一个月的时间，收到意见11327件。2008年8月、10月，2009年2月，分别经过二审、三审、四审后得以通过，可以说各界踊跃参与，共同制定了这部法律。

分段监管全程监控：锁定责任不留真空

对食品安全的监管机制，人们笑称，"五龙治水，等于无龙治水。"为何该法律最终仍确定几个部门分段监管的模式？

李援表示，监管机制是本法立法的难点和重点。监管机制到底什么样的好，一个部门单独管，按环节管，还是按产品管，世界各国都不相同，比如瑞典全国就设一个机构——食品安全管理局，美国基本按品种来管。

"我国的监管模式原来是食品卫生部门一家负责，但是由于食品生产的链条比较长，从农田到餐桌，一个部门管力不从心，所以形成了多部门管理的监管体制，但多部门管理易出现管理空白等问题。"李援说，为了解决这个问题，《食品安全法》重新明确了各个部门的监管职责，确立了分段监管体制，主要是卫生、农业、质检、工商和食药监各司其职，分别负责对食品安全风险的评估、食品标准的制定，对初期农产品，对食品生产环节、食品流通环节和餐饮服务方面的监管，即从原料到产品、从生产到流通、餐饮的全程监管。在此基础上，设立国务院食品安全委员会，加强对各个监管部门监管工作的协调和指导。对此，全国人大常委会委员温孚江、辜胜阻表示，这应该是一个刚性机构，真正发挥协调、组织、惩治、监督等职能作用。在全程监管分段实施的过程中，最重要的是要锁定责任，实现无缝对接，纵向要到底，横向要有边，不能留任何真空，实现无缝对接。

李援指着第一百零三条特别提醒说，每个国家的食品监管体制都不是一成不变的，"所以，在附则中我们也留了个口子——国务院根据实际需要，可以对食品安全监督管理体制作出调整"。

食品添加剂：没有必要不得添加

"三鹿奶粉"事件的发生，暴露了在食品中添加非法物质与滥用食品添加剂是危害食品安全的重要源头，《食品安全法》着重加强了对食品添加剂的监管，第四十五条规定食品添加剂只有经过风险评估证明安全可靠，且技术上是确有必要的，方可列入允许使用的范围。

对此，全国人大常委会法工委行政法室处长黄薇分析说，这里特别强调了两点：一是食品添加剂目录是卫生部门组织专家制定的，依据风险评估证明确实是安全的，才能加入到食品中；二是强调技术必要性。也就是说添加剂应对食品的质量、营养等的改善是必要的。如果没必要，比如面粉增白剂，加与不加都不影响面粉类食品的正常食用，所以卫生部门已从添加剂的目录中将其删除了。

黄薇还透露，食品卫生、质量标准不统一的问题也将终结，我国将统一制定一套食品安全国家标准。

保健食品：法律规定"硬杠杠"

"《食品安全法》的亮点之一是将保健食品纳入调整范围。"李援说，原来草案并没有对此作出专门规定，认为它可以和普通食品采取同样的监管方式进行监管。在审议草案时，常委会与会人员比较集中地提出，保健食品目前已经发展成为相当规模的产业，产值已达亿万，同时存在不少问题。部分企业擅自生产保健食品，有的产品进行虚假宣传，夸大功能、误导公众，给食品安全埋下了隐患。

"《食品安全法》吸收了各方意见，明确规定，国家对声称具有特定保健功能的食品实行严格监管。"黄薇解释说，目前对保健食品的监管部门是由食药监部门负责，与普通食品相比，保健食品多了一道审批程序，它的说明书和产品必须经过事先审批才能投入生产。第五十一条给保健食品设定了必须遵守的"硬杠杠"：不得对人体产生急性、亚急性或者慢性危害，其标签、说明书不得涉及疾病预防、治疗功能，内容必须真实，应当载明适宜人群、不适宜人群，功效成分或者标志性成分及其含量等；产品的功能和成分必须与标签、说明书相一致。

明星代言问题食品：要承担连带责任

今后，社会名人、明星代言广告要格外小心，否则可能会被法律"雷倒"。

据黄薇介绍，社会名人、明星代言会使广告的效应叠加，增加消费者对产品的信任度，因明星代言引发的食品安全问题，《食品安全法》也高度关注，第五十四条规定食品安全监督管理部门或者承担食品检验职责的机构、食品行业协会、消费者协会不得以广告或者其他形式向消费者推荐食品；第五十五条规定，社会团体或者其他组织、个人在虚假广告中向消费者推荐食品，使消费者的合法权益受到损害的，与食品生产经营者承担连带责任，"不能像现在这样不负责任，心安理得地收下巨额的广告收入。"

全国人大常委会委员王建民建议，有关部门在这部法律公布后，对食品广告进行一次系统的整顿。

消费者遭受损害：生产经营者得先赔

企业生产、销售不符合食品安全标准的食品，给消费者造成损失的时候，往往要受到行政处罚、刑事处罚，还要承担民事赔偿。当这三种责任企业都要承担的时候，消费者的索赔还能实现么？

黄薇表示，《食品安全法》规定，非法企业"应当承担民事赔偿责任和缴纳罚款、罚金，其财产不足以同时支付时，先承担民事赔偿责任"。也就是说，在发生食品安全事故的时候，非法生产、销售的企业首先要先承担民事责任，使受害的消费者优先得到赔偿。对于企业生产或销售不符合食品安全标准的食品，不管其行为是否对消费者造成了损害，消费者除了要求一般性的赔偿外，还可以要求其支付价款10倍的赔偿金，这种惩罚性的赔偿责任也是该法的一个亮点。

黄薇表示，法条对企业还设立了一个资格处罚，被吊销许可证的单位，其直接负责的主管人员五年内不得从事食品生产经营管理工作。

问题食品：必须被召回和下架

食品行业最需要"良心"，食品生产经营者必须承担起保证食品安全的社会责任。

说到这儿,李援解释说,《食品安全法》明确规定了国家对食品生产经营实行许可制度,今后卫生部门不负责发放食品卫生许可证,《食品安全法》实施后,生产企业要到质检部门申领生产许可证;经营企业要到工商部门申领食品流通许可证;从事餐饮业的要到食药监部门申领许可证,也就是一项许可变为了三项许可。该法同时要求生产经营者建立索票索证制度。食品生产者采购食品原料、食品添加剂、食品相关产品要履行查证、查验的职责,食品经营者采购食品,应查验供货者的许可证,建立并执行进货查验记录制度、出厂检验记录制度、台账制度,把住食品的供货进货关。

如果发现市场上流通不安全的食品怎么办?李援说,《食品安全法》确立了"食品召回和停止经营制度"。食品生产者有责任立即停止生产,召回已经上市的食品。食品经营者要停止经营,马上作下架处理,通知相关生产者和消费者停止食用,如果生产经营者没有履行上述法律规定的召回和停止经营的制度,作为监管部门有责任责令停止经营和召回。

"食品安全没有零风险,不是立了法了,食品就自然而然地安全了。如果《食品安全法》能切实落到实处,可以有效地预防和控制食品安全事故的发生。"李援充满信心地说。

主编点评:

民以食为天,食品卫生安全事关国计民生。安徽大头娃娃事件,苏丹红事件等一系列食品安全事件,使食品生产领域红灯频闪,特别是2008年发生的波及全国多个省区市的三鹿问题奶粉事件,震惊国内外,促使社会各界尤其是司法、政府部门反思食品生产销售各环境的监管问题。痛定思痛,在原《食品卫生法》基础上经过改进完善的《食品安全法》颁布实施。吃一堑,长一智。农村食品安全监管是个薄弱地带,作为食品的生产经营者,须牢记自己肩上的社会责任,依法生产经营。食品安全没有零风险,不是立了新法了,食品就自然而然地安全了,作为食品的农村消费者,我们都要擦亮自己的眼睛。

从行政性问责走向程序性问责
——我国官员问责制分析

李 松

官员"刚性问责"之失

我国官员问责制还处在粗放型阶段，仅在技术上完善行政性问责还不够，关键要从行政性问责走向程序性问责

国家审计署审计长刘家义不久前在谈及以往被审计机构出现的"屡查屡犯"现象时指出，"此类问题不是个案，带有一定的共性，是制度性问题。"

刘家义前任李金华曾因多次掀起"审计风暴"而名声大振。还在那时，"屡查屡犯"就是一个备受诟病的问题了。《瞭望》新闻周刊记者了解到，以往"审计风暴"过后，一些被查出问题的部门就曾"屡犯"，但这些部门的官员，多数却没能承担起相应的责任，有的异地为官，甚至还被提拔。

近年来，在我国的行政问责中，类似的现象较为普遍。除了少数官员因重大事故被问责外，在决策上失误，或在作风、道德、纪律等方面违规被问责的官员很少，更多的是大事化小、小事化了，直至最终逃避了追究。

"我国对官员问责还没有一个完全统一的标准，在执行过程中随意性极大"，北京大学政府管理学院博士生导师李成言教授接受本刊记者采访时表示，"对官员缺乏刚性问责的严重后果是，不但对官员无法形成威慑力，而且还容易放纵官员滥权的侥幸心理，造成对政府执行力和公信力的极大破坏。"

讨价还价的"官员问责"

2009年1月5日12时46分，随着"轰隆隆"的一声巨响，设计总投资3500余万元、高135米、建筑面积5000余平方米的"三峡明珠观光塔"轰然

倒塌……

据了解，这座观光塔于2004年3月由重庆市万州区龙宝移民开发区管委会投资兴建。直到工程在2005年4月17日被叫停，前期工程耗资1000万余元。按官方的公开解释，是因为工程不赚钱，所以也没有商家愿意接手。区里经过研究决定拆除。

一个花纳税人数千万元打造的形象工程，在瞬间灰飞烟灭，公众以为会有人担责。但两个月过去，公众并没有看到哪位官员站出来担责。

2008年11月26日，"史上最牛官员别墅群"直接责任者熊传明，被河南省纪委监察厅和信阳市纪委监察局撤掉了信阳市国土资源局党组书记、局长职务，并对其予以党内严重警告处分。

此前，熊传明得到的处分是"行政警告"。这被公众认为处理过于"轻描淡写"。在舆论的压力下，熊传明终于"落马"，也算是给民意一个交代。

"可以说，熊传明从行政警告到被撤职，是官民问责博弈的结果，"李成言教授对此评价道，"这样的官员问责，感觉像市场上的讨价还价——政府好比卖方，公众好比买方。一旦官员出事激起民愤，为维护政府自身的公信力，政府一方会试探性问责官员，并希望公众能积极认账，公众接受则交易成功，如果不接受，再加大问责力度，直至公众认可。"

本刊记者调查发现，由于我国缺乏刚性的问责制，对一些问题官员的问责，就很容易被公众舆论效应"绑架"，有时上级领导的批示拍板，也会使官员问责进入一种不理性的状态。

问责应始于"道义之责"

近年来，我国加快了从中央到地方问责制建设的进程。但本刊记者了解到，目前对官员问责，还多限于发生重大事故，或是违规行为造成极恶劣的社会影响，才对当事官员启动问责程序。

"在工作中，官员出现严重失误，或是违反各种规定，以公开检讨、赔礼道歉、引咎辞职等方式主动承担道义责任，是自觉遵守从政道德的体现，"南开大学博士生导师齐善鸿教授接受本刊记者采访时表示，"只要官员违背公认的道德规范，就要被问责，如官员见死不救或见义不为，官员包二奶、赌博、作风腐败等。"

中国人民大学博士生导师毛寿龙教授认为，官员承担责任有四个层面：一是承担道义上的责任，向受害者和公众负责；二是承担政治上的责任，也就是向党和政府负责；三是承担民主的责任，向选举自己的人民代表和选民负责；四是承担法律的责任，要向相关法律规定负责，看是否有渎职的情形存在。

"从某种意义上来说，道义责任是官员的第一责任。对官员问责需要从道义责任开始，"李成言教授认为，"现行问责制主要限于违反法律和党纪政纪的问责，缺乏对权力运行者政治和道义问责。这需要有关部门不断提高对官员的约束力，转变问责方式，深化问责对象，扩展问责范围和领域。"

需破除的利益"共同体"

"我国现行的问责方式主体比较单一。国际经验表明，有效的官员问责需要问责主体多元化，需要立法机关、新闻媒体、社会团体、社会公众参与问责，"国家行政学院政治学教研部龚维斌教授接受本刊记者采访时说，"随着互联网的普及以及新闻媒体舆论监督力度的加大，公众参与对官员的问责越来越多，推动了对事件的查处和对失职渎职官员的责任追究。但是，从总体上看，现在的问责制，更多的还是停留在党组织和行政系统内部自上而下的问责上，立法机关、社会团体、社会公众参与问责的广度和深度不够。"

"长期以来，我国治国基本靠出台红头文件，在具体落实当中，很难把一个责任通过法规规范或法制的形式，落实到每一个具体的层面，"中央党校党建部张希贤教授认为，"因为没有一个法制上明确的权责规定，一旦出问题，就找不到具体责任人，而且哪一级干部应该担当多大的责任，都没有一个明确的规定，全凭着上级党政机关来界定。"

"由于我国官员问责大都指向基层、底层的下级官员，导致出了问题之后，没有人会主动辞职，而出问题的官员也确信上级会保护自己，导致问责达不到真正的效果，"齐善鸿教授表示，"为了应付舆论和更高层的政府，承担问责责任的机关，通常会抛出一些最底层的官员。这样不合理的责任承担机制，生成了官场不负责任的文化。"

"一般由各级的最高行政领导确定是否要问责、力度如何、什么样的人应该承担什么样的责任，"毛寿龙教授认为，"领导重视了，问责就进入实践，其力度也大。一旦领导有其他考虑，问责就会退而变成次要工作，力度下降，有时候甚至是停止运作。行政性问责的这些特征使得问责实践往往很不稳定，并富有争议。"

期待问责制瓶颈的突破

针对官员问责中存在的缺陷,受访专家认为,应重点设置责任追究制的范围和方式,将国家现行的多种责任追究制链条有机地联结在一起,使官员问责制更具有系统性和可操作性。

"我国官员问责体制还处在粗放型阶段,要解决这个问题,仅在技术上完善行政性问责还不够,关键要从行政性问责走向程序性问责,"李成言教授认为,"通过追究官员确实应承担的责任,促使官员合法、正当地行使手中的权力,使行政机关和公务员真正负起责任。对官员的问责应科学化、法制化,谁应当负责任,应当负责任到什么程度,要有一个量化的、具体的规范。"

"我国官员问责制度需要和岗位分析、纪检监察、审计等结合起来,要与绩效评估结合起来,完善有关法律法规,做到规范问责、依法问责、科学问责。一要科学设定岗位职权和应承担的责任,二要制定和履行规范细致的问责程序,"龚维斌教授认为,"还要把问责制与开展绩效评估结合起来。绩效评估是实行问责制的前提和基础,有了绩效评估的结果,官员问责才有可靠的依据。同时,把官员问责制与责任评估结合起来,一要科学地评估事故或事件后果的严重程度,二要科学地评估相关领导干部应该承担的责任。也要防止简单地从政治上问责,忽略了对真正原因的分析和研究,丧失了通过查找原因举一反三、改进工作的机会。"

"应该尽快确立以宪法、法规和社会主义道德原则为问责制宗旨,贯彻有权必有责,问责与责任相适应的原则,"齐善鸿教授认为,"目前应抓紧制定有关政治和道义层面问责制度,以此弥补纪律和法律追究的空当或不足。道义问责是前提和基础,也是追究责任的一种快速反应方式。同时,完善检讨、道歉、请辞、免职等问责方式和操作程序,明确事件发生后立即启动政治道义问责程序等。"

"在我国现行政治体制下,仅强调行政问责还不够,"中国社科院尹韵公研究员对本刊记者说,"因为问责是问公权力运行之责,范围依法应包括一切掌握公权力的机关单位,如党政机关、司法机关和公共事业管理单位领导干部等。"

"目前我国公务员法和行政机关公务员处分条例等各种规范性文件对各种官员违纪行为的处分方式、处分权限和程序都作出了规定,"北京市中盛律师事务所杜立元律师接受本刊记者采访时指出,"在更为完备的规范出台之前,切实加强现有规则的执行力度很有必要。人大应当充分发挥对官员问责的监督作用。同时,应当充分保障对官员问责自下而上的群众监督和新闻媒体的舆论监督。"

 **主编点评:**

"官本位"的思想在我国有很深广的历史渊源。尽管宪法从基本概念上界定政府是人民政府,干部是人民群众的公仆;但是,政府并不等于人民,干部不等于群众,两者之间的关系调整缺乏对等明确的法制界定。党政领导机关和领导者权力过于集中,缺乏清晰的外延,权大于法、以权代法、权法交易等现象比较普遍。随着法制社会的到来,给领导者权力以明确的界限,对其所承担的责任进一步公示于民,对其失责渎职行为以惩戒,是法制进步的必然。尽管问责机制从舆论到行动,从道义到法制,还需走漫长的路,但必定这是我们文明进步所绕不过的必由之路。

营造群众诉求的绿色通道
——16种信访工作违纪行为处分规定解读

李亚杰　余庆红

《关于违反信访工作纪律适用〈中国共产党纪律处分条例〉若干问题的解释》（以下简称《解释》）和《关于违反信访工作纪律处分暂行规定》（以下简称《规定》）正式出台，归纳概括了16种信访工作中需要追究领导责任的违纪行为。这是新中国成立以来首次就信访工作究责作出规定，党纪、政纪处分规定同时发布。

超越或者滥用职权导致信访事项发生 对负有直接责任者给予处分

中共中央纪委、监察部、人力资源社会保障部、国家信访局颁布实施的《关于违反信访工作纪律处分暂行规定》指出，超越或者滥用职权，侵害公民、法人或者其他组织合法权益，导致信访事项发生，造成严重后果，其中负有直接责任者，给予记大过、降级、撤职或者开除处分。

《规定》指出，有下列情形之一的，对负有直接责任者，给予记大过、降级、撤职或者开除处分；负有主要领导责任者，给予记过、记大过、降级或者撤职处分；负有重要领导责任者，给予警告、记过、记大过或者降级处分：

（一）超越或者滥用职权，侵害公民、法人或者其他组织合法权益，导致信访事项发生，造成严重后果的；

（二）应当作为而不作为，侵害公民、法人或者其他组织合法权益，导致信访事项发生，造成严重后果的；

（三）因故意或重大过失导致认定事实错误，或者适用法律、法规错误，或者违反法定程序，侵害公民、法人或者其他组织合法权益，导致信访事项发生，造成严重后果的。

处理信访事项敷衍塞责造成严重后果
对负有直接责任者给予处分

《规定》指出，在处理信访事项过程中，敷衍塞责、推诿扯皮导致矛盾激化，造成严重后果，其中负有直接责任者，给予记过、记大过、降级或者撤职处分。

《规定》指出，有下列情形之一的，对负有直接责任者，给予记过、记大过、降级或者撤职处分；负有主要领导责任者，给予记过、记大过或者降级处分；负有重要领导责任者，给予警告、记过或者记大过处分：

（一）在处理信访事项过程中，工作作风简单粗暴，造成严重后果的；

（二）对信访事项应当受理、登记、转送、交办、答复而未按规定办理或逾期未结，或者应当履行督查督办职责而未履行，造成严重后果的；

（三）在处理信访事项过程中，敷衍塞责、推诿扯皮导致矛盾激化，造成严重后果的；

（四）对重大信访突出问题和群体性事件，应到现场处置而未到现场处置或处置不当，造成严重后果或较大社会影响的。违反规定使用警力处置群体性事件对负有直接责任者给予处分。

《规定》指出，违反规定使用警力处置群体性事件，或者滥用警械、强制措施，或者违反规定携带、使用武器的，对负有直接责任者，给予记过、记大过、降级或者撤职处分。

《规定》指出，违反规定使用警力处置群体性事件，或者滥用警械、强制措施，或者违反规定携带、使用武器的，对负有直接责任者，给予记过、记大过、降级或者撤职处分。造成严重后果的，对负有直接责任者，给予撤职或者开除处分；负有主要领导责任者，给予记过、记大过、降级或者撤职处分；负有重要领导责任者，给予警告、记过、记大过或者降级处分。

《规定》指出，在信访工作中有其他失职、渎职行为，引发信访突出问题或群体性事件的，对负有直接责任者，给予记大过、降级、撤职或者开除处分；负有主要领导责任者，给予记过、记大过、降级或者撤职处分；负有重要领导责任者，给予警告、记过、记大过或者降级处分。

拒不办理重要信访事项造成严重后果
对负有直接责任者给予处分

《规定》指出，拒不办理上级机关和信访工作机构交办、督办的重要信访事项，或者编报虚假材料欺骗上级机关，造成严重后果的，其中负有直接责任者，给予记大过、降级、撤职或者开除处分。

《规定》指出，有下列情形之一的，对负有直接责任者，给予记大过、降级、撤职或者开除处分；负有主要领导责任者，给予记过、记大过、降级或者撤职处分；负有重要领导责任者，给予警告、记过、记大过或者降级处分：

（一）拒不办理上级机关和信访工作机构交办、督办的重要信访事项，或者编报虚假材料欺骗上级机关，造成严重后果的；

（二）拒不执行有关职能机关提出的支持信访请求意见，引发信访突出问题或群体性事件的；

（三）本地区、单位或部门发生越级集体上访或群体性事件后，未认真落实上级机关的明确处理意见，导致矛盾激化、事态扩大或引发重复越级集体上访，造成较大社会影响的；

（四）不按有关规定落实信访工作机构提出的改进工作、完善政策、给予处分等建议，造成严重后果的；

（五）对可能造成社会影响的重大、紧急信访事项和信访信息，隐瞒、谎报、缓报，或者授意他人隐瞒、谎报、缓报，造成严重后果的。

主编点评：

近年来，发生在陕西省府谷县、云南省孟连县、广东省深圳市和我省陇南市等地的群众与警方的冲突事件，警醒人们在进一步深刻思考政府公权使用、执政艺术、警民关系等多方面的问题。这些事件的本质不是单纯的警民矛盾，而是群众对有些地方政府腐败、司法不公的不满。群众诉求渠道的不畅，政府与公民对话机制的缺失，党政公务人员宗旨意识的逐步淡薄，使民众与政府的"离心"倾向显现，向各级政府敲响了警钟。正如专家所说，解决这些突出问题，需要新思维。民意的呼唤，专家的忠告，法规的健全都在促生一个法治政府的诞生。16种信访工作违纪行为处分规定的出台，将有助于建立民意诉求的绿色通道，但关键还是党政部门要为民好事办实，实事办好。

加大便民力度　凸显人民司法
——最高人民法院研究室负责人解读《最高人民法院关于进一步加强司法便民工作的若干意见》

刘　岚

2009年新年伊始，法发〔2009〕6号《最高人民法院关于进一步加强司法便民工作的若干意见》（以下简称《便民意见》）正式下发全国法院实施。

这是人民法院落实"党的事业至上、人民利益至上、宪法法律至上"指导思想，深入贯彻落实科学发展观，积极实践"为大局服务，为人民司法"工作主题，全面落实"司法为民"宗旨，为更好地满足新形势下人民群众对司法工作的新需求、新期待而采取的一项重大司法为民举措，对进一步推动人民司法事业的发展具有重大意义。

2月20日，记者采访了最高人民法院研究室负责人，该负责人详细介绍了《便民意见》出台的背景和意义，将《便民意见》的十七条具体规定归纳为六个方面进行了解读。

加强诉讼服务　体现司法关怀

《便民意见》突出加强人民法院的服务功能，要求各级人民法院进一步增强服务意识，拓展服务领域，丰富诉讼服务的方法和措施，提高服务水平，真正让人民群众感受到司法以人为本，享受到司法人文关怀。《便民意见》有以下几项新举措：

第一，设立专门的诉讼服务部门，专职诉讼服务工作。《便民意见》第一条规定人民法院应当设立立案大厅或者诉讼服务中心，做好信访接待、诉讼引导、案件查询、办案人员联系、诉讼材料接转、诉讼疑问解答、判后答疑、引导当事人合理选择纠纷解决方式等方面的工作。这是最高人民法院第一次要求全国各级人民法院建立专门的诉讼接待服务部门，实行柜台式、一站式诉讼服务。这是对近年来许多法院司法便民工作的总结。如天津市三级法院的司法服务中心，北京市海淀区人民法院的审判接待大厅，上海市浦东新区法院立案接待大厅等，都是通过设立专门的部门负责来访、起诉、咨询、参加诉讼的当事人和其他人民群众的接待工作。这种专门的诉讼接待服务，方便了当事人诉讼，顺畅了诉讼流程，提高了诉讼效率，解决了群众批评的法院"门难进，事难办"问题，赢得了群众的一致好评。

第二，打破常规，提供特殊诉讼服务。《便民意见》第二条规定了人民法院"非常规"的诉讼服务举措。一是人民法院应当根据工作的实际需要建立非工作日的立案和信访接待制度。一般情况下，人民法院应当在工作日上班，但当事人有在工作日起诉或者参与诉讼的实际困难的，人民法院就应当急群众之急，可以在休息日接待人民群众的来访和起诉，充分体现司法人文关怀；二是人民法院针对一些老年人、残疾人、病患者不方便参加诉讼的特殊情况，可以提供上门立案服务，真正做到"服务到家"。

第三，加强巡回办案，就地解决问题。巡回办案是人民法院一项传统的为人民群众服务的审判方式，但由于近年来法院工作任务越来越重，巡回审判工作受到一定影响。《便民意见》第六条再次强调，基层人民法院应当根据本地实际情况，积极开展巡回审判。人民法庭对于边远地区或者纠纷集中地区，应当定期不定期进行巡回办案，就地立案，就地审判，当即调解，当即结案，就地执行。应当事人请求，必要时基层人民法院和人民法庭还可以按照当事人协商一致的合理时间开庭。只要人民法院和广大法官带着对人民群众的深厚感情去办案，就一定能增强服务意识，提高服务水平，让司法工作更加贴近民心，贴近民情，贴近民意，就能得到群众的认可和信服。

依法简化程序　提高诉讼效率

《便民意见》规定了人民法院提高诉讼效率的几项重要措施，有效降低诉讼成本，减轻当事人诉累。

第一，建立远程立案模式。《便民诉讼》第二条规定，基层人民法院可以采用电话、网络等方式预约立案。

第二，建立繁简分流和速裁机制。《便民意见》第四条规定了基层人民法院应当建立健全案件繁简分流和速裁工作机制，着重以调解方式解决纠纷，快速化解矛盾，提高诉讼效率。繁简分流和速裁机制是近年来人民法院采取的根据案件情况分案区别程序审理，提高诉讼效率的重要措施。将简易案件通过速裁机制解决，有的法院还设立了专门的速裁庭，主要以调解的方式处理纠纷，缩短了办案周期，大大提高了办案效率，取得了很好的效果，被称为"诉讼绿色通道"。

第三，进一步简化案件审理程序。《便民意见》第五条规定"基层人民法院应当严格执行法律关于适用简易程序审理案件的规定。根据当事人的申请，并经对方当事人同意，人民法院可以依法进一步简化简易程序的相关环节，充分发挥简易程序的效率优势。适用普通程序审理的案件，经当事人申请并经各方当事人同意，人民法院可以依法简化程序审理。"简易程序是针对简单案件设计的一种快捷的审理程序，人民法院对于应当适用简易程序的案件一律要适用简易程序，对于适用简易程序和普通程序的案件，当事人要求进一步简化审理程序的，不违反法律的强制性规定，人民法院也应当简化程序，充分提高诉讼效率。

依法调查取证　　维护诉讼公平

人民法院运用司法权力，确保当事人平等行使诉讼权利，是实现实质公平正义，充分保护当事人权益的重要方面。在民事案件中，调查取证难的问题普遍存在，完全依靠当事人举证有时难以查明案件的事实。因此，在当事人举证存在困难时人民法院可以依职权调取证据，这是保证裁判结果公正的一项非常重要的制度。

随着审判方式的改革，特别是民事举证规则的变化，民事诉讼主要依靠当事人举证，法官不愿意去调查取证，以保持司法中立。这种倾向已经影响到一些案件裁判结果的正确，也不利于当事人合法权益的保障。所以，《便民意见》第七条根据诉讼法的规定，进一步强调了对于当事人申请人民法院调查取证符合法律规定的应当及时调查取证，对于确实没有能力调查取证的，根据案件的实际需要，人民法院也可以主动调查取证。人民法院通过强化调查取证职责，可以充分保障当事人平等的诉讼权利，使人民群众的利益得到最大程度的保护。

加大司法公开　推行阳光司法

司法公开是约束司法权力行使，保障司法公正，实现人民群众的知情权，扩大法制宣传教育的重要的形式。人民法院一直非常重视司法公开，并积极加大司法工作的公开力度。《便民意见》结合法院审判工作的实际情况，根据人民群众对司法公开的要求，对人民法院加大司法公开力度作了进一步的规定。

第一，完善旁听制度，方便人民群众旁听案件。《便民意见》第九条就进一步完善人民群众旁听案件庭审制度作了详细规定，一是法院决定公开审理的案件应当严格依法公告开庭信息，方便人民群众旁听案件庭审；二是简化旁听审批程序，对于符合旁听条件的申请人，应当发放旁听证或允许凭身份证直接参加旁听；三是主动邀请有关人员旁听案件，法院应当定期邀请人大代表、政协委员旁听案件庭审。

第二，建立诉讼文书公开查询制度。裁判文书、诉讼档案查询问题一直由于人民法院实际物质条件而受到限制，人民群众的知情权无法实现。近年来，随着人民法院经费保障、物质装备的增强，在物质条件好的法院已经具备建立裁判文书、诉讼档案的查询制度的条件了，所以《便民意见》第十条明确规定人民法院逐步建立裁判文书、诉讼档案的查询制度，有条件的人民法院可以建立在网上依法公开案件裁判文和执行信息的制度。

第三，推行公开听证制度。听证制度是一种行政程序，它有利于听取各方面的意见，特别是社会大众对问题的看法，保证决策能够符合民意。针对人民法院工作中一些特殊的需要依靠民意来解决的问题，《便民意见》规定可以采用公开听证制度，确保问题得到公正解决。《便民意见》第十一条规定"人民法院在执行、再审审查、减刑假释、国家赔偿等案件处理中可以推行公开听证制度，自觉接受当事人、社会公众对法院工作的监督。"

加强监督管理　确保司法公正

依法自觉全面地接受社会监督，是审判权正确行使的重要保障，也是人民法院为人民司法，对人民负责的重要内容，《便民意见》对此作了明确规定。

第一，主动接受人大代表、政协委员的监督。根据宪法的规定，人民法院应当对其同级人大及其常委会负责，接受其监督。《便民意见》第九条明确规定，人民法院应当定期邀请人大代表和政协委员旁听案件，主动接受人大、政协的监督。

第二，加强审限监督。超审限问题是人民群众反映比较集中、比较强烈的司法问题之一，而解决这一问题的最好办法就是进一步严格审限制度，加强审限监督。《便民意见》第十二条明确规定"人民法院应当加强审判管理，实行审限监督制度，严格案件延期条件，提高审限内结案率和执结率。做好一审、二审和再审案卷移交工作，明确移交期限，统一移交方式，落实移交责任，解决案卷移交难的问题。"

第三，明确立案监督程序。有些法院为了提高司法统计指标，特别是提高审判结案率和执行结案率，在年底前提前不再受理案件，致使当事人在一定时期立不上案。为解决这一问题，《便民意见》第十四条规定了对拒收案件或延期立案，可以向上级人民法院反映，上级法院应当进行核查并作出处理。

第四，规定案件监督卡制度。《便民意见》第十六条规定"人民法院建立案件监督卡制度，案件审结时由当事人自愿填写对办案人员工作的评价意见。当事人对办案人员诉讼活动的评价意见，纳入审判和执行工作考评范围。"当事人的监督无疑是对审判工作最为直接的监督，依法接受当事人的监督是对审判工作最为有效的监督。《便民意见》规定的案件监督卡制度，标志着司法监督达到了一个全新的阶段。

强调司法大众化　提升司法公信力

让人民群众对诉讼活动、诉讼结果能听得清楚、看得明白、准确理解，是司法大众化的重要内容。司法活动绝对不能高高在上，脱离人民群众，如果人民群众不能明白、不能理解诉讼活动，就不可能接受也就不能认可司法工作，司法的公信力就会受到损害。所以，《便民意见》强调了司法工作大众化的要求。

第一，规定诉讼风险提示制度。《便民意见》第三条规定了诉讼风险提示和诉讼权利义务的告知制度，主动帮助当事人及早了解诉讼的风险，知悉诉讼权利和义务，确保当事人官司打得明白，打得顺利，打得信服。

第二，强调司法协助工作。《便民意见》第八条规定，人民法院可以邀请人大代表、政协委员、基层人民群众做诉讼协助工作，协助人民法院调解和执行案件；经当事人同意，人民法院可以将案件委托人民调解委员会、有关行政部门、社会团体或者基层人民组织主持调解，调解达成协议的，由人民法院依法确认。

第三，写好裁判文书。裁判文书是决定当事人权利义务的直接载体，是展现人民法院审理案件作出裁决结果的过程、理由、法律依据的主要形式，所以，裁判文书一定要让当事人看得明白，避免当事人产生误解，引发上诉、信访问题。《便民意见》第十三条对此作了明确规定，裁判文书一是用语要力求通俗、简洁、易懂，让当事人能看得明白；二是要力求论证充分、说理透彻、适用法律适当，让当事人信服；三是准确无误，避免错误和遗漏。

第四，加强司法救助，保护民生。《便民意见》第十五条规定了两个方面：一是人民法院应当严格依法做好诉讼费减缓免工作，解决好当事人因为经济困难不能打官司的问题；二是积极协调有关部门推进建立司法救助基金，加大对加害人无力赔偿、被执行人无财产可供执行的各类案件受害人以及其他涉诉困难群众的社会救助力度，保障他们的生存和生活。

主编点评：

改革开放30年来，人们呼唤司法公正、司法便民的诉求更加强烈。时代的进步，法律意识的觉醒，使人们对司法机关提出了更高的要求。改革开放进入攻坚时期，各种矛盾交织，人们在遇到纠纷、官司的时候，除通过上访党政机关、行政复议、民间裁决外，自然就想到司法机关去寻求公正。"党的事业至上、人民利益至上、宪法法律至上"，最高人民法院出台加强司法便民工作的若干意见，正是顺应民心民意，提高办案效率和办案质量的举措，但愿能为司法系统带来新风。

从田间到餐桌全程监管
——解读《中华人民共和国农产品质量安全法》

潍坊农业信息网

《中华人民共和国农产品质量安全法》（以下简称《农产品质量安全法》）于2005年10月22日由国务院审议通过并提请全国人大审议，经隔短短半年时间，全国人大常务委员会经过三次审议，于2006年4月29日第十届全国人民代表大会常务委员会第二十一次会议通过，胡锦涛主席于同日签署第四十九号主席令并颁布，自2006年11月1日起施行。

一、《农产品质量安全法》的重要意义

《农产品质量安全法》的正式出台，这是关系"三农"乃至整个经济社会长远发展的一件大事，具有十分重大而深远的影响和划时代的意义。出台《农产品质量安全法》，是坚持科学发展观，推动农业生产方式转变，为发展高产、优质、高效、生态、安全的现代农业和社会主义新农村建设提供坚实支撑的现实要求；是构建和谐社会，规范农产品产销秩序，保障公众农产品消费安全，维护最广大人民群众根本利益的可靠保障；是推进农业标准化，提高农产品质量安全水平，全面提升我国农产品竞争力，应对农业对外开放和参与国际竞争的重大举措；是填补法律空白，推进依法行政，转变政府职能，促进体制创新、机制创新和管理创新的客观要求。

二、出台《农产品质量安全法》的有关背景

人们每天消费的食物，有相当大的部分是直接来源于农业的初级产品，即农产品质量安全法所称的农产品。农产品的质量安全状况如何，直接关系着人

民群众的身体健康乃至生命安全。农产品质量安全问题被称之为社会四大问题之一（人口、资源、环境）。农产品的农（兽）药残留及有害物质超标；食物中毒事件不断发生，食品质量问题近年居消费者投诉之首。近年来全球有数亿人因为摄入污染的食品和饮用水而生病。中国每年食物中毒报告例数为2万至4万人，专家估计每年实际食物中毒例数在20万至40万人；2004年卫生部通报的381起重大食物中毒事件中，由有毒动植物引起的有140起，占37%，中毒1466人。04、05年我省食物中毒分别为5303人、2519人，死亡72人、33人，其中05年由有毒动植物引起的中毒733人，死亡4人；农药及化学物引起的分别为155人、20人。"民以食为天，食以安为先"。我们不但要保证老百姓吃得饱，还要保证老百姓吃得安全、吃得放心，这是坚持以人为本、对人民高度负责的体现。全国人大常委会虽已制定了《食品卫生法》和《产品质量法》，但《食品卫生法》不调整种植业养殖业等农业生产活动；《产品质量法》只适用于经过加工、制作的产品，不适用于未经加工、制作的农业初级产品。为了从源头上保障农产品质量安全，维护公众的身体健康，促进农业和农村经济的发展，有必要制定专门的《农产品质量安全法》。在中央的高度重视和各有关方面的共同努力下，《农产品质量安全法》在很短的时间内得以顺利出台。

三、《农产品质量安全法》的调整范围和主要内容

《农产品质量安全法》调整的范围包括三个方面的内涵。一是关于调整的产品范围问题，本法所指农产品是指来源于农业的初级产品，即在农业活动中获得的植物、动物、微生物及其产品；二是关于调整的行为主体问题，既包括农产品的生产者和销售者，也包括农产品质量安全管理者和相应的检测技术机构和人员等；三是关于调整的管理环节问题，既包括产地环境、农业投入品的科学合理使用、农产品生产和产后处理的标准化管理，也包括农产品的包装、标识、标志和市场准入管理。可以说，《农产品质量安全法》对涉及农产品质量安全的方方面面都进行了相应的规范，调整的对象全面、具体，符合中国的国情和农情。

《农产品质量安全法》共分八章五十六条，内涵相当丰富。第一章是总则，对农产品的定义，农产品质量安全的内涵，法律的实施主体，经费投入，农产品质量安全风险评估、风险管理和风险交流，农产品质量安全信息发布，安全优质农产品生产，公众质量安全教育等方面作出了规定；第二章是农产品质量

安全标准，对农产品质量安全标准体系的建立，农产品质量安全标准的性质、农产品质量安全标准的制定、发布、实施的程序和要求等进行了规定；第三章是农产品产地，对农产品禁止生产区域的确定，农产品标准化生产基地的建设，农业投入品的合理使用等方面作出了规定；第四章是农产品生产，对农产品生产技术规范的制定，农业投入品的生产许可与监督抽查、农产品质量安全技术培训与推广、农产品生产档案记录、农产品生产者自检、农产品行业协会自律等方面进行了规定；第五章是农产品包装和标识，对农产品分类包装、包装标识、包装材质、转基因标识、动植物检疫标识、无公害农产品标志和优质农产品质量标志做出了规定；第六章是监督检查，对农产品质量安全市场准入条件、监测和监督检查制度、检验机构资质、社会监督、现场检查、事故报告、责任追溯、进口农产品质量安全要求等进行了明确规定；第七章是法律责任，对各种违法行为的处理、处罚做出了规定；第八章是附则。

四、《农产品质量安全法》确立的基本制度

整个法律主要包括以下十项基本制度：一是政府统一领导、农业主管部门为主体、相关部门分工协作配合的农产品质量安全管理体制，这一管理体制明确了农业主管部门在农产品质量安全监管中的主体地位（《农产品质量安全法》总则第三条、第四条、第五条等）。二是农产品质量安全标准的强制实施制度，政府有关部门应按照保障农产品质量安全的要求，依法制定和发布农产品质量安全标准并监督实施，不符合农产品质量安全标准的农产品，禁止销售（《农产品质量安全法》总则第八条和第二章全部）。三是防止因农产品产地污染而危及农产品质量安全的农产品产地管理制度（《农产品质量安全法》第三章全部）。四是农产品生产记录制度和农业投入品生产、销售、使用制度（《农产品质量安全法》第四章第二十条至二十五条）。五是农产品质量安全市场准入制度（《农产品质量安全法》第三十三条、三十七条）。六是农产品的包装和标识管理制度（《农产品质量安全法》第五章全部第二十八条至三十二条）。七是农产品质量安全监测制度（《农产品质量安全法》第二十六条、第三十四条至三十六条）。八是农产品质量安全检查监督检查制度（《农产品质量安全法》第三十九条等）。九是农产品质量安全的风险分析、评估制度和信息发布制度（《农产品质量安全法》第六条、第七条等）。十是对农产品质量安全违法行为的责任追究制度（《农产品质量安全法》第四十条、四十一条和第七章全部共十四条）。同时，法

律还明确了各级政府要将农产品质量安全管理工作纳入本级国民经济和社会发展规划，并安排农产品质量安全经费，用于开展农产品质量安全工作。

五、《农产品质量安全法》的配套规章制度

农业部即将出台并与《农产品质量安全法》同期实施的相关配套规章制度有：《农产品产地安全管理办法》、《农产品包装与标识管理办法》、《农产品质量安全检测机构资格认定管理办法》和《农产品质量安全监测管理办法》等。同时，要求各级地方人民政府和农业主管部门积极做好相关配套规章制度建设。

六、《农产品质量安全法》对农产品产地管理的规定

生产过程是影响农产品质量安全的关键环节。《农产品质量安全法》对农产品生产者在生产过程中保证农产品质量安全的基本义务作了规定，主要包括：(1) 依照规定合理使用农业投入品。农产品生产者应当按照法律、行政法规和国务院农业主管部门的规定，合理使用化肥、农药、兽药、饲料和饲料添加剂等农业投入品，严格执行农业投入品使用安全间隔期或者休药期的规定，禁止使用国家明令禁止使用的农业投入品，防止因违反规定使用农业投入品危及农产品质量安全。(2) 依照规定建立农产品生产记录。农产品生产企业和农民专业合作经济组织应当建立农产品生产记录，如实记载使用农业投入品的有关情况、动物疫病和植物病虫草害的发生和防治情况，以及农产品收获、屠宰、捕捞的日期等情况。(3) 对其生产的农产品的质量安全状况进行检测。农产品生产企业和农民专业合作经济组织应当自行或者委托检测机构对其生产的农产品的质量安全状况进行检测，经检测不符合农产品质量安全标准的，不得销售。为贯彻实施好《农产品质量安全法》中关于农产品产地管理的规定，农业部进一步制定了《农产品产地安全管理办法》。

七、《农产品质量安全法》对农产品生产者在生产过程中应当遵守保障农产品质量安全的规定

生产过程是影响农产品质量安全的关键环节。《农产品质量安全法》对农产品生产者在生产过程中保证农产品质量安全的基本义务作了规定，主要包括：

(1) 依照规定合理使用农业投入品。农产品生产者应当按照法律、行政法规和国务院农业主管部门的规定,合理使用化肥、农药、兽药、饲料和饲料添加剂等农业投入品,严格执行农业投入品使用安全间隔期或者休药期的规定,禁止使用国家明令禁止使用的农业投入品,防止因违反规定使用农业投入品危及农产品质量安全。(2) 依照规定建立农产品生产记录。农产品生产企业和农民专业合作经济组织应当建立农产品生产记录,如实记载使用农业投入品的有关情况、动物疫病和植物病虫草害的发生和防治情况,以及农产品收获、屠宰、捕捞的日期等情况。(3) 对其生产的农产品的质量安全状况进行检测。农产品生产企业和农民专业合作经济组织应当自行或者委托检测机构对其生产的农产品的质量安全状况进行检测,经检测不符合农产品质量安全标准的,不得销售。

八、《农产品质量安全法》对农产品包装和标识的规定

逐步建立农产品的包装和标识制度,对于方便消费者识别农产品质量安全状况,对于逐步建立农产品质量安全追溯制度,都具有重要作用。《农产品质量安全法》对于农产品包装和标识的规定主要包括:(1) 对国务院农业主管部门规定在销售时应当包装和附加标识的农产品,农产品生产企业、农民专业合作经济组织以及从事农产品收购的单位或者个人,应当按照规定包装或者附加标识后方可销售;属于农业转基因生物的农产品,应当按照农业转基因生物安全管理的规定进行标识。依法需要实施检疫的动植物及其产品,应当附具检疫合格的标志、证明。(2) 农产品在包装、保鲜、贮存、运输中使用的保鲜剂、防腐剂和添加剂等材料,应当符合国家有关强制性的技术规范。(3) 销售的农产品符合农产品质量安全标准的,生产者可以申请使用无公害农产品标识;农产品质量符合国家规定的有关优质农产品标准的,生产者可以申请使用相应的农产品质量标志。为贯彻实施好《农产品质量安全法》中关于农产品包装和标识的规定,农业部进一步制定了《农产品产地安全管理办法》。

九、《农产品质量安全法》对农产品质量安全实施监督检查的规定

依法实施对农产品质量安全状况的监督检查,是防止不符合农产品质量安全标准的产品流入市场、进入消费,危害人民群众健康、安全后果的必要措施,

是农产品质量安全监管部门必须履行的法定职责。《农产品质量安全法》规定的农产品质量安全监督检查制度的主要内容包括：(1)县级以上政府农业主管部门应当制定并组织实施农产品质量安全监测计划，对生产中或者市场上销售的农产品进行监督抽查，监督抽查结果由省级以上政府农业主管部门予以公告，以保证公众对农产品质量安全状况的知情权。(2)监督抽查检测应当委托具有相应的检测条件和能力检测机构承担，并不得向被抽查人收取费用。被抽查人对监督抽查结果有异议的，可以申请复检。(3)县级以上农业主管部门可以对生产、销售的农产品进行现场检查，查阅、复制与农产品质量安全有关的记录和其他资料，调查了解有关情况。对经检测不符合农产品质量安全标准的农产品，有权查封、扣押。(4)对检查发现的不符合农产品质量安全标准的产品，责令停止销售、进行无害化处理或者予以监督销毁；对责任者依法给予没收违法所得、罚款等行政处罚；对构成犯罪的，由司法机关依法追究刑事责任。

十、《农产品质量安全法》对国家建立农产品质量安全监测制度的规定

建立农产品质量安全监测制度是为了全面、及时、准确地掌握和了解农产品质量安全状况，根据农产品质量安全风险评估结果，对风险较大的危害进行例行监测，既为政府管理提供决策依据，又为有关团体和公众及时了解相关信息，最大限度地减少影响农产品质量安全因素对人民身体的危害。农产品质量安全监测制度的具体规定主要包括：监测计划的制定依据、监测的区域、监测的品种和数量、监测的时间、产品抽样的地点和方法、监测的项目和执行标准、判定的依据和原则、承担的单位和组织方式、呈送监测结果和分析报告的格式、结果公告的时间和方式等。为贯彻实施好《农产品质量安全法》中关于实施农产品质量安全监测制度的规定，农业部进一步制定了《农产品质量安全监测管理办法》。

十一、《农产品质量安全法》对检测机构的规定

《农产品质量安全法》规定，监督抽查检测应当委托相关的农产品质量安全检测机构进行，检测机构必须具备相应的检测条件和能力，由省级以上人民政府农业行政主管部门或者其授权的部门考核合格，同时应当依法经计量认证合

格。规定应当充分利用现有的符合条件的检测机构，主要是避免重复建设和资源浪费。建立农产品质量安全检验检测机构，开展农产品生产环节和市场流通等环节质量安全监测工作，是实施农产品质量安全监管的重要手段，也是世界各国尤其是发达国家的普遍做法。在《农产品质量安全法》中做这样的规定，对于政府依法开展农产品质量安全监管，确保农产品质量安全，保证人民群众的身体健康和生命安全，具有十分重要的意义。目前，通过农业部授权认可和国家计量认证的农产品质量安全检验检测中心已达238家，全国省、市、县农业部门已经建立检测机构1100多家，检测内容基本涵盖了主要农产品、农业投入品和农业环境等相关领域，拥有各类检测技术人员近2万名。为贯彻实施好《农产品质量安全法》中关于农产品质量安全检测机构的有关规定，农业部进一步制定了《农产品质量安全检测机构资格认定管理办法》。

十二、《农产品质量安全法》对批发市场的规定

《农产品质量安全法》明确规定了禁止销售的农产品范围，同时规定农产品批发市场应当设立或者委托农产品质量安全检测机构，对进场销售的农产品质量安全状况进行抽查检测；发现不符合农产品质量安全标准的，应当要求销售者立即停止销售，并向农业行政主管部门报告；应当建立进货检查验收制度。该法中还规定了批发市场相应的民事赔偿责任和法律责任。农产品批发市场主要是由国家投资的公益性事业，做这样的规定既参照了国际通行惯例，又充分考虑我国产品市场流通的现状。一方面，农产品批发市场作为提供农产品交易场所的独立法人单位，应当承担进入市场的农产品的质量安全责任，并有义务保证市场上农产品的质量安全；另一方面，目前我国大中城市的农产品主要通过批发市场流通，农产品批发市场是联系农产品生产、运输、消费等链条的关键环节，批发市场承担起相关的把关责任，就意味着向前可以追溯生产者的责任，向后可以保护消费者的消费安全。

十三、《农产品质量安全法》对县级以上地方人民政府的规定

农产品种类繁多，生产周期长，从生产到供应环节多，影响质量安全的因素多，农产品质量安全控制难度较大，加强农产品质量安全管理是一项长期艰

巨的任务。从世界范围来看，政府作为公共安全的管理者，有义务履行农产品质量安全监管责任。从我国来看，全面提高农产品质量安全水平，建立健全农产品质量安全监管制度和长效机制，离不开政府的组织领导和统筹规划。为此，《农产品质量安全法》强化了地方人民政府对农产品质量安全监管的责任，对县级以上地方人民政府的职责和义务进行了专门规定：第一，县级以上人民政府应当将农产品质量安全管理工作纳入本级国民经济和社会发展规划，并安排农产品质量安全经费，用于开展农产品质量安全工作。第二，县级以上地方人民政府统一领导、协调本行政区域内的农产品质量安全工作，并采取措施，建立健全农产品质量安全服务体系，提高农产品质量安全水平。第三，各级人民政府及有关部门应当加强农产品质量安全知识的宣传，提高公众的农产品质量安全意识，引导农产品生产者、销售者加强质量安全管理，保障农产品消费安全。第四，县级以上人民政府应当加强农产品基地建设，建设农产品标准生产示范区和无规定动植物疫病区，改善农产品生产条件，加强对农产品生产的指导。

十四、准确把握《农产品质量安全法》的精神实质

《农产品质量安全法》构建了农产品质量安全管理的基本架构，内容丰富，体系完整。各级农业部门要从"五个坚持"入手，认真学习，准确把握《农产品质量安全法》的精神实质。

（一）坚持立足质量安全，提高农产品质量。农产品质量安全，是农产品质量符合保障人的健康、安全的要求，是农产品质量和安全的有机统一。各级农业部门要紧紧围绕保障农产品质量安全、维护公众健康、促进农业和农村经济发展的宗旨，在保证农产品符合国家规定的农产品质量安全标准的前提下，积极引导、推广农产品标准化生产，鼓励和支持发展优质农产品，不断提升农产品的竞争力，推动农业增效、农民增收。

（二）坚持突出源头治理，加强全程监控。源头治理与全程监控相结合是《农产品质量安全法》确立的一项基本原则。各级农业部门要在加强农产品产前、产中、产后全过程质量控制的基础上，把源头治理作为重点，加强对农产品生产源头的管理。严格按照法律要求，推进农业投入品许可制度的建立，定期对可能危及农产品质量安全的农药、兽药、饲料和饲料添加剂、肥料等农业投入品进行监督抽查，并按照职责权限公布抽查结果。加强对农业投入品使用的管理和指导，建立健全投入品安全使用制度，鼓励并督促生产者建立农产品

生产记录。

（三）坚持严格市场准入，强化责任追究。农产品质量安全责任追究是《农产品质量安全法》确立的一项重要制度。要根据法律确定的农产品市场准入要求，加强对农产品的监督抽查，防止和杜绝《农产品质量安全法》第三十三条规定的五种不符合法定情形的农产品上市销售。督促生产销售者按规定进行包装标识，督促销售企业建立健全进货检查验收和经营记录制度，督促农产品批发市场对进场销售的农产品进行检验检测，为实现农产品质量安全责任的可追溯打好基础。

（四）坚持区别不同主体，实行分类指导。小规模分散生产经营和现代产业化经营并存是我国农业生产的基本现状。针对不同生产经营主体采取不同的管理措施，是《农产品质量安全法》尊重国情和农情的具体体现。要按照引导与处罚相结合、重在引导的原则，对农户、农产品生产经营企业、农民专业合作经济组织、批发市场等不同的生产经营主体区别对待。要采取措施，提高公众的农产品质量安全意识，积极引导农产品生产者、销售者加强质量安全管理，加强行业自律。督促农民专业合作经济组织和农产品行业协会建立质量安全管理制度，不断提高服务水平。

（五）坚持明确法定义务，落实行政责任。《农产品质量安全法》明确了各级政府及农业等有关部门在农产品质量安全管理中的责任和义务。各级农业部门要按照职责分工，制定生产技术要求和操作规程，开展农业环境监测，加强监督抽查和生产指导。要加强对《行政诉讼法》、《国家赔偿法》等相关法律的学习，采取有力措施，坚决杜绝行政不作为，切实承担起法律规定的职责。

十五、贯彻实施《农产品质量安全法》的主要措施

（一）积极宣传引导，营造良好社会氛围。要统筹策划，充分利用广播、电视、报刊、杂志、网络等媒体，开设《农产品质量安全法》宣传专栏，组织开展《农产品质量安全法》宣传周活动，系统宣传《农产品质量安全法》。要请有关领导、专家发表署名文章，在当地主要媒体开设宣传专栏，制作宣传标语、挂图，编制宣传手册，组织现场咨询会等活动，做到"电视报刊上能看到，广播电台里能听到，生产基地、批发市场、农贸市场和大型超市里能见到，网络上能查到，各责任主体都知道"，使《农产品质量安全法》家喻户晓，为农产品质量安全管理营造良好的社会氛围。

（二）强化逐级培训，使《农产品质量安全法》各行为主体明确权力、责任和义务。农产品质量安全监督执法、质检和技术推广等机构是贯彻执行《农产品质量安全法》的基本力量，单位领导干部要带头学习《农产品质量安全法》，认真研读法律原文，通过专题讲座、报告会等多种形式，组织本系统、本单位干部、职工深入学习，明确责任、权力和义务。《农产品质量安全法》涉及广大生产、销售企业和农民，要针对各责任主体的特殊性，举办不同类型、不同层次的培训，送法到基层、到市场、到基地，通过积极有效的培训，确保各行为主体学法、懂法、守法。

（三）完善配套制度，确保《农产品质量安全法》顺利实施。各级农业部门要结合工作实际，着手清理现有法规和行政规章，与《农产品质量安全法》要求不一致的，要及时修订或废止。没有配套制度的要尽快制定完善，建立农业投入品安全使用、农产品监测、监督抽查、信息发布、生产记录等相关制度，确保与《农产品质量安全法》同步实施。要以《农产品质量安全法》为基本法，逐步建立健全科学、先进、适用的农产品质量安全法律法规体系。

（四）加强队伍建设，为《农产品质量安全法》的实施提供组织保障。各级农业部门要及时向当地党委、政府汇报工作，抓紧制定农产品质量安全管理队伍建设规划，理顺职能，整合力量。要建立健全农产品质量安全检验检测体系、农产品质量安全标准制定和推广服务体系。要充分利用现有力量，强化农产品质量安全综合执法体系，加强执法人员思想作风教育，提高执法队伍的整体素质，为《农产品质量安全法》顺利实施提供组织保障与技术支撑。

（五）理顺工作机制，尽快形成农产品质量安全合力监管新局面。《农产品质量安全法》明确县级以上人民政府农业行政主管部门为农产品质量安全监督管理工作的主体，县级以上人民政府有关部门按照职责负责相关工作。各级农业部门要主动与食品药品监管、卫生、质检、工商、环保、商务等部门联系，建立健全沟通渠道，完善工作机制，提高农产品质量安全监管效率。要做好《农产品质量安全法》与其他相关法律法规的实施衔接工作，明确各自职责，形成监管合力。

 **主编点评**:

国以民为本,民以食为天,食以安为先。然而,农产品质量安全问题不断,已经引起了社会关注,成为与人口、资源、环境问题一起被认为是人类社会四大问题,直接关系人民群众的日常生活、身体健康和生命安全;关系社会的和谐稳定和民族发展;关系农业对外开放和农产品在国内外市场的竞争。保证农产品质量安全是个系统工程,需要生产、销售、服务、管理、科技等相关环节齐抓共管,形成合力,共同打造安全农业、环保农业、绿色农业。与农产品直接相关的"三农"是管理和服务的薄弱地带,既需要监管,更需要关爱。

全面提高人民群众的医疗保障水平
——发改委、卫生部等就医改意见和实施方案发布答记者问

新华社

《中共中央国务院关于深化医药卫生体制改革的意见》（以下简称《意见》）和《国务院关于医药卫生体制改革近期重点实施方案（2009—2011年）》（以下简称《实施方案》）已于2009年4月相继公开发布。就此，记者采访了国家发展改革委、卫生部、财政部、人力资源社会保障部有关负责人。

问：请简要介绍《意见》和《实施方案》的制定过程。

答：医药卫生事业关系千家万户，是重大民生问题。新中国成立以来，特别是改革开放以来，我国医药卫生事业取得了显著成就，人民群众健康水平明显改善，居民主要健康指标处于发展中国家前列。但不可否认，我国医药卫生事业发展水平与人民群众健康需求和经济社会协调发展要求不适应的矛盾还比较突出，特别是医药费用上涨过快，个人负担过重，人民群众普遍反映"看病难、看病贵"。深化医药卫生体制改革，加快医药卫生事业发展，是广大人民群众的迫切愿望。

《意见》和《实施方案》是在党中央、国务院的直接领导下，汇集社会各方面的智慧，反复论证修改形成的。2006年6月国务院批准成立发展改革委、卫生部牵头，相关部门参加的深化医药卫生体制改革部级协调工作小组（以下简称工作小组），负责研究医药卫生体制改革的总体思路和政策措施，拟订相关文件。两年多来，工作小组做了大量工作。一是深入调研。工作小组成立了四个

专题研究小组,先后到东、中、西部10多个省(区、市),深入到医院、社区、乡村卫生机构等,采取召开座谈会等多种方式听取有关方面意见。二是开展专题讨论。先后组织了改革基本方向和总体框架、国家基本药物制度、政府卫生投入机制、医疗保障制度、医疗卫生机构管理体制和机制、发展非公医疗机构、药品价格形成机制等重点难点问题的专题讨论。三是借助外脑。委托世界卫生组织、北京大学等国内外知名机构,开展独立平行研究,并举办国际研讨会,邀请国内外知名专家对平行研究方案进行研讨和比较论证。同时在网上公开征集建议方案。四是集中起草。在以上调研和研讨的基础上,工作小组组织精干力量集中研究深化医药卫生体制改革总体思路,经反复讨论,几易其稿,形成了《意见》初稿。五是征求意见,不断修改完善。在征求地方政府、国务院有关部门、民主党派、人民团体等方面意见的同时,2008年10月14日,《意见》全文向社会公布,公开征求社会意见,引起各方面积极反响。在一个月的时间内,工作小组共收到群众意见35929件,其中网民意见31320条,传真584份,信件4025封。我们对这些意见和建议进行了认真研究和逐条分析,不少好的意见被吸收到文件之中。

在《意见》研究起草过程中,工作小组还对近期改革目标和重点工作进行了系统研究,并据此拟定了《实施方案》。

党中央、国务院高度重视医改文件制定工作。两年多来,党中央、国务院领导同志作出了一系列重要指示,直接听取各方面意见,专题研究重点难点问题,指明了改革的方向,解决了制定过程中的重大问题,确保了文件的顺利出台。

问:根据向社会公开征求意见情况,《意见》做了哪些重要修改?

答:最后中央正式公布的《意见》与征求意见稿相比,共进行了190余处修改。主要修改之处:一是增加了改革的近期目标。二是针对农民工、老年人等群体反映强烈的医保关系接续和异地就医报销问题,增加了医保关系转移接续和异地就医结算等内容。三是针对调动医务人员积极性的建议,增加了保护医务人员合法权益、重视护士和护理工作、增进医患沟通等内容。四是针对基本药物定价和供应方式争议较多的情况,将"基本药物由国家实行招标定点生产或集中采购,直接配送"修改为"基本药物实行公开招标采购,统一配送",将"统一制定零售价"修改为"国家制定基本药物零售指导价格,在指导价格内，由省级人民政府根据招标情况确定本地区的统一采购价格"，给地方操作留有空间。五是对《意见》第五部分进行了修改充实，使五项重点改革的路线图和时间表更加清晰。六是对文字进行了上百处修改，力求表述更加准确、易懂。此外，有相当一部分对《意见》的修改建议在《实施方案》中得到了反映。对于一些更具体的建议，我们还将在今后陆续下发的配套文件中予以研究、采纳。

问：请介绍《意见》和《实施方案》的重点内容，这两个文件是什么关系？

答：《意见》和《实施方案》的指导思想、基本原则、改革思路和重要政策措施是一致的。《意见》旨在规划医药卫生体制改革的长远发展，明确改革的方向、目标和政策框架；《实施方案》是今后三年落实《意见》的具体安排，确定三年内重点抓好的改革任务，突出改革的操作性。

《意见》和《实施方案》的起草，贯彻了党的十七大精神和科学发展观的要求，从我国国情出发，借鉴国际有益经验，着眼于实现人人享有基本医疗卫生服务的目标，着力解决群众反映强烈的"看病难、看病贵"问题。

这两个文件的起草原则：一是坚持公共医疗卫生的公益性。首次提出"把基本医疗卫生制度作为公共产品向全民提供"，这一重大理念创新确定了改革的基本方向、思路和政策框架，对于保障我国医药卫生事业持续健康发展，维护广大人民群众健康具有重大意义。二是坚持从实际出发，明确基本医疗卫生服务水平与国民经济和社会发展相协调、与人民群众的承受能力相适应。三是坚持公平与效率统一。一方面强化政府在建立基本医疗卫生制度中的责任和在提供公共卫生和基本医疗服务中的主导地位，在改革初期首先着力解决公平问题；另一方面，强调注重发挥市场机制的作用，统筹利用全社会的医疗卫生资源，提高服务质量和效率。四是坚持统筹兼顾。把完善制度体系与解决当前突出问题结合起来；既注重整体设计，明确总体改革方向目标和基本框架，又突出重点，分步实施，鼓励地方试点探索。

《意见》的主要内容可以概括为"一个目标、四大体系、八项支撑"。一个目标就是建立覆盖城乡居民的基本医疗卫生制度，为群众提供安全、有效、方便、价廉的医疗卫生服务，实现人人享有基本医疗卫生服务。四大体系就是建设公共卫生服务体系、医疗服务体系、医疗保障体系和药品供应保障体系，构建我国的基本医疗卫生制度。八项支撑就是完善医药卫生管理、运行、投入、价格、监管、科技与人才体制机制、信息、法制的建设，保障四大体系有效规范运转。

《实施方案》主要内容可以概括为"四项基本"和"一个试点",把五项工作作为改革重点,即加快推进基本医疗保障制度建设、初步建立国家基本药物制度、健全基层医疗卫生服务体系、促进基本公共卫生服务逐步均等化和推进公立医院改革试点。抓好上述五项重点改革,将使公共卫生服务基本普及,基本医疗保障制度全面覆盖,明显提高基本医疗卫生服务可及性,有效减轻居民医药费用负担,切实缓解"看病难、看病贵"问题。

问:近期重点提出,三年内实现基本医疗保障全面覆盖城乡居民,参保(合)率均达到90%以上,请介绍这个目标制定的依据和实现目标的措施。

答:扩大医疗保险覆盖面和提高医疗保险支付比例是减轻城乡居民医疗费用负担的重要途径。制定这样的目标,既考虑了群众的实际需求,也考虑了各方面条件的可能。目前,我国基本建立了针对不同人群的城镇职工医疗保险、城镇居民医疗保险和新型农村合作医疗制度,针对特殊困难人群的城乡医疗救助制度也已逐步完善。考虑到城镇居民医保和新农合实行的是自愿参保,在政府举办的社会医疗保险外还有各类商业医疗保险,因此现在提出实现90%以上的参保率是符合实际的。实际上,发达国家的参保率也难以达到100%。

为了实现这个目标,《实施方案》明确提出以下主要措施:一是用两年左右时间,将关闭破产企业退休人员和困难企业职工纳入城镇职工医保,确有困难的,经省级人民政府批准后,参加城镇居民医保。二是2009年全面推开城镇居民基本医疗保险制度,将在校大学生全部纳入城镇居民医保范围。三是积极推进城镇非公有制经济组织从业人员、灵活就业人员和农民工参加城镇职工医保。四是完善城乡医疗救助体系,资助城乡低保家庭成员、五保户参加城镇居民医保或新农合,逐步提高对经济困难家庭成员自负医疗费用的补助标准。

问:请介绍建立基本药物制度的必要性和主要内容。

答:基本药物的概念由世界卫生组织1977年首次提出,目前约有160个国家和地区不同形式地建立了基本药物制度。建立基本药物制度是为了保证群众用药安全可及和价格低廉,有利于规范用药行为,降低患者医药费用。

根据《实施方案》,基本药物制度主要包括三个方面:一是建立国家基本药物目录遴选、调整和管理机制,科学合理确定基本药物品种和数量。进入基本药物目录的药品，要按照防治必需、安全有效、价格合理、使用方便、中西医并重的原则，通过科学评价，从上市药品中选择，并实行动态调整。二是建立基本药物供应保障体系。政府举办的医疗卫生机构使用的基本药物，以省（自治区、直辖市）为单位公开招标采购、统一配送。国家制定基本药物零售指导价格，省级人民政府根据招标情况，在国家指导价格规定的幅度内确定本地区基本药物统一采购价格。政府举办的基层医疗卫生机构实行零差率销售。三是建立基本药物优先选择和合理使用制度。所有零售药店和医疗机构均应配备和销售国家基本药物。从2009年起，政府举办的基层医疗卫生机构全部配备和使用基本药物，其他各类医疗机构也都必须按规定使用基本药物。基本药物全部纳入医保药品报销目录，报销比例明显高于非基本药物。需要强调的是，实施基本药物制度并不等于群众患病后只能使用基本药物，基本药物只是医保报销目录的一部分，列入国家基本医疗保险和工伤保险药品目录等医保报销范围的药物品种和数量多于基本药物，医生在优先和合理使用基本药物的基础上，根据病情的需要使用医保报销目录中的其他药品，同样可以按规定报销。

问：请介绍健全基层医疗卫生服务体系的意义和主要措施。

答：目前，群众不愿意去基层医疗卫生服务机构就诊，主要是对医疗水平不放心。医改方案提出要健全基层医疗卫生服务体系，一方面要通过加大基础设施建设，形成方便快捷的基层医疗卫生服务网络，方便群众看病；另一方面要提高基层医疗卫生服务水平，尽可能把常见病治疗解决在基层，减轻群众负担。

《实施方案》提出从四个方面健全基层医疗卫生服务体系：一是加强基层医疗卫生机构建设。完善农村医疗卫生服务网络和城市社区卫生服务网络，中央重点支持县级医院（含中医院）、中心乡镇卫生院标准化建设，支持边远地区村卫生室建设和困难地区社区卫生服务中心建设。鼓励通过医疗资源重组、社会力量办医举办基层医疗卫生机构，鼓励有资质的人员开办诊所或个体行医。二是加强基层医疗卫生队伍建设。采取定向培养、执业医师招聘、完善城市医院对口支援农村制度、大幅度增加全科医生数量、鼓励高校医学毕业生到基层医疗卫生机构工作等多种措施，提高基层医疗卫生人员的服务能力和水平。三是改革基层医疗卫生机构补偿机制。基层医疗卫生机构运行成本通过服务收费和政府补助补偿，政府负责其举办的基层医疗卫生机构按国家规定核定的基本建设、设备购置、人员经费及其承担公共卫生服务的业务经费，并对乡村医生承担的公共卫生服务等任务给予合理补助。基层医务人员的工资水平，要与当地事业单位工作人员平均工资水平相衔接。四是转变基层医疗卫生机构运行机制。转变服务模式，开展巡回医疗、上门服务；鼓励地方制定分级诊疗标准，开展社区首诊制试点，建立双向转诊制度；全面实行人员聘用制，完善收入分配制度，强化绩效考核。

问：请介绍基本公共卫生服务均等化的含义，有什么措施保证均等化的实现？

答：基本公共卫生服务均等化是指保证全体城乡居民都能够免费或只需少量付费就可获得安全、有效、方便的基本公共卫生服务。公共卫生服务的内容主要包括传染病、慢性病、地方病预防控制，计划免疫，妇幼保健，院前急救，采供血等。国家选择最基本的公共卫生服务项目，向城乡居民免费提供服务，地方政府可在此基础上，根据当地财力和突出的公共卫生问题，增加公共卫生服务项目。

促进基本公共卫生服务逐步均等化的政策措施，主要包括五个方面：一是落实公共卫生服务责任。明确并落实各级各类公共卫生服务机构的职责任务。二是加强公共卫生机构服务能力建设。重点改善目前比较薄弱的精神卫生、妇幼卫生、卫生监督等专业公共卫生机构的设施条件。三是加强规划和管理，合理配置公共卫生服务资源。四是保障公共卫生服务所需经费。逐步提高公共卫生服务经费标准，健全公共卫生服务经费保障机制。五是改善服务。制定公共卫生服务标准、工作流程和考核办法，开展主动服务。

问：公立医院改革是社会关注的一个焦点，请介绍这项改革的目标任务和实施步骤，有哪些措施能够维护公立医院的公益性？

答：公立医院改革是深化医药卫生体制改革的重要内容，目前群众看病就医主要选择到公立医院，因此它成为医药卫生行业众多问题和矛盾的交汇点。改革涉及到公立医院人事制度、治理结构、补偿机制等各种复杂利益关系的调整，还要保护广大医务人员的积极性，难度很大。社会各界对公立医院管理体制和运行机制改革还有不同看法。因此，国务院决定分阶段推进公立医院改革，当前主要是抓好试点。具体步骤是：2009年，制定试点方案，选择若干城市和公立医院开展试点，及时进行总结评估，形成公立医院改革的总体思路和主要政策，2011年逐步推开。

公立医院改革试点重点在三个方面，一是改革管理体制、运行机制和监管机制，探索政事分开、管办分开的有效形式；二是推进补偿机制改革，逐步取消药品加成，积极探索医药分开的有效形式；三是加快形成多元化办医格局，积极稳妥推进部分公立医院转制，鼓励民营资本举办非营利性医院。要通过改革，维护公立医院服务公益性，使医疗服务行为规范，医务人员积极性充分发挥，医疗服务效率和质量不断提高，为人民群众提供安全、有效、方便、价廉、满意的医疗服务。

问：医改方案对于缓解"看病难、看病贵"问题有哪些实际措施？对普通群众，从改革中可以得到什么样的实惠？

答：缓解群众"看病难、看病贵"问题的措施归纳起来有四个方面：

一是加强公共卫生服务，预防疾病发生。国家制定实施基本公共卫生服务项目，向城乡居民免费提供统一的基本公共卫生服务，包括健康档案，老年人、婴幼儿、孕产妇健康检查，为高血压、糖尿病、精神疾病、艾滋病、结核病等人群提供防治指导服务。支持实施艾滋病、结核病等重大疾病防控、国家免疫规划、农村妇女住院分娩等重大公共卫生服务项目。提高公共卫生服务水平，缩小城乡公共卫生服务的差距。全国城乡居民特别是中西部地区农村居民享受的公共卫生服务可以得到较大改善。

二是扩大医疗保障覆盖面，提高保障水平。要使基本医疗保障制度覆盖到城乡全体居民，未来三年内全国90%以上的城乡居民至少被一种医疗保障制度覆盖，个人支付医疗费用比例可逐步降低。

三是加强基层医疗卫生机构建设，提高服务水平。从基础设施建设和人才队伍建设两方面着手，提高基层医疗卫生机构服务水平和质量，努力使城乡居民享受到便捷、有效的基本医疗卫生服务。推进公立医院改革试点。鼓励社会资本举办医疗卫生机构，加快形成多元化办医格局。建立分级诊疗和双向转诊的分工协作机制，努力实现小病在基层、大病到医院，缓解大医院"挂号难、看病难"的状况。

四是降低医药费用，保障用药安全有效。建立国家基本药物制度，制定基本药物生产供应、定价、使用和医疗保障报销的相关政策，减少流通环节，降低药价，保证群众基本用药的可及性、安全性和有效性。

问：请问在今后几年内，政府将增加多少卫生投入，重点投向哪些方面？

答：为支持医药卫生体制改革，未来三年，落实医改方案中的五项重点改革，各级政府需要投入8500亿元，其中中央投入3318亿元。主要用于以下方面：

一是基本医疗保障制度建设。要办四件事：（1）建立和完善新农合、居民医保、职工医保和城乡医疗救助制度，提高医保支付比例和限额；（2）实现城乡居民三年内参保率均提高到90%以上；（3）到2010年，各级财政对城镇居民医保和新农合的补助标准提高到每人每年120元；（4）解决关闭破产企业退休人员和困难企业职工纳入城镇职工医保等历史遗留问题，中央财政对困难地区的国有关闭破产企业退休人员参保给予适当补助。

二是健全基层医疗卫生服务体系。办五件事：（1）三年内中央重点支持建设2000所左右县级医院（含中医院）和支持改扩建5000所中心乡镇卫生院；（2）支持困难地区2400所城市社区卫生服务中心建设和边远地区村卫生室建设；（3）支持医务人员参加各种形式的培训；（4）政府对乡村医生承担的公共卫生服务等给予合理补助；（5）对包括社会力量举办医疗卫生机构在内的所有基层医疗卫生机构提供公共卫生服务，政府采取购买服务等方式补助。

三是基本公共卫生服务均等化。主要是三方面投入：一是按项目为城乡居民免费提供基本公共卫生服务，2009年人均基本公共卫生服务经费标准不低于15元，2011年不低于20元；二是支持实施重大公共卫生服务项目；三是专业公共卫生服务机构的人员经费、发展建设和业务经费由政府全额安排。

此外，各级政府还将为初步建立国家基本药物制度、推进公立医院改革试点，提供必要的资金支持。

问：文件出台后，关键是贯彻落实，请问对此有什么具体考虑？

答：《意见》和《实施方案》绘就了今后医药卫生体制改革发展的蓝图，下一步要抓紧抓好文件精神的落实工作。这项改革涉及面广，情况复杂，政策性强，也是一项世界性难题，我们既要充满信心，明确目标，分阶段积极推进，又要正确看待改革中面对的问题和困难，进行长期艰苦努力。

为加强对改革的领导，国务院已成立深化医药卫生体制改革领导小组，负责统筹组织和协调改革工作。有关部门正在抓紧制定相关配套文件和操作办法，将于近期陆续出台。地方各级政府将根据《意见》和《实施方案》，全力推进改革，对一些重大改革，鼓励各地因地制宜进行试点，大胆探索创新。

主编点评：
　　看病难，看病贵，一度成为影响老百姓生活质量的重要问题，广受关注。改革开放30年，国家的经济实力显著增强，人民群众的经济状况也不断改善，但是，为什么人们对医疗卫生保障越来越不满？医疗卫生体制改革还能不能继续走单纯市场化的路子？《中共中央国务院关于深化医药卫生体制改革的意见》及方案，清楚地回答了这些问题。病有所医，保障健康，这是基本的人权。基本医疗是公共产品，政府有给广大民众提供基本医疗服务的义务。人民群众对这项改革寄予厚望，期盼着医改的阳光普照到普通百姓的生活，切实提高全民医疗保障水平，享受改革开放的成果。但愿这项民心工程尽快名至实归。

法制人物

去蔽人之敝

热血铸警魂
——记"任长霞式公安局长"习尚银

张革文

从警25年，他获得的荣誉称号数不胜数。

甘肃省政法系统先进工作者、精神文明建设标兵；荣立个人一等功一次、个人二等功三次、三等功三次；1995年、1998年两次被公安部评为"全国优秀人民警察"；2002年被甘肃省委组织部、宣传部、政法委，省公安厅、省人事厅授予"全省公安机关维护社会稳定模范卫士"称号；2001年被团中央等12部委评为"中国杰出（优秀）青年卫士"；2002年荣获"甘肃省青联委员突出贡献奖"；2003年被公安部和人事部评为"全国特级优秀人民警察"……

他就是我省目前唯一获得"任长霞式公安局长"的金塔县公安局党委书记、局长习尚银。

刑警出身的习尚银，20多年来共破获刑事案件1750余起，抓获犯罪嫌疑人1800余名。他说，群众看公安，关键看破案。破大案、惩凶犯、保安宁是警察的首要责任。

2006年2月12日，金塔县新华小区居民王永文被杀死在家中。接报后，习尚银立即调集刑警赶赴现场，亲自指导现场，勘查调查访问，并成立了专案组。由于作案者有较高的反侦查能力，时间过去了半月，侦破工作仍没有实质性的进展。群众纷纷议论，公安局这次恐怕是破不了案了。面对全县14万人民的企盼，习尚银发下誓言："命案不破，专案组不撤。"

习尚银和专案组民警们放弃所有的休息，没明没黑地展开了调查摸排工作，每天晚上，他和专案组全体民警共同分析研究案情，他鼓励专案组民警，不灰心，不气馁，及时调整侦查思路。功夫不负有心人。3月8日上午，王永文的妻子祁玉香用新华小区附近的一部公用电话打电话时，引起了监控民警的注意，之后，又经过民警的大量缜密侦查，祁玉香有重大作案嫌疑，并最终锁定了与祁玉香联系比较频繁的嘉峪关市开出租车的赵建兵。民警们赶到嘉峪关后发现，赵建兵符合刻画出的案犯特征。与此同时，赵建兵的弟弟赵建云也纳入了民警们的视野。3月28日，习尚银带领专案组民警，在嘉峪关成立临时指挥部，成功将赵建兵兄弟二人秘密抓获，同时指令抓捕祁玉香。经过审讯，在铁的事实面前，3名犯罪嫌疑人终于交代了作案的全过程。

王永文案告破后，县城的居民敲锣打鼓、鸣放鞭炮，将一封封感谢信贴在了公安局门前。金塔县委、县政府专门召开了表彰奖励大会，对县公安局奖励2万元奖金。

之后，金塔县以前发生的5起命案也全部告破。

2006年4月10日，正在值班的习尚银接到航天镇名叫王树生的人打来的电话，声称，再不解决李长顺老汉破坏他耕地的事，他就不让李长顺活了。放下电话后，习尚银立即驱车来到60公里以外的航天镇。原来，李长顺和王树生因承包土地纠纷闹了3年的矛盾，虽经镇政府仲裁，但李长顺不服，并经常破坏耕地使王树生无法正常耕作。习尚银对王树生进行了疏导和说服，并叫来了镇政府干部和当地派出所的民警，对李长顺多次破坏农业生产、殴打他人的事情进行了处理。一起随时可能发生的民转刑案件被习尚银化解了。

事后，习尚银在金塔县公安局开展了"警务进万家"活动，制定了派出所民警对法律、法规、安全防范知识上门宣传；对群众的报警求助上门解决；对行动不便群众的户口证件上门办理；追回的被盗物品上门返还；治安纠纷邻里矛盾上门调解；案件回访上门并发放警务回执单的"六上门"措施，广大民警积极响应，受到了群众的拥护。省公安厅在全省推广。

两年多来，金塔县公安局民警共上门为群众宣传法律知识300余场次，受教育群众达3500余人，主动上门解决群众求助120余次，为行动不便的群众代办各类户口证件580余件，发放身份证10000余件，调解纠纷280余起，开展案件回访150余次，赢得了人民群众的交口称赞。

习尚银刚到金塔县公安局时，公安局的一切都不尽如人意。干警队伍的管理缺少行之有效的制度，人浮于事、效率低下；办公楼内，破烂不堪，办公经费缺口达50万元之多……

为此，他从狠抓制度落实入手，修改完善了各种规章制度30多种，建立起队伍管理的长效机制。为从严治警，他从规范执法行为入手，完善执法质量考评机制，建立健全民警个人执法档案，及时纠正不规范行为，实行案件审核四级把关制，从源头上杜绝违法违纪问题的发生。他还顶住压力，对执法有过错的领导和民警进行追究和责任倒查,一年内共追究23人次,其中局领导1人次,部门负责人12人次,使金塔县公安局的执法质量一跃成为酒泉市第一名。

为了提高民警的身体素质和实战水平,习尚银组织全局开展大练兵活动。经过半年多扎实而有效的苦练,全局民警的体能技能和执法水平明显提高。以前只是全区考核排列三、四名的金塔县公安局,在当年的7个县市年度综合考核中,获得了一等奖。2006年度,金塔县公安局在全市7个县市考核中,又取得了年度综合考核第一名,执法质量考核第一名,大练兵正规化考核第一名的优异成绩。

金塔县每年用于公安业务支出只有8万余元。习尚银上兰州、跑北京、进基地,争项目、要经费、添装备,不断加大基础建设投入。两年多来,他先后向上级公安机关和相关部门争取资金140余万元,争取警务用车3辆、电脑10台,以及其他警用装备,对年久失修的局办公大楼进行了维修改造;建成了110、122、119CK"三台合一"报警指挥中心。同时,开通了全省第一个公安四级网连接工作,完成了集文字处理、电子邮件、公文传输、执法办案等管理模块在内的网上综合办公系统;并采取全警采集、全警录入、全警应用的方法,将人口管理、特种行业、旅店业以及治安、刑事案件全部录入微机,实现了警务信息化管理,信息化建设迈上新台阶,"三基"工程建设取得了明显成效。

主编点评:

　　我们也许感到,警察与我们的生活,有时离得很近,有时离得很远。其实,他们在无时无刻地为社会的稳定与百姓的安康忙碌着。由于使命与职责的不同,他们要常常面对艰巨的场景和严峻的时刻,付出的不仅仅是爱憎与坚守,有时会是幸福甚至生命。任长霞是当代警察的标杆,习尚银是甘肃警察的模范。他们的一个个荣誉,印证的是操守、爱心、敬业和奉献。时代会记住他们。

法律天平的守护者
——记全国"诚实守信"道德模范提名奖获得者、甘肃省高级人民法院法官马剑勇

郭玉红　潘　静

　　马剑勇，甘肃省高级人民法院行政庭法官，从事审判工作14年来，先后两次被评选为甘肃省法院系统先进工作者、优秀共产党员。2007年，经公众和评委投票，荣获首届"甘肃省直十大杰出青年"荣誉称号，被评为2007年甘肃十大法治人物。凭借优质高效的审判业务能力、耐心细致的工作态度，近日，马剑勇荣膺全国"诚实守信"道德模范提名奖。近日，记者见到了这位工作繁忙的青年法官。交谈中，他的平易近人就像一位可亲可敬的邻家大哥，若不是制服上庄严的国徽提示，很难把他和法官这个职业联系在一起。

胸怀理想　把法庭变成"调解器"

　　1993年，毕业于西北政法学院的马剑勇怀着做一名新时代包青天的理想进入省高院行政庭工作，从此一干就是14年。"争当专家型法官"，当马剑勇穿上法袍后又为自己定下了新的目标，并于2005年获得兰州大学法律硕士学位。近年来，马剑勇在庭里结案最多，并且成了审判疑难案件、复杂案件的"专业户"，很快成为行政审判方面的行家里手。2005年，马剑勇参与合议案件90件，占全庭案件数的55%，2006年参与合议案件65件，占全庭案件数的36%。2006年审结的35件案件中，有20件在立案后的30日内即予审结，只用了法定审理期限60日的一半时间，有11件在20日审结，仅用了法定审理期限的1/3。而且，由他审结的案件的裁判文书，在合议庭研究决议之后的1至2日内即制作完成，部分案件甚至是在合议当日即制作、签发、打印。10余年来，马剑勇把

判案的法庭变成化解矛盾、维护稳定的"调解器"。

为了案件得到彻底、妥善解决，他有时会步行十几公里去乡间勘查现场，与当事双方座谈，不厌其烦地做当事人的工作。有时，一些群众从报纸上看到了他写的文章和点评的案例，经常打电话或者亲自前来咨询法律问题，他从来都是耐心细致地解答，给群众一个满意的答案。"一件案子，对法官普普通通，对当事人，一生可能就一次。维护一个当事人的合法权益，社会对法律的信任就增加一分，伤害一个当事人，就会多一群怀疑法律的人。要让当事人认可公正，不能一判了之。"马剑勇说，"法官应当是'传道者'，不但要判，还要释理，把法律的理念传递给当事人。"

几年前，民勤县两个村的农民为一块国有荒地的土地使用权发生了纠纷，县政府做出了一份确权决定。其中一方不服，向人民法院提起了诉讼，提出政府的确权决定不尊重历史，不符合生产劳动实际，没有为本村预留拉水、拉料、运送农具的农用车道路，导致农业生产无法进行。案件进入二审之后，双方矛盾加剧，争斗随时都会发生。案件主办人马剑勇法官在初步了解了情况后，没有简单地、按部就班地排期开庭，而是立即驱车400公里深入到土地争议现场。在两村村民、干部的共同参与下，在烈日炎炎中，他步行十多公里，在田间地头席地而坐，与村民们就争议土地的历史沿革、使用现状、纠纷起因唠家常，同时不失时机地做村民和村干部的思想工作，竭力化解矛盾，缓和对立情绪。事后，一位八旬老伯拿出自家种的苹果送给马剑勇，老伯说："省城来的法官能为咱农民的事情这么做，对咱的事情这么认真，就是官司输了也没啥说的！"在案件终审判决作出后，马剑勇又及时到争议地就案件的判决结果详细说明了理由与依据，回答了村民们提出的许多法律问题，解开了败诉一方村民的思想疙瘩。之后，争议双方均息诉服判，恢复了正常的生产生活秩序。

案结事了　当好"民告官"裁判

给"民告官"当裁判，有时来自行政机关的干预和托关系说情的事情难以避免，但是马剑勇不畏权不唯上，始终坚持合法性审查原则，依法审理，公正裁判，既切实维护公民的合法权益，又全力支持行政机关依法行政，同时还通过向行政执法单位发出司法建议的形式，帮助指导行政执法单位堵塞执法过程中的漏洞。马剑勇坦言："刚开始独立审判时，真的很难适应，后来我学会了用'年轻法官'的锐气来顶住压力，用法律的标尺来拒绝说情。"

2006年，某县政府为了改善乡村道路通行状况，对一户农民使用的集体土地上的房屋实施了强制拆除。当事人不服向法院提起了行政诉讼。纠纷历时一年多，双方当事人矛盾不断加剧。马剑勇审查后发现，由于工程进度紧急，强制拆除造成了上诉人财产的损失。但是县政府是为了公共利益而实施的强制拆除行为，且该公路工程已经改建完毕投入使用近两年。如若简单作出判决，确认县政府强制拆除行为违法，并不利于案件的最终处理，极易导致"案结事不了"，不仅不能解决纠纷，还可能激发更大的矛盾。为此，马剑勇与合议庭其他成员赶赴事发地开展案件的协调工作。整个协调过程历时3天，和双方当事人反复地沟通、协调，一点一滴地消除双方累积已久的怨气，化解对立情绪。最终，农民因赔偿问题得到解决撤回了上诉。县政府领导感慨万千，感激地说："我们头疼了这么久的事情，终于在你们的协调下解决了，你们的工作态度和工作作风让我们非常敬佩。"

潜心钻研　不断提高司法水平

近年来，城市发展步伐逐渐加快，大量房屋拆迁、土地征用等城市建设行为使得行政案件数量激增，集团诉讼案件上升明显。与此同时，随着大量新法规的出台，新类型的执法行为必然引发新类型的行政案件，出现以前没有遇到过的新情况和新难题。加之行政审判存在着诸多不同于刑事、民事审判的特殊之处，这些都给行政审判工作带来极大的压力和挑战。作为行政审判庭的法官，马剑勇清醒地认识到，新时代的法官不能再走只凭经验办案的老路，必须要做学习型法官。坚持学习、不断充实、提高自己，成了他工作、生活的重要内容。

多年来，马剑勇撰写各类调研报告、经验交流材料、学术论文60余篇，50余万字。先后在省法院机关刊《审判理论与实践》和《甘肃法制报》发表数篇学术论文和审判实务理论文章。撰写的学术论文、调研报告连续多年在全国法院、全省法院系统评选中获奖。参与完成的《张掖六县区速裁制度的调查》重点课题调研报告获全省法院重点调研课题评比二等奖。几年来，他还积极承担全省法院行政审判专业培训班的授课任务，并帮助省直行政机关和地方政府培训行政执法人员，授课累计200多个课时。作为编委之一编写了由甘肃文化出版社出版发行的《民告官案例点评》一书，还参与编写了用于指导全省法院国家赔偿审判工作的《国家赔偿法讲座》一书。

恪守信条 堂堂正正做人

在长期的工作中,马剑勇始终恪守自己的做人信条,无数次地回绝了当事人的吃请,推辞了当事人或其亲友以各种名目送来的礼物。35岁的他,业余生活应该很精彩,特别是处在这个岗位,同学朋友、社会关系应该不会少,有求于他请客送礼的更不会少,下班以后,觥筹交错自然少不了,然而他下班后唯一的目的地就是家,这让许多人着实有些困惑。谁喜欢生活在没有朋友、交往的社会中呢?"我喜欢孤独,这样可以让我保持清醒。有些人害怕孤独,但是我对孤独有另一番理解。"马剑勇说。被任命为助理审判员时间不久,有位多年的朋友请马剑勇吃饭,席间有一张陌生的面孔,朋友介绍那人是某某局长助理,还特意提醒多敬马剑勇几杯。第二天开庭,马剑勇发现在被告席坐着的就是那位局长助理。由于该局作出的行政处罚决定在认定事实和执法程序上均存在问题,他在庭审后很快依法做出了判决,确认该行政处罚行为违法,并判令被告承担相应的行政赔偿责任。后来,朋友打来电话只说了一句话:白交了他这么多年的朋友了。

"不为五斗米折腰,要能耐住寂寞和清贫而不为他人所左右,就能明辨是非善恶堂堂正正做人。只要心不贪,没有推不了的人情。"马剑勇坚定地说。

主编点评:
　　做一个堂堂正正的人就并不容易,做一名堂堂正正的法官就更不容易。堂堂正正的法官马剑勇的可贵之处,在与他面对世俗人情与灯红酒绿,能忍耐寂寞与清贫,既是审判者,也是传道者。他带给案件当事人的是司法的公正与法律的尊严。"不为五斗米折腰,要能耐住寂寞和清贫而不为他人所左右,就能明辨是非善恶堂堂正正做人。只要心不贪,没有推不了的人情。"他身体力行,体现出了中国司法界的良心。

农民维权的贴心人
——记全国工商管理系统"2005红盾护农"行动先进个人姜敏

曲永春　李文郁

提起甘肃定西陇西县工商局党组书记、局长姜敏，陇西工商干部和农民无不挑起大拇指："姜局长识别假种子、假农药可是行家里手，法律知识过硬，全省典型的涉农案件办得有条不紊。"菜子镇农民罗心定深有感触地说："要不是姜局长教我识别假种子，我去年一年的庄稼就白种了，他可是咱农民维权的贴心人啊！"有付出就有回报，辛勤的工作换来了党和群众的认可，2005年，姜敏被全国工商总局评为全国工商管理系统"2005红盾护农"行动先进个人。

以身作则，带领队伍爱农

2004年8月姜敏接受组织安排从定西市调任陇西县工商局工作。上任伊始，姜敏就发现某些工商干部在涉农执法案件中业务能力差，造成违法者有空可钻，农民的合法权益得不到很好的保证。面对这一问题，他亲自组织开展有针对性的业务培训，努力提高干部队伍执法业务素质。以"红盾护农"为主题，以"一案一法"案例剖析为形式，以全局执法办案骨干为对象的专题培训班20余期（次），参训人员达到213人次，提高了工商干部实际工作和依法行政的能力，为更好监管农村市场提供了保证。到陇西工作以来，每遇到查处侵害农民权益案件，他总是第一个到办案现场，始终坚守在第一线，从安排部署、组织实施，到具体查办案件、督促检查，事必躬亲，务求案件办实办好。2004年12月，姜敏70多岁的母亲得了大病住进了医院，妻子身体又不好，家里来电话催了好多次，让他回去照顾老人。好不容易等来了个星期天，他正准备要回定西看望老人时，文峰所打来电话：根据群众举报，文峰辖区有人销售不合格化肥。在执法人员检查过程中，当事人纠集了一些不明真相的人正在对执法人员进行围攻。情况危急，姜敏在照顾家庭、尽孝道和干好工作之间毅然选择了后者。他立即赶赴现场，耐心的向围观人员讲解假冒化肥的危害性，并采取果断措施依法扣留了"铁龙花"牌粒状过磷酸钙62吨，随后组织人员进行调查取证。不满一个月，这起销售假冒伪劣化肥案件就圆满办结，没收了全部假冒化肥，并处以2万元的罚款。姜敏勉励干部职工："严格依法行政，就是对党负责，对全县30多万农村消费者负责。"

严格执法，履行职责护农

姜敏通过走村入户的调查访问后，认识到要切实保护农民群众合法权益，就必须从源头上入手，一方面要确保农村市场经营主体资格合法，另一方面则要确保流入农村市场各种商品质量合格。因此，他亲自审查涉农经营单位主体资格，严把市场主体准入关和流通领域商品入市关，并先后制定了《商品质量诚信责任书》、《不制售假劣商品责任书》等规章制度，督促农资经营户建立和落实"两帐两票，一卡一书"制度，并印发农资商品质量信誉卡，要求实行一物一卡。通过这些制度的贯彻落实有效规范了农村市场经营秩序和经营行为。

为了加强农资市场打假力度，按照"铲除窝点、严查重处"的方针，他适时调整工作部署，组织力量对广大农村、乡镇所在地及城郊结合部进行多次认真、彻底的清查，特别是对重复发案率较高的重点区域实行重点监控，对在检查中发现的各种制假售假及其他违法行为，按照快查快结的原则，依法从重予以打击，并注意追根寻源，端窝点，尤其对制售假冒伪劣农资产品行为严惩不贷。2004年10月，根据上级协查通报，结合平时掌握的线索，个体工商户廖某有销售假冒化肥和为销售假冒化肥提供便利条件的嫌疑，姜敏接到通报后抽调人员，亲赴现场指挥执法人员迅速对当事人经营场所和存货仓库进行调查，当场查获大量假化肥硫酸镁，立案调查中，当事人先后数次托人说情，希望从轻处理，可"群众利益无小事，维护农民合法权益高于一切"的思想在姜敏心里根深蒂固，说情者一次次被拒绝，严格按照法律规定，给予当事人43600元的处罚。在他的带领下，2005年共查办违法违章农资经营案件52件，涉案案值总计达30余万元，收缴罚没款11.43万元。

强化服务,帮助农民

为了将服务"三农"工作真正落到实处,姜敏带领全局干部重点简化涉农行业项目主体的市场准入审批手续,在严格落实首问首办责任制、限时办理承诺制和部门联席审批制的基础上,提高服务效率,降低农民办事成本。对农村流动性小商小贩免予工商登记,并减免收取有关费用;积极实施农产品商标战略,全力打造农产品品牌。发展品牌农业,使传统农业提高知识产权附加值、向效益农业转化,姜敏同志带领全局通过培养涉农企业提高商标意识,通过支持他们申请农产品商标和地理标志注册,促进特色农产品行业的发展,收到了注册一件商标,带动一项产业,富裕一方群众的效果。去年共帮助注册农产品商标2件,地理标志2件,带领个体私营企业在"兰洽会"签订以农产品深加工为主的投资项目,签约金额达2000万元;为方便农民投诉举报服务,积极开展"一会两站"建设,共建成"红盾护农工作站"59处,基本实现了维权点进村入社区的建设目标,截至目前,共培训站点联系人127人次,受理农民消费纠纷19起,挽回农民经济损失2万余元。

主编点评:

农民最需要关爱,农业生产最需要保护。一段时期,一些不法商贩和经营者投机钻营,农资市场成为假冒伪劣的重发区,农民朋友苦不堪言。姜敏作为工商管理队伍中一员,身体力行,为农民展示了"红盾"的职责与威力,为农资市场监管者树立了榜样。"群众利益无小事,维护农民合法权益高于一切"这句姜敏工作的信条,也应该是所有涉农市场管理者的座右铭。

临洮公安的一面旗帜
——记临洮县辛店派出所原所长张晓军

赵应平　刘　科　韩有存

　　2007年12月8日上午10时，冬日的天空阴沉凝重，寒风呼啸。临洮县公安局偌大的院子内外花圈如墙，挽幛如云，人流如织，哀乐低回，恸哭之声不绝于耳。张晓军，一个基层的派出所所长，一个普通的农家子弟。人生之旅只有37个春秋，13年警察生涯的临终之际虽没有擒凶斗匪、英勇捐躯的惊天壮举，也无热血澎湃、振聋发聩的豪言壮语，只因劳累过度猝然倒在了为之奋斗的岗位上。

　　心里装着老百姓，干起工作拼死命。群众称他是"张疯子"，干警说他是"叫鸣鸡"，妻子戏称他是"站店客"。在临洮县的城里乡下，说起张晓军也许有人不知，但说起"张疯子"，几乎无人不知、无人不晓。正是这种干起工作不知劳累、无私忘我的"疯劲"，勇往直前、舍生忘死的"勇劲"，大智若愚、创新奋发的"闯劲"，使他成了临洮公安战线的一面旗帜。

　　张晓军的父亲张海清是一位1964年入党的老党员，有着30多年工龄的老干警，勤奋廉洁，克己奉公的好所长。1994年农历腊月十六突发脑溢血，倒在了外出调研的工作岗位上。也就在同年，24岁的张晓军毅然放弃了3年的行政工作，继承父亲遗志，身着警服，勇敢地选择了苦累艰险的人民公安事业。

　　他毅然决然来到交通不便、条件艰苦而辖区社情复杂、案件频发的太石镇巴下派出所。在短短的3年时间里，张晓军就以"腿勤、手勤、脑勤"的"三勤"作风和勇挑重担、勇往直前的"小老虎"精神在干部、群众中有口皆碑。曾在巴下和张晓军一块共过事现任八里铺派出所所长的陈晓兵讲，"那时的巴下贩毒案较多，张晓军一听说有案子就主动请缨，别人害怕他不怕，别人后退他往前冲，只怕分不上案子，不怕办不了案子，真是个机智勇敢的牛犊子。"在巴下，他三次冒着危险深入虎穴，化装侦察，连续破获了3宗贩毒案件；在巴下，张晓军办结各类刑事案件17起，毒品案件8起，还成功调解了26起民间纠纷和群众来访，做到了领导、干警、群众"三满意"，也为自己的进步成长夯实了基础。3年后，张晓军离开巴下，荣任连儿湾派出所副所长。陈晓兵对记者说，张晓军的破格提拔重用不是巴结领导、走门子、吹牛拍马跑路子换来的，而是实打实地干出来、拼出来的。

2002年9月，他根据掌握的情报，得知一个来自陇南武都的毒贩要在广河三甲集申家滩购买毒品，他立即组织新添派出所警力精心布防，蹲点守候。当毒贩买好毒品企图乘车返回时，他和战友赵亚夫在临洮三十墩截住长途汽车，冲进车厢抓捕毒贩。28岁的毒犯李渔舟狗急跳墙，从怀里掏出一把一尺长的匕首乱戳胡刺，狂妄叫嚣，危及到了旅客生命安全。"不许动！"张晓军见状，大喝一声，果敢地扑上去和毒贩赤手搏斗，打掉匕首，和战友一道制服了毒犯，缴获了毒品，毒贩束手就擒。也是在新添派出所工作期间，有次他和战友一道在酷热六月蹲点设伏抓捕贩毒嫌疑人。毒犯挥舞着明晃晃的匕首，拼命负隅顽抗，垂死挣扎，干警难以靠前。见毒犯气焰嚣张，来势凶猛，作为一所之长的张晓军，把生死置之度外，首先冲上去直扑毒犯，殊死搏击，在战友的有力配合下终于制服毒贩，但他的手背筋腱不幸被凶残的毒贩刺断，血流不止，疼痛揪心。手术做完后他连一天都没休息，照样上班干事，照样值班巡逻，结果导致手背筋腱和皮肤粘连难愈，每逢天阴下雨，手背疼痛不已。2006年4月的一天，他在辛店追捕来自兰州的毒品犯罪嫌疑人时，疑犯为逃覆亡之命，赌命跳下悬崖企图脱逃。张晓军见犯罪嫌疑人要逃，毫不犹豫地也紧随其后跳下，摔伤了膝关节，他不顾揪心伤痛，紧追不舍，终将毒犯孙万寿抓获归案。犯罪嫌疑人抓住了，但他扭伤的关节直到牺牲安葬时膝盖上还贴着止痛的"云南膏药"。

来自临洮县公安局的统计资料显示，1994年以来的13年中，由张晓军直接参与组织指挥，先后侦破各类刑事案件230余起，查处治安案件1200余起，抓获犯罪嫌疑人328名，抓获逃犯39名，为群众挽回经济损失100余万元。他用自己真抓实干的作风，狠抓落实的行动和斐然的业绩践行了"干工作要对得起工资，对得起良心，对得起党和人民"的真诚诺言。

在新添派出所，2001年全年间，他对63个吸毒人员执行强制戒毒，对41名吸毒人员实施劳动教养，对100%的吸毒人员落实了"常尿检，月谈话，季考核，年评定"的严管实教，把90%以上的吸毒者引上了重新做人的光明之路。在玉井派出所，他在父亲曾经工作、战斗过的岗位上，从基础抓起，从实事干起，以农村防火减灾为突破口，在全镇19个行政村组建了农村消防体系。他创造性的工作成果及其"玉井经验"，在2004年4月全省农村三级消防管理工作玉井现场会上受到了参会者的高度赞扬和肯定。店子村支书张建忠对记者讲，张所长直接帮助组建的店子村20多人"村民消防队"和购置的灭火器材，在2004年和2005年的两次麦场失火消防中发挥了重大作用，先后为60余户村民挽回损失1.3万余元，保护了110余户群众的生命财产安全。在他的倡导和组织下，治安状况极为复杂的辛店镇康家崖村组建了36人的市场治安巡逻队，长年累月昼巡夜查，不断加大综治力度，全力以赴为农业部定点的马铃薯专业市场保驾护航，还在所辖一镇一乡31个行政村狠抓了卡点建设，全面提高了村社控制社会治安的综合能力，其"辛店模式"在2006年召开的全县农村群防群治现场经验交流上得到了领导和群众的一致好评。全县最为复杂的辛店治安状况大为好转，群众安全感大为增强。

辛店派出所，在前任领导和现任所长张晓军的率先垂范和科学领导下，连续9年县局考核名列前茅，连续3年被市局评为禁毒先进单位，连续3年被省厅评为全省优秀公安派出所和全省模范派出所，2004年起连续3年又被公安部命名为"一级公安派出所"。2007年12月初已查处治安案件44起，破获刑事案件10起，全县追捕抓获逃犯30名，辛店派出所抓获11名，占到全县抓逃的三分之一。谁料想，在连续3年保持全国一级派出所，张晓军即将获得公安部个人二等功，派出所集体三等功之时，张所长却在省长助理、省公安厅党委书记、厅长何挺亲临辛店考察并当场奖励1万元的第三天——12月5日凌晨积劳成疾，猝然倒在了工作岗位上，献出了年仅37岁的宝贵生命。

张晓军有一句口头禅——"我是寒门出身，农家长大的儿子，干事做人要对得起老百姓。"他在13个春秋的公安工作岗位上，始终践行着一个"优秀共产党员"、"优秀人民警察"的铮铮誓言，践行着"三个代表"重要思想，践行着为人民服务的宗旨，践行着父亲给他的谆谆教诲。就像县公安局政工办副主任申海强说的那样："别人想不起，不愿干的事，他想得周到，干得认真。"

在巴下派出所工作期间，1995年寒冬时节，他见前来帮他夜审疑犯的中铺派出所青年民警裴孔荣衣服单薄，立即翻箱倒柜找出自己的冬装，连同父亲留给他的一件珍藏的黄大衣送给了裴孔荣，并深情关切地说："这是父亲留给我的，天气冷，你穿上，暖和点。"这件事，令裴孔荣终身难忘至今感动不已。

在父亲生前工作过的玉井派出所，张晓军当所长的第一件事便是深入辖区村社了解社情民意，倾听百姓呼声。他在走访中发现店子村有一对73岁的夫妻，惟一的儿子被人杀害。虽然罪犯得以伏法，而赔偿无法兑现，儿媳又不守孝道，恶言相向，夫妇俩生活困苦，难以为继。张晓军赶紧先给老人送去了两袋面粉，随后又送去了蔬菜、清油，还给两个小孙子买来了书包、钢笔等学习用品。在玉井的两年半中，他一有时间就往老两口家里跑，不仅送吃送喝，还好言劝慰，嘘寒问暖，带去了精神鼓励，带去了一抹温暖。2004年春节前夕，他还准备了五香调料等年货送给了老人，让夫妻俩过了个舒心年。老俩口见人就夸："没见过张所长这样好的人。"

家住新添镇孙家村一社的孙某永远不会忘记张晓军对他的恩德。原来孙某在30多岁时染上了毒瘾，几次三番难以戒掉，结果使本就不宽裕的家庭雪上加霜，一贫如洗，母亲跟他受罪，自己过了40岁还光棍一条，生活无法过，希望成泡影。张晓军2001年3月到孙家督促尿检、促其强戒，知其窘境后二话没说，自掏腰包买了一袋面粉，又拿出身上仅有的100元钱交给孙某安顿生活。随后他又八进孙家，一边苦口婆心劝其远离毒品，戒掉毒瘾，重新做人，一边问寒问暖，买面买物不断接济。在张晓军的救助感召下，孙某下决心戒掉了毒瘾，不仅在地里耕作挣钱，还在新添街上办起了棋牌室，每天收入50元左右，走上了自食其力的脱贫之路。12月8日张晓军遗体出殡安葬时他泪流满面，一直跟到坟地，亲自挥锹填土好让恩人长眠地下、入土为安。

康家崖五社有个64岁的老汉叫康继亮，队里当过会计，1970年起干了18年的民办教师，能拉会唱善写，是个村里的文化人。1989年不幸染上毒品后，越吸越穷，越穷越吸，吸了又戒，戒了又吸恶性循环，几乎要家破人亡。和康继亮一墙之隔的张晓军知情后痛心疾首。他到任后立马接过前几任所长的接力棒，担起了教育、挽救、支助康继亮的责任。平时，他一有时间就去康继亮家中，看一看面柜里有没有吃的，炕上是否有盖的，没面了买一袋面粉，缺穿了给一件衣服，还定期不定期坚持尿检、耐心谈话，不留情实施强戒。同时，还把康继亮叫到所里扫扫院子挖挖地，擦擦玻璃，浇浇水，每次都给20元，他又帮助支持康继亮的两个儿子外出打工。现在，康继亮和老婆在家中务农，儿子不时寄回钱来，日子比以往红火多了。张晓军猛的离世以后，康继亮老泪纵横，人像丢了魂似的。他几次要求要进城参加葬礼，把好心人张所长再看一眼，送上一程。

2006年8月24日凌晨1时，辛店下寨子村发生了一起因奸情致死人的命案。闻讯翻下床很快出警的张晓军带领民警赶往20公里外的案发现场，排摸调查反复分析，仅用30多分钟就将犯罪嫌疑人朱正录、马建秀、杨雪花抓获归案。破案完毕要带走疑犯夫妇时，细心的张晓军发现其家8岁的女儿无人照管，面临辍学。父母有罪女无罪，法律无情人有情。张晓军一边拉着小女孩的手紧紧不放，一边派人去所里拉来了两袋面粉，一边掏出仅有的30元钱，把小女孩安顿在村主任家抚养之后才放心地押走了嫌犯。在看守所接受审讯的朱正录夫妇知情后百感交集，流着泪连声感谢，表示坚决要认罪服法，出狱后再谢恩人。

辛店党委书记黎玉龙还对人讲，就在张晓军离世前的11月14日晚上，他带人查夜巡逻时，在石郭家桥头的乱草堆里发现了一个年届七旬、衣破裤脏、饥寒交迫、气息奄奄、命在旦夕的老汉。他立即把老人扶上巡逻车、随后电话同镇上领导取得联系，很快把老人送到镇上的敬老院安置了吃住。后来得知，老者名叫杨增贵原是上梁乡都家沟人氏，1981年随家迁往河西金塔县，今年开春不知何因只身一人流落回乡。黎玉龙说，要不是张所长发现得及时，杨老汉早到阎王爷跟前报到去了。12月7日下午记者见到杨增贵并告诉他张所长的死讯时，衣食无忧的杨增贵流着眼泪连声说："为啥老天爷要收好人哩！"

张晓军1970年5月生于临洮县龙门镇五里铺村一个世代清贫的寒门农家。从小至大，他和艰难困苦连根共树，好坏看得清，善恶两分明。母亲陈桂英，一生勤劳善良，乐于助人。尤其是中年丧夫，老年丧子的悲惨命运，使年过60岁的她一夜间苍老了许多，还有那满胳膊满手的皮肤病让陈桂英备受精神和疾病的双重折磨。张晓军的妻子秦嫦鸣只有30岁。她贤惠端庄，慈眉善目，厚道朴实。1996年10月初和张晓军结婚前后曾在县印刷厂打零工，这几年儿子张谨上学后只好待在家中相夫教子，做饭洗衣，料理家务。由于家境基础差，底子薄，无力购买新房，只好在城里租了间30多平米的单面小楼房，全家人挤在一起，上厕所都要跑老远。去年，在亲戚朋友那里七借八凑，总算买了套稍宽畅的楼房，但7万多元的债款压力使她无法轻松起来。按常规，面对如此贫穷惨淡的家道窘境，已在派出所干了整整10年的张晓军完全有条件，有办法，有门道利用职权寻点光阴挣些票子，走出贫困迈向小康。但张晓军却不这么干。

辛店镇年轻有为的党委书记黎玉龙讲了一件感人之事：2007年4月，镇上全力实施国家农业综合开发项目，占用了雷赵田村几户农民的一点耕地，经协商解决补偿后，有一户赵姓之人蛮不讲理，强行砸毁了过路涵洞，还恶言伤人，张晓军准备将其以破坏公共财物罪实行拘留惩戒。这个人便通过省上亲戚朋友上下活动，施加压力，县里也有人为之说情，而这个人又是张晓军远房亲戚，但他不为所动，坚决顶住了说情风，硬是对那人实施了拘留。虽然他因此得罪了个别人，但他不畏权势、扶正压邪的一身正气却让辛店的老百姓齐声叫好。

临洮县公安局局长韩维东历历在目——12月5日9时光景,当他知道消息急忙赶到辛店派出所时,院子里一片哭声。看着张晓军如同酣睡的安详面容,他深知是一年四季、不分白昼的过度劳累夺去了一条年仅37岁的青春生命。他说,张晓军的英年早逝,使我们失去了一位好党员,好所长,好同志,好朋友,临洮人民失去了一个好儿子、好警察、好公仆。只和张晓军有过数面之交的兰州市政工程公司项目经理朱殿成含泪写下了两首悼诗:"警魂威武永不屈,爱岗敬业身捐躯。啣山白雪来戴孝,洮水流珠为君泣。除暴安良扬正气,扶危济困秉忠义。民失英才我失友,愿君九天长安息。"

张晓军走了,可他的音容永在,笑貌永驻,精神永存;他未竟的事业还在继续,未了的情缘还在延伸……2008年初,张晓军被评为2007年甘肃十大法制人物。

主编点评:
张晓军的事迹确实感人,有些是警察应该做的,不少则是一名普通警察、普通的人所做不到的。从他身上,人民群众感到了什么才是真正的"人民警察"!正如诗人臧克家在名诗《有的人》中所吟咏的:"有的人,他活着为了多数人更好地活","他活着为了多数人更好活的人,群众把他抬举得很高,很高","有的人死了,但他还活着"。基层群众对张晓军的悼念与怀念,正是对好警察的崇敬,对良好警风的召唤。

格桑花开
——甘南玛曲县"马背普法宣传队"工作纪实

王 刚

去年8月,在玛曲县举办第三届格萨尔赛马大会之际,举行了全县七乡一镇一场"马背普法宣传队"启动、授旗仪式。原中共甘肃省委常委、省委政法委书记,现省政协副主席洛桑·灵智多杰亲自为玛曲县"马背普法宣传队"授旗。近日,记者再次来到玛曲,探寻"马背普法宣传队"的普法之路。

玛曲县占九曲黄河第一弯,扼甘、青、川三省要冲,与四川省阿坝州、青海省果洛州等县相邻,是一个以藏民族为主体的纯牧业县,边界线长,地广人稀,牧民群众居住分散,交通不便,信息不畅,加上政法部门装备不足等诸多原因,致使各种法律法规在基层牧村很难得到有效实施和普及,普法盲区和死角占很大比重,维护稳定的任务非常艰巨。特别是偷牛盗马、赌博、超生育、入室盗窃、打架斗殴等影响牧村和谐发展的现象依然存在,而且屡禁不止。

"四五"普法工作开展期间,玛曲县司法局针对齐哈玛乡地处甘青川三省交界处、距县城偏远、落后的现状和地理位置比较特殊、地广人稀、交通极为不便、信息闭塞、广大牧民群众的法律意识淡薄、普法依法治理工作存在盲点、死角的实际情况,为了使普法宣传工作更深入、更广泛、更能适合新形势的要求,乡上借用富裕牧民群众的马匹,试点性地组建了一支由5名懂藏汉双语、懂法律法规的干部组成的"普法宣传队"。这支"宣传队"坚持骑马进村入户,以法制宣传、法律咨询、民间纠纷调解、法律服务、赠送法律书籍、发放普法资料等多种宣传形式,开展法制宣传教育活动。"普法宣传队"经常出现在齐哈玛乡的集会上、牧民群众的帐篷边、牧户家中,普法宣传教育活动内容既贴近牧村的生产生活,又满足了牧村群众对法律知识的需要,深受牧民群众的喜爱,被牧民群众亲切地称之为"马背普法宣传队"。

"马背普法宣传队"的做法得到了县委、县政府及领导的肯定,玛曲县委书记徐强自豪地告诉记者："我们玛曲的'草原骑警队'、'马背普法宣传队'在全省是拿得出去的两个品牌,创建平安玛曲,他们功不可没。""马背普法宣传队"也引起了省司法厅党组书记、厅长庞波的高度重视,多次听取县司法局的汇报,并指示,要抓好这支队伍,搞出草原普法经验,将"马背普法宣传队"的先进经验大力推广。

为了进一步推广齐哈玛乡的"马背普法宣传队"法制宣传教育的成功经验,提高普法宣传教育的覆盖面和普及率,玛曲县委、县政府决定在全县范围内推广"马背普法宣传队"的成功经验,并于2006年8月在中国·玛曲·第三届格萨尔赛马大会举办之际,正式隆重举行了全县七乡一镇一场"马背普法宣传队"启动、授旗仪式。成立的乡镇"马背普法宣传队"由各乡镇工作人员中政治素质好、业务能力强、精通藏汉双语的5名工作人员组成。

"马背普法宣传队"成立1年来,走遍了全县38个村,行程15000多公里,为牧村、牧民送去法制宣传材料和法律书籍2000余份,调解各类纠纷30余件,将7名出家为僧的适龄儿童送回学校,使10000多名牧民群众得到了法制教育,深受牧民群众的喜爱。玛曲县司法局局长、县依法治县工作领导小组办公室主任达热加告诉记者:"全县各乡镇'马背普法宣传队'成立以来,队员们立足实际,克服困难,扎根群众,无私奉献。时时处处为牧民群众着想,时时刻刻为牧民群众排忧解难。在送法下乡、法制宣传教育活动时,强化对《宪法》、《草原法》、《婚姻法》、《水土保持法》、《环境保护法》、《妇女权益保障法》、《治安管理处罚法》、《人口与计划生育法》、《甘南藏族自治州草场争议调解处理办法》等法律法规的宣传,使广大牧民群众学法、知法、用法的积极性得到了明显提高。"马背普法宣传队"还高度重视人民调解工作,积极充当基层普法一线的排头兵、信息联络员和人民调解员,坚持按照抓早、抓小、抓苗头的原则,采取说服教育和依法调处等各类有效调解办法,充分发挥了矛盾纠纷'第一道防线'作用。"

舍小家顾大家,风里来雨里去,他们为牧村牧场上的乡亲们的生命财产安全忙碌着。但你怎么也想不到,"马背普法宣传队"成员没有任何报酬,他们凭着一颗善良的心,靠着自己的聪敏才智和无私的奉献精神,给群众办好事,办实事,用自己的实际行动在群众中树立起了较好的形象和威望。得到了广大牧民群众的赞扬和认可。同时,也是玛曲县及至邻近的青海省河南县、四川省若尔盖县等县牧民群众公认的一支"马背上的人民调解员"队伍。"马背普法宣传队"在积极参与本县内乡与乡之间的草山矛盾纠纷的同时,积极参与本乡镇与邻近甘青川三省县乡的团结协作，睦邻友好和边界稳定，协助乡政府和有关部门，在群众中积极开展戒盗窃和戒偷盗仪式，同兄弟县乡化解调处双方牧民群众矛盾纠纷。2006年10月，青海省河南县柯生乡与玛曲县尼玛镇尼玛村之间的草山矛盾纠纷得到了调处，但双方青年牧民为了结积怨，无视法律法规及双方达成的调处协议，私下蓄意对彼此进行报复。尼玛镇马背普法宣传队得知后，骑马及时赶到边界现场，从维护双方边界稳定、牧民群众的财产和生命为出发点，及时将矛盾纠纷进行了化解和调处，得到了双方乡党委、政府的表扬。今年4月，曼日玛乡贡玛村2组的东智与同村1组的完考俩人骑摩托相碰撞，双方发生争吵，各自组织亲友准备以武力解决问题，恰好乡"马背普法宣传队"正在村上开展法制宣传活动，得知后，及时赶到现场并经过苦口婆心地调解，举案例、讲法律法规，最终使双方达成协议，由东智给完考赔偿人民币900元，化解了一起打架斗殴治安案件。

普法工作是一项涉及社会经济、政治、文化等各个方面的系统工程，也是构建社会主义和谐社会的一项基层性工作。玛曲县马背普法宣传队逐渐在这方面开辟了普法新途径，创造了新经验。目前，虽然这支队伍的人员经费、马匹来源、马匹饲料、普法宣传器材等非常紧缺，但职责使然，这支队伍在困境中积极发挥普法职能作用，筑牢"第一道防线"，为玛曲的平安建设、经济发展和社会进步做着更大贡献！

主编点评：
　　舍小家顾大家，风里来雨里去，甘南州玛曲县"马背普法宣传队"为牧村牧场上的乡亲们的生命财产安全忙碌着，他们以贴近生活、平易近人的工作作风，不计报酬、无私奉献的可贵精神，为民族自治地区社会稳定与法制进步发挥着独到的作用，深受基层群众的欢迎与喜爱。在中国法制进程中，普法工作任重道远，"马背普法宣传队"的成功实践，为党政职能部门和法律工作者提供了有益的启示。

做农民利益的忠实捍卫者
——记农民利益的"保护伞"甘肃省农业执法总队

何晨阳

成立于2004年9月的甘肃省农业执法总队,是代表甘肃省农牧厅相对集中行使农业行政处罚权,专职从事农业行政执法工作的县级编制单位。

近五年来,他们以农资打假为切入点,狠抓执法人员素质提高,在维护农民群众合法利益、规范农资生产经营市场秩序、保障农产品质量安全、稳步推进农业生产发展方面进行了有益探索和大胆尝试,为农业又好又快发展做出了重大贡献。

为民执法 素质先行

在成立之初,其上级主管单位甘肃省农牧厅就本着建一支高水平队伍的原则,严把进人关,在全厅范围内招考执法人员,经过笔试、面试和组织考查,才最终确定入选人员,这些人员只有在经过6个月的考察试用后,才能正式调入省执法总队。

为了让工作人员尽快完成从技术人员到执法人员的角色转变,他们采取请进来、走出去,集中培训和个人自学相结合、分组讨论和模拟办案相结合、法律学习与实践办案相结合等形式,强化执法人员的法律知识培训。

四年多来,该队共有40多人(次)参加了农业部举办的农业执法培训班,有90多人(次)参加甘肃省法制办、农牧厅举办的农业行政执法培训班,每位执法人员平均接受集中培训的时间接近80天。

目前,该队有在册职工26人,其中具有大学本科以上学历20人,农业技术推广研究员2人，副高级专业技术人员7人，中级专业技术人员4人。打铁还需自身硬，执法人员素质的提高为他们严肃查处重大涉农案件，强化农业行政主管部门的农业行政执法职能打下了坚实的基础。

重拳出击 严厉惩治坑农害农者

近几年来，该队严格按照"保护农民利益，保障行业发展"的原则，全面开展了种子、农药、肥料、兽药等领域涉农违法案件的查处，切实保障了农民合法权益，取得了良好的社会效益。

2005年，该队按照某植物新品种权人的请求，经过13次调查取证，查明了某种业公司私自繁育受保护玉米杂交种350亩的侵权行为，最终依据《中华人民共和国植物新品种保护条例》和《植物新品种侵权案件处理规定》的相关条目，主持双方当事人在自愿前提下达成了调解协议并按协议条款履行了义务。

该案的办理得到了农业部的充分肯定，并被作为全国首例由农业行政主管部门依法查处的植物新品种侵权典型案例上报国务院法制办。

假冒农药，坑农害农不浅。2006年7月，该队接到农业部文件，称假冒农药流入甘肃，要严厉查处。

该队立即组成专案组调查取证，很快查明该公司从外省先后购进四种假冒农药共计2150袋，均在本地范围内销售，在查处时，已实际销售1633袋，收入7288元的违法事实，最终依据《中华人民共和国农药管理条例》对该公司进行了处罚，并将涉及四种假冒农药的省外供货情况向农业部作了书面专题汇报，以联络兄弟省市，彻底打掉假货源头。该案案卷在农业部2006年全国农业行政执法案卷评查中被评为优秀。

劣质种子带来的往往是颗粒无收，这对农民兄弟们的危害比假冒农药更为恶劣，对劣质种子坑农害农案件，该队一直本着一切从农民利益出发的思想，想方设法把劣质种子对农民的危害降到最低。

2006年4月，该队接到群众举报称某种业公司生产的玉米杂交种存在出苗差的问题，该队立即派人前往现场调查，确认举报属实后立即立案。很快查明某种业公司销往该县某农机服务部的2000公斤玉米杂交种，在露天包衣时气温较低造成冻害，直接导致播种后出苗率低的事实。该公司经营劣质种子、无证经营的违法行为经查属实，依法应当从重处罚。但考虑到已播种的农民的经济损失，该队协调该违法公司对受害农户补偿经济损失22.4万元，该违法公司也主动采取无偿给农户补发合格种子,指导农户积极补种,有效地降低了农户的损失。

对于甘肃省农业行政执法总队来说,以上这些,只是他们在农资打假和市场监管行动中所取得的成绩的一小部分。

四年多来,在甘肃省农牧厅与该总队的指导下,各级农业行政部门共组织执法大检查436次,检查各类农资经营企业和门店1200多个,取缔非法经营门店85个,查扣各类假冒伪劣种子15万多公斤,没收各类过期、劣质、高剧毒农药16300多瓶,没收过期、未经GMP认证、含违禁成分兽药3000多盒(袋),没收假冒伪劣肥料1700多吨,共查处各类假冒伪劣农资案件570余起,收缴罚没款180多万元为农民直接挽回经济损失达1500多万元,切切实实地维护了农民利益。

主编点评:

毫无疑问,在相当长一段时期内,农业、农村、农民相对处于脆弱、滞后和弱势的境地,需要关注、关心和关爱。党和国家把"三农"问题放在战略高度给以重视,连续出台了7个"一号文件",体现了高层对这一事关国家民族发展与稳定的领域的清醒认知。但加强"三农",需要政府和司法部门上下联动,持之以恒。被誉为农民利益保护伞的甘肃省农业执法总队树立了榜样。但愿这样的组织和行动多些、再多些,给广大农民朋友提供生产生活各方面更多的安全保障。

乡村法官
——记天水市秦州区藉口镇法庭副庭长薛伟

白育庆

2006年9月20日，在绵绵秋雨中，秦州区藉口镇法庭副庭长薛伟，来到了朱彩章家，给他送来了执行到的两万元借款。法庭这么快就结了案，让朱彩章颇感意外。

朱彩章是当地一所学校老师，几年前给一位包工头借了两万元钱。后来，对方以各种理由迟迟不还，朱彩章深感苦恼却没有办法。9月初，与一位朋友聊天时，他听说薛伟办案很有一套，便抱着试一试的心情，给藉口法庭递交了诉状。受理案件后，薛伟很快查明，包工头由于被他人拖欠工程款，便想转嫁债务，让朱彩章从第三方处要钱。于是，薛伟找来包工头，谈心说法，经过几次劝解，包工头终于答应还款，随后分几次将钱送到了法庭。

这是薛伟自去年以来调解的第154起民事案件。秦州区法院副院长王建军说："薛伟成功地调解了大量的民事纠纷，探索出了一条农村法庭工作的新思路。"

藉口法庭位于秦州区藉口镇，辖区4镇一乡，人口15万，是秦州区辖区面积最大的法庭。2004年3月，正值不惑之年的薛伟，到藉口法庭担任副庭长，主持法庭工作。此前，藉口法庭每年收案数只有70件左右，有相当数量的案件判决了却难执行。薛伟在走访时发现，当地农民对法庭普遍有一种不信任感。"判决执行不了，打官司还不是白搭？"在有些乡村，人们有了纠纷，甚至不找法庭而是采用其他一些不正当途径和手段来解决。

走访归来，农民们的话回响在薛伟耳边。翻阅案卷，薛伟又感到了另一种困惑。由于农民重乡风民俗，轻法律规定，许多人文化程度不高，法制观念淡薄，判决案件有时甚至使双方当事人矛盾激化，导致恶性事件发生，影响农村社会稳定。如何走出这两难困境？薛伟说："要选择农民容易接受的调解方式，大事化小，小事化了。调解成功，执行难的问题也就迎刃而解。"他一改以往快审快判的做法，采取以调解为主、以判决为辅的方式，把法庭当作了请当事人"喝茶聊天"的地方，当起了乡村"和事佬"。

薛伟把开庭前视为最好的调解时机。他把当事人请来，倒一杯热茶，递一根香烟，与当事人"聊天"，倾听当事人的诉说，讲法说理，让过错一方清楚应承担的责任，让有理一方降低不切实际的期望，消除双方对立情绪，心平气和地解决问题。

2006年3月9日，法庭在审理一起离婚案件时，薛伟注意到男方刘某神色慌张，不时摸身上背的小包。薛伟对他立即检查，发现里面装有一把菜刀和一封遗书。没收了刘某的凶器后，薛伟没有立即采取拘留等强制措施，而是与刘某聊了起来。原来，刘某长期在外做生意，在家时间少，导致妻子不满生怨，加之刘母患癌症已到晚期，两个孩子没人照管，妻子提出离婚，他顿感对生活失望，准备在判决后与女方同归于尽。在刘某一通渲泄后，薛伟对他进行了耐心的法律教育，刘某逐渐意识到自己所犯的过错。同时，法庭同事们又耐心细致地做女方的工作，帮助其分析生活中的困难和问题。经过长达八个小时的调解，最后，双方表示愿意和好。一起剑拔弩张的婚姻危机化解了，一对行将分手的夫妻又重归于好了。

"调解案件不仅要有耐心，还要善于运用策略。"薛伟不断地总结调解经验，然后运用到新案件的调解当中。他常说："对不同的人，用不同的方式方法开展工作，才可能调解成功。"

2005年7月，法庭受理了关子镇关子村农民安某诉本村李某人身伤害案，给李某发了应诉通知，结果李某到期没来庭应诉。薛伟没有按缺席判决，而是休庭了。第二天一早，他驱车找到李某家。李某出言不逊，薛伟不急不火，盘腿坐到炕上，静听李某的倾诉。李某东拉西扯，从早上一直说到下午三四点，许多话其实与案情并无关系，但薛伟还是耐心地听完了。临走时，薛伟告诉李某，法庭就是让人讲理的地方，要按法律规定到庭应诉。第二次开庭，李某来了。薛伟坚持调解，但由于当事双方要求相差太远，没能达成一致，只好再次休庭。第三次开庭时，薛伟先找安某，劝他降低索赔要求，接着又找李某，再次说明他伤人应承担的法律责任。这样，几个回合下来，安某接受了薛伟的调解方案，李某感到薛伟说得有理，便答应赔偿3000元。

同事们说，薛伟深谙太极拳之理，不但常常以柔克刚，还能"借力打力"，出奇制胜。薛伟办案，不怕领导和熟人来说情。来说情的，不外乎当事人的亲朋好友。薛伟"欢迎说情",关键是要借说情之际杀一个"回马枪",让来说情的亲朋好友反过来帮自己做工作,促进案件顺利调解。他说,前来说情的多是干公事的人,这些人文化素质高,具有基本的法律知识和法律意识,又是当事人的亲朋好友,请他们给农民讲理说法,农民更容易接受。

对此,秦州区法院研究室主任王新存深有感触。去年冬天,关子镇的表弟承包了堂舅的果园,双方约定每年租金1000元。果树成长期间,表弟要求堂舅负责果园周边环境的管理;堂舅则认为果园既然已经承包出去,不应由他负责,双方一直未能达成一致。当年,果子成熟了,两人都没去摘收,烂在了地里。表弟拒绝支付承包费,堂舅一纸诉状将表弟告到了藉口法庭。在开庭前,双方都对薛伟说,区法院研究室的王新存是他们的亲戚。薛伟一听,便打电话给王新存,请他帮忙调解。王新存便给两位亲戚打电话,讲法律规定和各自的过错及责任。第二天,薛伟约见两位当事人,双方都表示愿意接受调解。最后,表弟给堂舅支付了800元承包费。

春风化雨,润物无声。三年来,薛伟成功地调解了一起起案件,解民忧,化民怨,使许多怒目相向的当事人尽释前嫌,握手言和。在他的努力下,藉口法庭受理案件每年的审结率、执结率均超过99%。去年,藉口法庭审结诉讼案件104件,调解结案67件,调解率达65%。今年1月至9月,审结诉讼案件99件,调解结案87件,调解率达87%。藉口法庭的工作受到各级领导的肯定和表扬,薛伟多次被省市区三级法院评为先进,今年被省高院推荐为"全国优秀法官"候选人。

主编点评:
　　法律是严肃的,法院是威严的,法官应该是公正的。作为乡村基层法官,经常要面对的可能并不是杀人越货的大案要案,而是大量琐碎的民事诉讼。是因为琐碎而心烦懈怠呢,还是因为讼争双方是农民就敷衍塞责呢,薛伟都没有这样做。他用法理的智慧与公正,乡亲的耐心与平易,春风化雨般化干戈为玉帛,息纷争于即发。公生明,廉生威,乡村基层就需要这样的"咱的"好法官。

三援"小茵子"
——律师王祖国援助受害者的故事

马 斌

苦命女孩厄运连连，热心律师爱心绵绵。五年间，一位热心律师和一个苦命家庭共同演绎了一段扬善惩恶、共建和谐的人间真情。

短短五年时间，一个不幸的家庭接连遭受三次沉重打击，而在每次悲剧的背后，总有一个人及他的团队用法律的正义和人间的爱心温暖着他们，支撑这个特殊的家庭一直走到今天。这个人就是省政协委员、甘肃金城律师事务所主任王祖国。

第一次援助：严惩凶手伸张正义

2001年6月17日，临洮县的5岁女孩小茵子（化名）被强奸致残。事件发生后，时为甘肃金城律师事务所主任的王祖国接到北京付彤律师的电话，付彤提出，由他支付律师费，请王祖国的事务所指派一名律师帮助小茵子一家。王祖国说，连远在北京的同行都这么关心小茵子，作为甘肃的律师，更应义不容辞。他当即对付彤表示，自己将承担一切费用，对小茵子一家进行法律援助。

在请示省法律援助中心并经同意后，王祖国与小茵子的奶奶取得联系并办理了委托手续，由他和所里的秋炳律师担任小茵子刑事附带民事诉讼代理人。随后，他们立即自费包专车赶往案发地了解案情，做详细的调查取证工作，期间，他们查阅、复制了大量涉及本案的诉讼文书和法律鉴定书等相关资料，为成功诉讼奠定了基础。由于韦小兵犯罪性质恶劣，经两位律师的认真工作，法庭当庭判处其死刑，剥夺政治权利终身，并给予受害人适当经济赔偿。

听到庭审结果，小茵子年迈的奶奶泪流满面，泣不成声。后来，老人家专程来兰州感谢王祖国，送来1000元酬金被婉言谢绝。

第二次援助：打击气焰挽回尊严

残害小茵子的凶手韦小兵被绳之以法后，其家庭将怨恨都加在小茵子一家人身上，仗着人多势众，韦家人多次对小茵子的家人侮辱谩骂，威胁恐吓。2003年1月10日，韦小兵之兄韦某某故意寻衅滋事，将二级残疾的小茵子父亲韦国孝殴打致伤。面对韦家人多势众的情况，小茵子一家人无可奈何。

同年3月8日，得知此事的王祖国，立即派两名律师前往临洮，协助解决此事。在律师多次督促下，当地公安机关最终对韦某某作出了罚款100元的治安处罚，而韦某某却拒绝赔偿。如果听任这样发展，小茵子一家人怎么在当地立足？想到这里，愤怒的王祖国决定再次援助这个可怜无助的家庭，全力维护受害人的法律权益，案件所需费用（包括诉讼费）仍全部由自己的律师事务所里承担。同年5月，王祖国指派叶宁律师作为小茵子父亲的委托代理人，将打人者告上了法庭。

2003年6月19日，在庄严神圣的法律面前，韦某某终于"低头认罪"，并主动提出和解请求，答应赔偿韦国孝的全部医疗费等经济损失共计3800多元，并承担本案的全部诉讼费，同时承诺今后永不欺侮小茵子家人。使小茵子一家在村里重新树立起了做人的尊严。

第三次援助：追讨赔偿告慰家人

屋漏偏遭连阴雨，2006年8月21日，不幸再次降临到小茵子家中。这一天，小茵子父亲在骑自行车途中，被一辆摩托车撞倒，后被某银行的一辆"长安牌"客车碾压而过，经抢救无效，其父带着对女儿的无限牵挂含恨离开了人世。

事故发生后，肇事司机逃逸，索要赔偿成了问题，原本贫困的小茵子祖孙两代人雪上加霜，生活陷入了绝望和困境。虽然还得打官司，可小茵子家人实在不忍心再次麻烦已经两次无偿援助自己的王祖国。听到消息，王祖国主动上门，决定为他们提供第三次法律援助。在向省法律援助中心汇报，办理指派手续的同时，王祖国安排律师立即赶往临洮开展调查取证。在各方努力下，肇事司机很快被抓获，在律师的争取下，小茵子家人得到了9.4万元的赔偿。

拿到赔偿后，小茵子的奶奶又拿出2000元钱，执意表达对王祖国的感激之情,王祖国再次谢绝。

小茵子家人三次陷入困境,三次得到王祖国和他的律师事务所的无偿援助。几年下来,王祖国已经为小茵子一家垫付了上万元的交通费、代理费、诉讼费等费用。不仅如此,王祖国还多次为小茵子一家捐钱捐物。让小茵子一家在绵绵爱心中撑起了生活的风帆。

法律援助知识

中国的法律援助制度于1994年初建立,主要是由律师、公证员、基层法律工作者等法律服务人员为经济困难或特殊案件的公民给予减、免收费提供法律帮助,以保障其合法权益的实现和司法公正。

中国公民获准受援须具备两个条件:1.有充分理由证明其为了维护自身的合法权益需要法律帮助;2.符合当地政府规定的最低生活保障线或失业救济标准,或者能够提供其经济条件特别困难的证明。刑事诉讼中,被告人可能被判处死刑的或是未成年人和盲、聋哑人,没有委托辩护律师的,应当获得法律援助。法律援助的具体形式包括解答咨询、调解、刑事辩护和诉讼代理、非诉讼代理以及办理公证等。

法律援助机构自收到法律援助申请之日起10日内完成审查,作出给予或者不予法律援助的决定,通知申请人。法律援助机构对人民法院指定辩护的刑事法律援助案件,应当自接到指定之日起3日内指派律师提供辩护。

主编点评:

律师王祖国令人肃然起敬!多年来,他和他的团队对惨遭强奸致残的5岁女孩小茵子及家庭频出无私援手,终于使罪犯和肇事者得到了应有的惩戒,小茵子和他的家庭得到补偿和慰藉。这是正义的胜利,也是爱心的胜利。生活中有邪恶,就有正义;有冷漠,也有热情。我们的生活中,受到法律援助的人不止小茵子一人一家,王祖国和他的律师事务所关爱当事人的事例也不止这一个,需要法律援助的何止一个小茵子,但愿面对黑与白、罪与罚,会有更多的王祖国站出来。

三获"国优"第一人
——记嘉峪关市公安局户政科科长张建华

张芳芳

今年35岁的张建华,现任嘉峪关市公安局户政科科长。在平凡而重要的户政管理岗位上,她12年如一日,用自己的实际行动,在与群众打交道最多的"窗口"展示了一个年轻女民警的亮丽风采。

立足岗位争创一流业绩

1994年,刚参加公安工作两年的张建华,被调到嘉峪关市公安局建设路派出所户籍室当户籍员,虽说已从警两年,可户籍工作还是第一次接触。为了尽快熟悉工作,她利用业余时间,加倍努力,学习有关户政方面的法律法规,向老同志和其他户籍员请教,掌握业务要领,在1995年的甘肃省"人口信息微机管理"试点工作中,张建华在时间紧、任务重的情况下,放弃了所有的节假日,一份份核对户口底卡,又一份份录入微机,在规定的时间内,使这个全市最大的户籍室,顺利完成了工作,并取得了辖区内人户一致、无一差错的好成绩。

派出所户籍室机构虽小,政策性却强,责任重大。这个小小的窗口,是老百姓与警察打交道最多的地方,是群众了解警察工作的一面镜子,是一个真正的服务窗口。在局、所领导的支持下,她建立健全了各项规章制度,为了便于群众监督,她把各项规章制度、收费标准,装订上墙,使前来办事的群众一目了然。除此之外,还设立了"文明用语"、"监督举报电话"等明示牌,增设便民椅,尽一切可能为前来办事的群众提供最大的方便。工作中,张建华热情对待每一位前来办事的群众,手续齐全的立即就办,手续不全的耐心解释,争取第二次办成,不让群众多跑路。不管遇到什么情况,总是给群众一个满意的答复。即使有群众的不理解和误解,她也总是面带笑容,耐心解释。她还推行电话预约办理户口，为此，户籍室的门在节假日经常是开着的，户籍室的灯在晚上经常是亮着的。她热情耐心、认真负责的作风受到辖区居民的广泛好评。1997年，因工作成绩突出，26岁的张建华被公安部授予"全国优秀人民警察"，成了市公安局最年轻的"国优"。

2006年，换发第二代居民身份证工作全面启动，同时省厅下达了年底前完成7万张居民身份证的换发任务。时间紧、任务重、要求高，张建华带领全体户籍民警和技术人员一道，加强技术培训，广泛宣传动员。在照片采集工作中，充分考虑各界群众尤其是"上班族"的时间要求，在节假日放弃休息，在工作日延时办公，并在派出所设立等候座椅，受到了大家的好评。同时，针对酒钢厂区工人倒班休息的现状，深入到车间班组，现场照相；为解决酒钢公司在兰州榆中钢厂和山西宏阳钢铁公司工作的职工的人像采集问题，又派出专门人员上兰州、去宏阳，上门服务，得到了酒钢（集团）公司的欢迎和支持。在她的努力和带领下，嘉峪关市的换发工作位居甘肃省先进行列，在甘肃省起到了表率和"领头羊"作用。

全力服务公安中心工作

张建华深知户籍窗口工作每天要与群众打交道，是一项忙碌而枯燥、平凡而琐碎的工作，极易让人失去耐心，稍有不慎就会给群众留下不好的印象，就会降低民警在群众心中的公仆位置，也会让群众失去信赖。为了维护窗口形象，她要求户籍民警严格执行《公安机关窗口单位服务规定》，真正做到"人要精神，物要整洁，说话要和气，办事要公道"。2006年，在她的带领下，各个派出所户籍室均通过改善室容室貌，实现了整齐划一，同时也提高了户籍民警的服务态度和服务质量，群众对民警的投诉少了，对民警的态度亲切了，"窗口"的服务态度和服务质量也得到了进一步的转变和提升。

在张建华的努力下，全市户籍窗口都向社会公开预约服务电话，开展预约服务，群众需要办理户籍业务，可用电话预约时间，民警在户籍室等候。同时，各户籍室实行了上门服务，为一些老弱病残、孤寡老人、行动不便群众开通特殊的"绿色通道"。她还要求户籍民警缩短办事时限，提高办事效率，凡是手续齐全的应当场办理，需要调查核实的，必须开具收集项目并详细记录办理户口群众的联系电话、住址和受理、领取时间。实行特事特办制度，使确实有急事的群众不受工作日或程序的限制。此外她还教导户籍民警真心沟通交流，认真做好解释。在开展每项专项整治行动期间，张建华发动全市各户籍室及时、准确地为各办案部门查询各类信息，为及时确认、抓获违法犯罪嫌疑人、破获案件赢得了时间。几年来，张建华个人共为公安、政法部门提供信息查询2000余人次，各级公安、政法部门根据张建华提供的人口信息抓获犯罪嫌疑人15名，破获各类刑事案件20余起。

勤政廉洁永葆党员本色

无论是派出所的户籍员，还是户政科科长，都是"位不高，权却重"的位置。工作中，因种种原因来找张建华更改年龄和归属关系或其它自然情况的人不少，张建华总是说："我们干的是国家的事，执行的是国家的法律和政策，手中的权力是人民赋予的，凡不符合政策规定的，一概不办。"由于屡受表彰，张建华也成了嘉峪关的"名人"，可她还是和从前一样，兢兢业业工作，本本分分做人。张建华自己说，"表彰和奖励是对我工作的肯定，可我不能因为出了成绩就放松了对自己的要求，辛勤工作和清正廉洁永远在一起，这才是一个真正的共产党员。"

"牢记宗旨、心系群众、爱岗敬业、清白做人。"这是张建华的领导和同事对她的一致评价。她走到哪里，就把好的作风带到哪里，哪里就有好成绩。在派出所，她负责的户籍室被评为"全国公安治安系统文明户籍室"。到户政科的第二年，户政科就被评为"甘肃省巾帼文明示范岗"。2007年5月24日，张建华作为"全国特级优秀人民警察"，在人民大会堂受到胡锦涛等党和国家领导人的亲切接见。

主编点评：

平凡的岗位，可以做出不平凡的业绩。"牢记宗旨、心系群众、爱岗敬业、清白做人"的张建华，正是在户籍民警这样一个平凡的岗位上成就了她的事业和人生。螺钉可以闪光，一木可以成梁，作为公职人员，大小都有些权，只要对百姓有爱心，能兢兢业业履行自己的职责，把行使权力当作服务人民的平台，党组织和群众都会尊敬她。

民警的情怀
——记全国公安系统二级英模王志睿

严存义　吴梦寒

4月20日下午6时许，在白银市第一人民医院刚刚做完血液透析的王志睿，从白银市政法委、市公安局领导的手中接过了全国公安系统二级英模奖章和证书。他眼里闪着激动的泪花，艰难地举起扎着输液针头的右手，给前来看望他的战友们行了一个军礼。

王志睿是白银公安分局高新技术产业园治安派出所副所长。从警19年来，始终工作在一线。2003年不幸身患中晚期直肠癌，先后5次住院、3次手术、无数次化疗。但他面对绝症，以超乎常人的毅力重返工作岗位，一次次战胜病魔，一次次惩治犯罪，成为医疗专家眼里"最坚强的人"，成为辖区群众心中"最可爱的人"。他4次被评为优秀公务员；2006年荣获"白银市十大杰出青年"、"甘肃省优秀青年卫士"称号；2007年被评为"感动白银十大人物"。今年2月，公安部授予他全国公安系统二级英雄模范称号，成为新中国成立以来白银市第一个、甘肃省第六个获此殊荣的人民警察。

平凡岗位，凝结着与百姓的情

王志睿出身农家。1988年，他怀着当一名"神探"的梦想考入甘肃警察学校，毕业后成了白银公安分局工农路派出所一名"片儿警"，一干就是13个年头。

当好"片儿警"不是件容易的事，用王志睿自己的话说是"针眼大的事都管"，他勤问、勤记、勤跑，很快成了辖区的一本"活地图"，谁家住哪栋楼，房号多少，户主是谁，他都熟记于心。

记者在白银火车站居民小区采访，一提到王志睿，小区住户都说他是个

"好公安"。社区居委会的段大妈回忆说，小王待人可热情了，居民有啥困难找到他，他都尽力去办。一位老住户指着他家的门牌说，这就是"王公安"当年爬梯子挨家挨户为他们贴上去的。

记者碰上刚刚买菜回来的陈秀英大妈。听说我们打问王志睿，她说："你们问的那个警察小王呀，知道知道。"她说，小王给她的印象很深：瘦瘦的，高高的，很精干，经常在小区转来转去。门房外面贴着他的照片，他一见我们就和气地问："叔叔，阿姨，有啥需要帮的就说。"感觉他和自己家里人一样和蔼可亲。

曾经在社区理发店当老板的惠小霞对王志睿印象很深。有一次，王志睿下班后到理发店理发，正在剪发时睡着了。惠小霞没有打扰，让他睡了一会儿，醒来后惠小霞奇怪地问："你为啥这么累呀？"王志睿不好意思地笑着说，他昨晚为抓嫌疑犯，在猪圈里蹲了一夜。惠小霞说："哎呀，你何苦这样呢？"王志睿指着他警帽上的国徽说："戴着它就要为老百姓站好岗，值好班！"

在派出所与王志睿共过事的战友，都说王志睿了解到的线索多，排摸快，结案率高。当管段民警期间，王志睿主办或协助破获查处各类案件1400多起，打击处理违法犯罪人员500多名，抓获逃犯20多人。正因为王志睿给群众尽心尽力办好许许多多的平凡小事，让他同居民群众结下了深情厚谊。也正因为有了群众的支持，使辖区发案少、秩序好。

如今，王志睿离开派出所好多年了，辖区的群众仍然惦记着他，惦记着那个个子高高的、整天笑呵呵的年轻民警。

点滴小事，寄托着对百姓的爱

铁通白银分公司负责人杨洪亮，是通过他母亲认识王志睿的。1992年的一天，杨洪亮80岁的老母亲生病到小区诊所输液。老人是小脚，走路有些困难，一个土坡上不去，被王志睿看到了，他急忙过来扶着老人到医务室，一直陪着输完液。杨洪亮下班回到家，母亲说："我今天遇上了个好警察，你去感谢一下人家吧。"杨洪亮有点不相信，试着按王志睿给母亲发的"警民联系卡"打了一个电话，王志睿果然很热情，说"以后有什么事就找我"。一来二去，两人成了好朋友。

2001年6月的一个深夜，大雨倾盆，累了一天的王志睿睡得正香，突然被一阵急促的电话铃声惊醒。原来长通电缆公司高女士的孩子突发高烧，家里只有她一个人，情急之下她翻出"警民联系卡"给王志睿打电话求助。王志睿二话没说起床往外走。妻子说："这么迟你就别去了吧。"王志睿说："这么急的事，不去那怎么行？"说着拿上雨衣就往外跑。在王志睿的帮助下，孩子很快被送往医院，医生诊断为急性脑炎，所幸没有耽误最佳治疗时机。

"他就是这样，老百姓一丁点小事他都放在心上，但家里的大事小事却顾不上去管。"与王志睿共事了10年的民警苏秀忠告诉记者，在工农路派出所，她经常发现王志睿在单位加班，晚上办公室的灯老是亮着的。妻子没有正式工作，有时在外打零工回来迟，他把儿子从幼儿园接回来带到身边，群众有啥事打电话他马上就出去了，把孩子留在办公室里。孩子吃不上饭，同事就带着到食堂吃，有时买个大饼给他。"就是这一举一动，深深地感动着我，教育着我。"王志睿最好的朋友、公园路派出所所长郭丛定说。

真心为民，警民和谐一家亲

白银火车站区域人员复杂，打击毒贩、帮教吸毒人员戒除毒瘾，成了王志睿工作的重点。1996年，白银火车站青年职工赵某染上了毒品，被单位发现受了处分，思想压力很大。王志睿知道后，经常来到赵家，和赵某聊天，开导他远离毒品。他又找到赵某单位的领导，希望给赵某一次改过自新的机会。王志睿的悉心帮教，感动了赵某，也感动了赵某单位领导。在确定戒除毒品后，单位给赵某入了党，提了干，使赵某重获新生。经王志睿侦破的一起贩毒大案主犯被判处死刑，执行前夕，王志睿对毒贩说："你放心走吧，你儿子的婚事我负责张罗……"毒贩低下头，感动得半天说不出话来。

1997年蔡某下岗，无所事事，在社会上游荡。王志睿主动上门，与蔡某谈心，帮他开理发店。后来理发店生意不好关门了，蔡某生活又无着落，王志睿就时不时给他点生活费。王志睿生病期间，也没有忘记蔡某，托朋友在乌金峡水电站为他找了一个保安的工作。今年4月21日，记者在乌金峡水电站见到蔡某，他一个劲地说："王警官给自己的妻子都没有找工作，但为我的工作操心了10年，他真是个好人，我真不知道怎样感谢他……"说着，泪水在眼眶里打转。

一年冬天，王志睿在白银火车站执勤，发现一名弃婴，他毫不犹豫地将婴儿抱回派出所。这时孩子已冻僵了，放在火炉边烤怕把孩子烫伤，情急之下他掀起自己的上衣，用自己的体温将孩子慢慢暖过来。之后附近一位姓牛的人家愿意收养这个女孩,他又多方联系,为牛家办理了合法的收养手续。牛家人为了表示感谢,给小孩起名"璐璐",意指女儿是姓"王"的警官在"路"上捡回来的,让女儿永远记住这位"大恩人"。

王志睿有一句座右铭:"公安姓公,民警为民。"这也许是他作为一个人民警察"真心爱民、真情为民"的最好注解。

警察履职,常常会用生命作抵押

王志睿并不是一个甘于寂寞的人。他从"片儿警"干起,就是想通过基层工作实践,积累经验,磨炼自己,不断提高业务能力,当一个真正的"神探"。

白银市公安局治安支队支队长高杰,以前和王志睿搭档办过不少案子,他说王志睿平时勤于钻研业务,业务能力很强,办案、审案效率很高。

"他天生是个当警察的料。"高杰说。在实际工作中,王志睿积极抓住每一次办大案、办要案的机会。

1998年秋,在全国追逃专项斗争中,王志睿从辖区排摸到一条重大杀人案件线索,他与战友一起认真排查,最终确定犯罪嫌疑人的行踪。他放弃国庆长假休息,只身一人顺藤摸瓜将犯罪嫌疑人追至西安市。他巧用侦查措施,终于将一名曾在白银市杀害1人、重伤1人、潜逃达5年之久的犯罪嫌疑人抓获。这次千里追逃,让王志睿真正成长为一名"虎胆英雄"。

白银公安分局局长姚立群,曾领导并参与了2001年春季重大缉毒行动,他至今忘不了在与毒贩展开生死较量中,王志睿一个坚定的"眼神"。当时姚立群是工农路派出所所长。王志睿先期卧底侦查成功后,他化妆成王志睿的"老板",来到临洮与"中间人"碰上头,再按毒贩要求,3人开一辆吉普车深夜来到指定地点交货。

那是一个荒郊野外,伸手不见五指。突然有几辆摩托车呼啸而来,"中间人"先下了车,一会儿,毒贩喊着让他们下车。说实话,当时他有些害怕。他侧身看了一下坐在副驾室的王志睿,用目光问:"干不干?"从王志睿回应的目光中,他看到了一种坚定,意思是:"干!"王志睿微笑了一下,坐上毒贩的摩托车,消失在茫茫黑夜中。当时他非常担心,抽了3包烟,足足等了4个小时,王志睿终于回来了,他悬着的一颗心才算落了地。他们迅速收紧预设的伏击圈,王志睿最终将贩毒头目抓获,缴获毒品海洛因2268.9克,成功破获了白银市缉毒史上的首个"公斤级"大案。

无论是千里追逃，还是化装卧底，王志睿始终将自己的生死置之度外。他用自己的生命诠释着一个人民警察的神圣职责和对党、对人民的无限忠诚。

带病上岗，树起警察榜样

2003年5月，通过竞争上岗，王志睿担任刑侦一大队中队长，进入了这个最苦、最累、最危险的警种队伍，这年他35岁。

刚到刑警队，正值全局开展打击"两抢一盗"专项斗争。王志睿吃住在队上，带领队员们夜以继日地工作。时任刑警队长的张茂千回忆说，有好几次，他发现王志睿在楼道里蹦来蹦去的，说是肚子不舒服，蹦蹦就好了。他劝着让到医院查查，王志睿一笑说："没事，过一阵就好了。"

可王志睿哪里知道，可怕的病魔正悄悄向他袭来。2003年8月27日凌晨，王志睿追赶数公里，擒获1名犯罪嫌疑人。抓捕结束，王志睿感觉下腹部一阵阵剧烈疼痛，他咬紧牙关连夜审讯。一会儿他脸色发青，满头大汗，一头扎在审讯桌边昏倒了。

后经医院抢救，被确诊为"直肠癌中晚期"。消息传来，同事们震惊了，不少"硬汉"都哭了。

为挽救这名年轻优秀民警的生命，白银分局领导紧急邀请天津市人民医院著名专家张作兴教授赴白银实施手术。手术很成功，刚从手术中醒过来的王志睿，对身边的同事说："过段时间好了，我们一起接着干！"

2004年12月，王志睿病情有所好转，他一再要求重返工作岗位。局领导再三考虑，最后给他安排到作息时间相对规律的法制科工作。在法制科上班的这几年，王志睿完全忘记自己是一个重病患者，加班加点地学习和工作。他的案头上总是堆满了案卷和书籍。他对每一起案件都认真对待，一旦发现事实不清、证据不足等疑点，就拖着虚弱的身体去找受害人、证人、犯罪嫌疑人继续询问，补充和完善证据材料。他时常来回奔波于单位和看守所、当事人之间，有时一天来回跑好几趟。

这期间，王志睿仍不放弃破大案的机会。2008年2月，王志睿获得一个重大贩毒线索后，立即向局领导汇报，并强烈要求亲自参战。他的斗志和决心让局领导深受感动，批准他参加专案组。在此后的一个多月时间里，王志睿与战友们一道三上宁夏，行程3000多公里，成功抓获3名贩毒和4名吸毒人员，缴获毒品海洛因305克。其间，王志睿为了自己不犯肠梗阻，开始绝食，整整7天没有怎么吃东西，只靠随身带的一点葡萄糖维持体力。有时实在饿得不行了，就喝一口牛奶润润嗓子。同事吃饭时，他就躲起来，可是闻见菜香，就特馋，同事们就喂他几片菜，他在口中嚼呀嚼，就是不敢下咽，背过同事偷偷地吐在餐巾纸里，东西没吃下去，又引起肠胃痉挛，喝下的一点牛奶又吐了出来……

2008年5月，王志睿曾亲手办理的一起刑事案件的犯罪嫌疑人在北京落网，他坚持要和同事一起将其押解归案。一上火车，肠梗阻犯了，来回七天七夜，每吃东西就恶心、呕吐。他忍着腹部的剧痛，支撑着硬是将犯罪嫌疑人押解到白银。刚一回来他就住进了医院。

在不久前白银市举行的王志睿先进事迹报告会上，一位同事说："他之所以面对绝症，不气馁，不放弃，坚持与生命赛跑，支撑他的这种坚强，来自于他亲民、爱民、为民的情感，来自于他对警察事业的无限忠诚！"

不是我选择了命运，而是命运选择了我

"不是我选择了命运，而是命运选择了我。"王志睿在给战友的短信中这样说。灾难袭来时，无人能避。面对命运的磨难，有的人选择消沉，有的人选择抗争，而王志睿的选择是——出击。

王志睿也曾哭过。那是2003年第一次得知自己的病情时，看着年轻的妻子、年幼的儿子，想着自己一直以来当刑警的梦想被命运击碎，王志睿和妻子抱头痛哭。这是一个男儿壮志未酬的眼泪，也是英雄气短、心有不甘的眼泪。流过泪，王志睿很快就从悲伤中站了起来，命运既然无法选择，那就直面它。

局领导从天津请来了国内肛肠科最有名的专家为王志睿做手术，但是在接下来的放化疗中，王志睿疼痛难忍，剧烈地呕吐，几天几夜不能吃也不能喝。几个月下来，病痛把一个身高近一米八的铁汉，折磨到了只剩下40多公斤重。而且从那以后，定期的放化疗和肠梗阻就一直伴随着王志睿。

身体刚好一点，形销骨立的王志睿就要求回去工作。"你们也许不能理解那种兴奋，作为一个警察，抓住嫌疑人的兴奋、破了案的兴奋、摸到一条好线索的那种兴奋。"王志睿说这话的时候，已经不自觉地进入了兴奋状态。"是战士就渴望战斗，直到生命的最后一息。"这股精神气令人动容，而这股精神气来自王志睿对警察这个行业的热爱。

2004年底，闲不住的王志睿终于又回去上班了。不过这次，局领导把他安排到法制科负责审核、移送起诉各类刑事案件。王志睿依然每天和别人一样精

神抖擞地工作、加班，整天都乐呵呵的。

自从切除了直肠以后，王志睿身上一直带着两个引流袋，这两个袋子承接着从体内引流出来的粪便。稍微不注意袋子破了，粪便就会糊到他身上。即便妻子每天为他换洗得干干净净，有时候还是会有尴尬的事情发生。手术后造成的肠梗阻，也一直折磨着他。肠梗阻一犯，王志睿常常疼得直冒冷汗，在桌子边上乱撞，拿针在自己胳膊、腿上乱扎，仿佛这样才能缓解疼痛。有时候，他疼得昏厥过去。但疼痛一过，他就又会像没事的人一样投入工作。

王志睿是个要强的人，他从不向人提起这些事。他把引流袋藏在衣服里，像个正常人一样的办案、审讯、千里追击。很少有人知道，王志睿每天乐呵呵工作的背后，是怎样艰难的坚持。

只要命运能多给我一天，我就要好好地活一天

王志睿是重症监护病人，医院严格地控制他的会面时间。记者不忍心与王志睿多谈。但是这两面之缘，王志睿的寥寥数语却让我们看到了一个真心英雄的速写。

2009年4月20日下午6时，王志睿刚刚做完血液透析，身体极度虚弱。白银市委政法委决定，在医院现场为王志睿佩戴"全国公安系统二级英模"的奖章。鲜花、掌声、摄像机，在那个凝重的时刻，王志睿半靠在轮椅里，一边戴上警帽，一边给我们来了点幽默："一俊遮百丑。"这句话把全场的人都逗笑了。王志睿幽默风趣的样子给人们留下了深刻的印象。大家笑过后心里又会很难过。王志睿是因为化疗导致头发脱落，才会想着戴帽子遮"丑"的。

第二次见面是2009年4月22日下午，在白银市第一人民医院重症监护室里。他当场向我们背起奥斯特洛夫斯基的名言："人最宝贵的东西是生命，生命对人来说只有一次。一个人的生命应当这样度过，当一个人回首往事时，不因虚度年华而悔恨，也不因碌碌无为而羞愧……"那个时候，窗外窸窸窣窣地飘着细雨，他虚弱地坐在轮椅上，脸上苍白浮肿，但是他的眼睛却神采飞扬、熠熠生辉。这一幕成为那个下午最动人的画面。

王志睿说，这段奥斯特洛夫斯基的名言是他最喜欢的话，也是他对生命的理解。

也正是由于他对生命的热爱，在有限的生命里，他要对每一件事都全力以赴。他把要做的事情都列在心中，一件一件地去完成它。管段、缉毒、刑侦、

审查、移送、起诉，每一件他做过的工作都无可挑剔。

珍重生命，尽量不要让生命有缺憾

有人说王志睿是支蜡烛，只知道燃烧自己，照亮别人。可在妻子心中，王志睿不是蜡烛，而是燃烧的火把，只要靠近他就能得到温暖。

铁通白银分公司杨洪亮是王志睿的好朋友。他告诉记者，王志睿经常对他说，帮助一个人往往是举手之劳，而正是这举手之劳，会获得一句感谢的话、一个感激的眼神，能给人洗刷心灵的感觉。后来他在生活中试图去验证，果然收到这种效果。

其实从王志睿那里得到温暖的又何止是杨洪亮。曾经一同出去办案的民警说："只要是和王志睿一起出去，他会帮你把每个细节都想好，把该你做的准备工作都替你做到。"在医院，只要闯过一关，王志睿就不忘给牵挂他的人发短信，告诉大家他又活了过来。白银市第一人民医院消化科护士长刘永红说，每天查房的时候，只要王志睿是清醒的，他就会给大家一个微笑，有时候还开两句玩笑。

王志睿的笑总是带给每个靠近他的人安全感。人们都说他长了一张阳光脸，他的阳光是从心里散发出来的。他用有限的生命，把阳光传递给身边的每一个人。

2009年除夕夜，王志睿发了1000多条短信，整整发了一夜。他说："我想起那些帮助过我的人、支持过我的人、与我共过事的人、被我劳教处理过的人、我要感谢的人。我要在我还能说的时候，给他们发一条短信，珍重生命，尽量不要让生命有缺憾！"

主编点评：

雷锋说：人的生命是有限的，但为人民服务是无限的；我要把有限的生命投入到无限的为人民服务之中去。重病在身的人民警察王志睿，面对病魔表现出坚强的意志，面对生死考验，他选择的是在有生之年多干工作。在医疗专家眼里他是"最坚强的人"，在当地群众心中他是"最可爱的人"。人的一生,避免不了挫折,不同的是如何面对挫折。王志睿精神至少有三个层面值得学习:一,对警察工作的敬业,是警察的榜样;二,对老百姓的热爱,是所有公务员的楷模;三,乐观面对灾难,对所有人都有启发。

让法律的天平闪光
——记华亭县人民法院法官崔正涛

王晓蕾

一位法官，从业30年来，多次荣获县、市"优秀共产党员"、"法院先进工作者"、"见义勇为积极分子"等称号，2004年被甘肃省高级人民法院荣记"个人一等功"，2005年4月被甘肃省委、省政府授予"甘肃省先进工作者"称号，2006年2月，他作为甘肃省唯一的、全国33名候选人之一的参选人荣获"银法槌奖"，2008年2月，又被最高人民法院授予"全国模范法官"称号。

他就是甘肃省华亭县人民法院立案庭庭长崔正涛。

"铁心"也铁面

因患严重的风湿性心脏病，1994年崔正涛不得不装上了人工机械瓣膜，靠"铁心"来维持生命。平常，在他对面1米多远的地方就能听到机械瓣膜如同钟表的"滴答滴答"声。

在他看来，当时县里拿出6万多元挽救了他的生命，这是他们全家人永远的感动。

在家里，妻子、女儿视他为特护病人，全方位体贴他、呵护他，都舍不得让他干需要出力的任何家务，平时怕累着，天冷怕感冒；妻子白天要知道他的行踪，晚上要醒来几次听他有没有动静；远在平凉的老人、亲戚想他时就感到华亭来看他。基于这一点，崔正涛说他没有理由不对党和组织、对家人充满感激之情，没有理由不争当一名合格的、称职的、让群众满意的法官。

崔正涛的"铁心"，更表现在他的铁面无私上。审查立案是诉讼的第一关口。作为立案庭庭长的崔正涛自然成了"进攻"的目标。

当送礼被拒收、吃请被拒绝时，一些人变着法子同他套近乎，节假日邀请他外出旅游，他不去；约他这个钓鱼迷去钓鱼，他婉言谢绝。不少当事人认为崔正涛太呆板，是个老脑筋，可他却有自己的做人原则：我是一名共产党员、是国家公务人员，群众常常从自己身上来看党和政府的形象，作为法官更应该注意自身修养，从一言一行、每个细节上体现司法的公正性，不吃人家的嘴"正"，不拿人家的手"硬"。

2002年夏季，一位领导的嫡亲借了邻村一青年的25000元不还，那位青年欲向法院起诉，迫于对方压力迟迟不敢到法院立案。一天下午快下班了，原告怀着忐忑不安的心情向崔正涛探问求助："我敢起诉吗？"细看了材料后，崔正涛当即肯定地说："你这案子证据充分，债权关系明确，能起诉！"原告刚走出了法院，消息灵通的被告让他的亲戚说情。崔正涛由此陷入了矛盾之中，按原则办事会得罪领导，不讲原则会亵渎了法官的职责与尊严……最终，崔正涛选择了前者。

"铁心"法官亦贴心

崔正涛这位"铁心"法官却对普通群众能够心贴心。2005年3月的一个晚上，正在家里看电视的他，听见有人敲门，开门一看却是上午来法院因证据不足而未立案的一名当事人，只见这位乡下妇女从口袋里掏出一个信封，把所谓的"证据"交到他手中后便跑开了、打开一看是5张"大团结"，并附纸条：多多关照。第二天一上班，崔正涛把钱交给内勤，并关照叮嘱那位妇女收集齐证据后及时办理了立案手续。当内勤把礼金还给那位妇女时，那妇女红着脸说"原来法官认法不认钱，我错看你们了！"

由此，人们便称他"铁心"法官。

同时间赛跑的法官

12年前的心脏瓣膜置换手术，促使崔正涛反思人生，他要争分夺秒地同时间赛跑，用多做工作来回报社会。

崔正涛说他非常幸运，华亭一位和他患同样病的人早已不在人世，1994年同他一起在西安做了同样手术的其他几位病友也相继去世，他命长命大，算是活第二次人哩，只有尽职尽责地干好工作对社会有用，才能感到他的人生是充实的，才觉得这一天没有白过。

1998年，华亭县法院成立了立案庭。为了照顾崔正涛的病情，院里调任他为立案庭庭长，本想让他能清闲一点，但他把组织的这一关怀，化作了精神上的动力，体现在他对工作的积极主动和一丝不苟上，他反倒成了法院里的大忙人。

对每一个工作日来说，只要身体没什么异常症状，崔正涛都能坚持提前10多分钟早上班，也习惯了经常迟下班，他怕有群众早来等候办事，或晚来几步办不上事。

崔正涛既要做好审查立案，又要负责好群众接待来访，工作琐碎又"受气"。而立案和信访，就是要让群众带"气"而来，满意而去，为群众当好"消气阀"。崔正涛在这个岗位上一干就是8年，从没有叫过苦，喊过累。

他说自己也是农民的儿子，知道农民来县城一趟不容易，往往事情自身解决不了才硬着头皮上法院，他要尽量能把事情早些办结，让农民少跑趟趟。

一次，忙了一上午的崔正涛刚想喝水润润嗓子，新婚不久的张某因一些小事同丈夫发生了口角，她一气之下写了诉状来到法院要求离婚。让小张不解的是，已问清情况的崔庭长没有马上给他立案，而同她拉起了"家常"。通过拉"家常"，崔正涛进一步了解到：小张夫妻结婚时间虽短，但感情基础尚好，二人与双方母关系也很融洽，只因双方生活习惯不同，导致经常发生口角。针对这种情况，崔庭长耐心地劝导小张，征得小张同意后，立即打电话叫来了小张的丈夫。在崔正涛面对面的现场热心劝导教育下，夫妻双方各自认错自我批评，相互道歉，言归与好。当崔正涛把这对有说有笑的小两口送出大门时已是中午1点多，正赶上左等右等不见回家吃饭、也不给家中打电话、更怕他身体有啥意外而前来单位"请"他吃饭的妻子。华亭县法院院长王积运说他也经常能碰到崔正涛因忙于工作而让家属下班了还来法院"寻人"的情况。

就这样，崔正涛努力珍惜每一天的工作机会，自我激励着同时间赛跑，每天最多的要接待10多位来访者。

华亭县法院立案庭成立以来，经崔正涛审查受理的7988起案件，没有一件错立或立的不准的，仅2007年审查立案824起；累计诉前调解和好、矛盾化解的812件，立案庭也每年被县法院评为"先进集体"。

 **主编点评**：

关系网、人情网同样也在干扰着司法公正，司法腐败也成为社会关注的焦点之一。但也有许许多多的人民法官站得端，行得正，捍卫着法律的尊严，体现着法官的良心，华亭县法院法官崔正涛就是其中的一位。他不为人情和金钱所动，秉公执法，刚正无私，廉洁办案，赢得了组织的肯定和群众的好评。他把同事和亲人的关爱，化成对工作的热情负责，正如他说的，没有理由不对党和组织、对家人充满感激之情，没有理由不争当一名合格的、称职的、让群众满意的法官。不吃人家的嘴"正"，不拿人家的手"硬"，朴实的语言道出了正直法官应有的品格。

雄关脚下斩腐蠹
——记嘉峪关市人民检察院检察官蒋康志

刘建生　赵　元

初见蒋康志，眼前这位穿着合体的检察服、1.80米的个头，说话有时有点腼腆的汉子，似乎与人们想象中英俊威猛的功臣形象有点距离。然而，就是这位看似平常、其貌不扬的汉子，却用娴熟的法律业务知识和侦破技巧，成功地突破了一个个疑难案件，把贪官一个个拉下马，成为全省反贪战线上的一位骁将。近年来，蒋康志先后被评为市级优秀共产党员、优秀党务工作者、先进工作者、全省检察机关人民满意的检察干警，2002年初被最高人民检察院荣记个人一等功。

一

蒋康志，是嘉峪关市人民检察院技术科科长。1993年8月，蒋康志由新疆石河子市劳改机关的一名管教干警调入嘉峪关市人民检察院，当了一名普通的检察官。随着工作的熟悉，蒋康志头一次感到自己原来学的那点法律知识远远不够用。在办案之余，他一面虚心向同事们请教，一面有空就钻研法律与检察业务知识，业务技能提高很快，先后担任助理检察员、检察员及副科长、科长。战斗在反贪污前哨，他对工作高度负责，自觉地以为党为人民负责的态度，认真履行职责，公正执法，打击犯罪。他常说，"作为人民的检察官，一言一行都要对得起胸前佩带的国徽。"

蒋康志在检察战线上算是一位新兵，然而，在嘉峪关检察院里，谈起蒋康志，不论是检察长、中层领导、同科室的同事，还是同他曾经办过案的干警，都会被他的敬业精神折服。

2001年，在办理该市保安公司某一案时，蒋康志一心扑在案子上，连续4

个月风雨无阻,坚持在办案一线,干警们说他工作起来是"疯子"。有一天,去金塔县取证,出发时已是中午11点多钟,赶到金塔已到了中午饭的时间。但为了赶时间,顾不上吃饭,带领办案组直接到郊外的看守所提审犯罪嫌疑人取证,一直到下午4点多钟审完后才去吃饭。在办理市棉纺厂案时,工作点离家只有几百米远,可蒋康志一个多月连一次家都不回,看到他的工作劲头,其他干警也坚持不回家。有些女同志说,蒋康志这人,工作起来太急太严,跟他办案,节奏太快,还真有点儿受不了。

的确,蒋康志确实有点像"拼命三郎"。1996年8月,蒋康志主办酒钢公司废钢处生产科计量员郝某某受贿案时,在行贿人、受贿人拒不交待的情况下,蒋康志废寝忘食,与办案组干警一道连续奋战7天7夜。在这7天7夜中,蒋康志没有好好地睡过一次好觉,困的时候,他用冷水浇头,清醒后继续审案,硬是凭着超常的毅力,依靠大家的力量,将该单位多年的账单全部核查了一遍,终于找出了破绽,迫使郝某某如实供认了犯罪事实,啃下了这块"硬骨头"。

二

蒋康志痛恨腐败,对腐败分子更是深恶痛绝。嘉峪关棉纺厂是改革开放中建起的地方国营大型骨干企业之一。进厂时,全厂职工每人交了5000元的"入厂金"。由于"重效益轻管理",被该厂的某些领导钻了空子。个别主要厂领导和中层领导沆瀣一气,采取造假花名册"吃空头",致使企业亏损,使国家和职工利益蒙受极大损害,社会反响很大。1999年10月,嘉峪关市委决定从市检察院、市纪委、审计局抽调人员组成联合专案组,审查办理棉纺厂腐败案,并指定蒋康志主办此案。案子一开始,原棉纺厂厂长于某某就拒不交待,装病卖傻,还搞攻守同盟,进行顽抗,一度使案件陷入僵局。蒋康志毫不气馁,带领专案组全体人员先从外围找证做起,开始了认真细致的侦查工作。他带领专案组用4天时间,从市工商银行调取棉纺厂1993年以来发放工资的明细账单,从市劳动人事局摘录棉纺厂全厂人员保险金额限种等资料,调取该厂职工10多年的工资表册、考核表册及档案资料。然后,组织专案组人员进行艰苦细致的审查核对。功夫不负有心人,随着案件的深入,接连发现该厂厂长助理、加工车间主任范某某伙同福利员万某某、赵某某用虚报花名册手段套取现金20多万元的犯罪事实,使整个案件露出"冰山一角"。就在这个时候的一天深夜,蒋康志家中的电话突然响起,蒋康志的夫人拿起话筒,里面立时传来一个女人声嘶力竭的叫骂："蒋康志是大坏蛋，大流氓……"。两天后的一个夜晚，蒋康志年仅7岁的女儿在家，又是一个恐吓电话响起，里面传出一个女人的声音："你爸爸、妈妈都叫车轧死了……！"小孩吓懵了，也吓坏了，好长时间呆呆地坐着，不知过了多长时间，才想起给爸爸打了个传呼，当听到电话里爸爸的声音时，小孩哭了、哭得很伤心。接着蒋康志又接到涉案人员打来的恐吓电话，扬言要伤害他女儿。犯罪嫌疑人亲属想用打恐吓电话来干扰案件的查处，想给蒋康志施加精神压力，以使中止查案。然而，他们错了。

蒋康志镇定自若，以共产党员的凛然正气，带领专案组一鼓作气，顺藤摸瓜，历时110天，全面掌握了厂长于某某收受贿赂、贪污公款，流失大量国有资产等犯罪事实，迫使于某某不得不如实供认了所犯罪行。棉纺厂腐败案的成功告破，使6名腐败分子受到法律严厉惩处，给国家挽回经济损失43万多元，在社会上引起极大反响，有力地推进了全市的反腐倡廉工作。

2000年4月，蒋康志因肝脾肿大在医院医治，治疗期间，正遇该市服装公司腐败案案发，当市检察院领导征求蒋康志意见时，蒋康志二话没说，接受了这一艰巨的重任，带上药物赶到工作点，市纪委的同志开玩笑说："你是不是要当烈士？"蒋康志诚恳地说："案子紧，院内人手少，忙不过来，不能让案子撂着，只要不躺下，就得干，谁让咱是检察官呢。"

三

蒋康志办案认真，是出自他对执法的深刻认识。他说："差错对办案人来说可不是小问题，它对当事人来说影响重大，甚至影响到前途、命运乃至生命。因此，办案只能认真，来不得半点马虎，不能有丝毫的差错。"蒋康志在查处该市服装公司经理张某某贪污受贿一案时，为了取证，一个月内，他先后到安西、金塔、玉门等地来回取证。在地窝铺一个知情老太太家，蒋康志数次登门，整整一天不停地做说服工作，老太太被他的诚心所感动，拿出了账本，并说："你这人我佩服了，你这样认真，我再不配合就不好意思了"。

2001年7月，市检察院院领导指派蒋康志主办该市保安公司经理王某诈骗案。王某伙同张某某串通新疆诈骗惯犯将湖北蕲春县农民20多万元麻袋骗来变卖掉，给农民造成惨重损失，这是该市执法人员利用职务之便诈骗的首例大案。嫌疑犯王某曾在公安队伍干过多年，有一定的反侦查经验。蒋康志同专案组再三分析案情后认为，要拿下王某，不掌握大量足够的证据是不行的。由于该案件发生时间已愈一年之多，受害人、涉案人又分布在湖北、山东、河南、甘肃、新疆5个省区，侦破难度极大。为搜集证据，蒋康志与其他办案人员不辞辛苦，两下湖北，三上新疆，万里查证。在新疆为查找一个姓孙的同案人时，专案组在盛夏酷热的茫茫戈壁大漠中，背着干粮（新疆维族人烤制的大饼），顶着烈日，忍着蚊蝇叮咬，汗流浃背地一个团场（农垦兵团所在地）、一个团场地查访，先后跑遍芳草湖、174团等十几个团场下属的所有派出所均无所获。随后又在公安网上查遍了新疆、河南、山东三省区凡叫"孙某"的人，一个个核对又一个个排除。就在核查进行到低谷时，专案组意外获得了孙某的车牌号码的线索，随即全力转入查阅全新疆车管所的车辆档案……。

经过两个多月的艰苦努力，终于将王某这个政法系统的败类绳之以法。

蒋康志办案除了认真，还往往用智慧取胜。1999年11月，蒋康志接办酒钢企业公司金属镁厂虚报工程款一案，这是该市案值最大的一起腐败案。金属镁厂工程在建设中，包工头向该工程预算员夏某某行贿后，夏利用工作之便，在工程预算中弄虚作假，多核工程款400多万元。蒋康志分析案情，研究相关材料后，运筹帷幄，认为突破此案关键是突破两个人，一个是工程预算员夏某，一个是包工头曹某。在与夏某长达12小时的交锋中，蒋康志斗智斗勇，解除了夏某怕讲出来遭人报复的思想顾虑，供认了犯罪事实。与曹某的较量更为艰难，曹某在酒钢承包工程多年，见多识广，十分狡诈。较量之初，曹某顽抗抵赖，拒不配合。蒋康志耐心地一边给曹某反复交待政策法规，一边用已掌握的证据材料步步深入，同时，在生活上关心照顾，当发现曹与他同是江苏泰兴的老乡后，又用老乡之情感化曹某，最后使曹某低头认罪。为了尽量减少国家蒙受的损失，蒋康志在追款的20多天里，与包工头曹某同吃同住，多方奔走讨要债务，将损失降到最低限度，直接追回现款269万元。

一次，在办理案件时，蒋康志提前掌握当事人患有心脏病，提前准备救心丸，果然在审问中当事人心脏病发作，救心丸派上了用场，使当事人受到感动，主动交待了所知内情，为彻底攻破案件起了作用。

四

蒋康志走上检察官岗位，不是命运的安排，而是他努力追求的结果。蒋康志祖籍江苏泰兴，父母亲是支边到新疆的老农垦战士，1964年9月，蒋康志出生在新疆石河子农八师142团。1984年4月被招干进入劳改机关当管教干部，先后任过通讯员、追捕队员和狱政科干事等职。5年间，蒋康志先后完成了电大法律专业的学习。1988年，蒋康志通过自学，考取了律师资格证书，这在当时石河子劳改系统400多名干警中，是唯一考取律师资格证书的。1990年10月，在全国加强劳改执法监督的形势下，蒋康志被选调入石河子下野地垦区检察院。1993年8月，他从新疆调到嘉峪关市检察院后，更坚定了当一名忠诚于国家和人民的反腐卫士决心。从此，蒋康志以一种神圣的职业责任感，时时刻刻激励着自己，他默默地立下誓言：要永远做给国徽增辉的卫士！

到嘉峪关检察院后，蒋康志被分配到反贪局内设的技术科工作。尽管科里只有2人，除了负责全院各部门所需的司法会计鉴定，在反贪案件、重大责任事故发生时出现场承担搜查、照相、摄像、固定证据、物证检验等任务外，蒋康志从掌握多种知识、学会多种技能入手，在干中学，学中干，先后学习了刑事照相、刑事现场录像、现场制图、笔迹鉴定、痕迹鉴定、法医学、会计学、微量物证等多种专业知识。1999年3月，蒋康志又在重庆参加了最高人民检察院举办的"物证技术培训班"，使他的知识和技能又提高了许多，蒋康志成了检察院名符其实的"多面手"。当时，反贪局人手少，案子一上紧张，院里就抽调蒋康志办案件，技术科有任务，他又抽时间全力去忙技术，就像一名冲锋的战士，指挥到哪里，就冲向哪里，战斗到哪里。

机构改革后，技术科设为院里单设机构，作为科长的蒋康志。不仅是检察技术上的骨干和领导，而且仍然是反贪工作上的主力，有重大反贪案件线索，院领导总是抽调蒋康志参与查处或直接主办案件。近年来，蒋康志主办各类贪污贿赂案18件，其中大案8件，与他人合办案件20多件，件件圆满完结，成功准确率达百分之百。

蒋康志以忠诚的敬业精神和认真无私、勤奋踏实的工作作风，辛勤工作在检察战线上，成为一名受组织信赖、同事们钦佩、腐败分子闻风丧胆的反贪战线上一把利剑。

面对成绩和荣誉，蒋康志告诫自己：在短暂而又漫长的人生道路上，身为检察官，只要光明与黑暗、正义与邪恶的斗争存在，他将继续努力，奋勇拼搏，让光明永照寰宇，让正气永驻人间。

 **主编点评**：

"作为人民的检察官，一言一行都要对得起胸前佩带的国徽。"嘉峪关检察院检察官蒋康志是这样说的，也是这样做的。与腐败行为做斗争，光荣而艰巨，因为腐败者大多是社会中的强势人群，或手中有权，或手中有钱，或生活中有"路子"，他们规避或干扰法纪制裁的能量往往比较大。所以，作为一名受组织信赖、同事们钦佩、腐败分子闻风丧胆的反贪战线上一把利剑，蒋康志们捍卫国徽的尊严实在不易，他们值得尊重。但必定光明会代替黑暗，正义会战胜邪恶。

调解模范

周髀算經

十七年不变的情怀
——记"全国第二届十大民间禁毒人士"杨妙玲

马 峰 文 洁

她十七年如一日，辛勤工作在禁毒工作第一线，把社区的吸毒人员当成自己的兄弟姐妹，帮他们戒毒，教他们自立。她以一种超越亲情、超越责任的精神，在平凡的岗位上谱写了一曲不平凡的禁毒之歌。她就是今年43岁的酒泉市肃州区西北街街道同德巷社区党总支书记杨妙玲。身为社区党总支书记的杨妙玲，既不属于事业编制，也从未享受过国家干部的任何待遇，从以前的45元工资到现在的450元，她都任劳任怨、不计得失，把全部心血都倾注在了社区工作和禁毒工作中。

十多年来，杨妙玲先后被评为"全国优秀社区工作者"、"甘肃省帮教安置先进个人"、"甘肃省'四五'普法先进个人"，还多次被评为"酒泉市禁毒工作先进个人"。

行动说话 "无毒社区" 赢民心

十七年前，刚挑起社区管理服务重担的杨妙玲，正好赶上了毒品在祖国大地死灰复燃的年代。看到一个个年轻活泼的生命在毒品的侵蚀下日渐苍白、消瘦，她坐卧不安。为了最大限度地防止新吸毒人员滋生，杨妙玲放弃休息时间，加班加点，组织社区工作人员利用节假日，采用多种形式和方法，开展毒品知识和预防毒品的宣传教育活动。她组织开办了禁毒宣传专栏，第一个到吸毒人员家中开展帮教活动。此后为了使社区居民能够广泛参与对吸毒人员的社会帮教，她带领社区工作人员积极落实单位包职工、社区包居民、派出所包重点人口、家庭包成员的"四包"禁毒责任制，使社区有吸毒史人员全部得到了不同程度的社会帮教。

同时，针对社区内9名身体比较虚弱，生活特别困难的有吸毒史人员，杨妙玲多次与民政部门协商，给他们解决了最低生活保障。对身体状况较好，文化程度相对较高，有就业意愿的有吸毒史人员，她又主动与劳动保障部门联系，推荐他们就业，介绍他们免费参加就业技能培训。目前，社区有吸毒史人员已有7人就业，5人通过培训找到了不同的工作。

去年"6·26"前夕，她组织召开了有吸毒史人员及家长座谈会，让大家交流禁吸戒毒的方法和体会，并对戒断毒瘾三年以上的13人进行了表彰奖励。在杨妙玲的努力下，同德巷社区的禁毒工作一直走在酒泉市前列，社区的28名吸毒人员已经有21人阶段性戒断毒瘾。自2000年以来，社区内再无新滋生吸毒人员，常住人口中无毒品犯罪活动，无违法种植原植物现象，连续6年被区委、区政府评为禁毒工作先进基层单位。

爱心帮教，昔日"粉仔"获新生

社区居民王某，原来就没有什么正式的工作，二十四五的人了，还靠父母的退休工资养活。他是父母亲的宝贝蛋蛋，因为有父母养着，就成天在街上瞎混，后来染上了毒瘾不能自拔。王某进过好几次戒毒所，但没一次戒断毒瘾，一个本该充满朝气的年轻人被毒品折磨得"人不像人，鬼不像鬼"。

杨妙玲得知情况后，上门做了好几次工作，老俩口又是心痛又是无奈。她详细了解王某情况后认为，王某变成现在这个样子与父母的溺爱是分不开的，要想让王某改头换面，最主要的还是要让他尽快独立起来。她先是说服了老俩口，让王某出去打工，如果王某有了活干，生活充实了，说不定会摆脱毒品。此后，杨妙玲帮王某联系了一份工作。但好景不长，王某上了两天班就不去了，说太苦，更可气的是王某的母亲一听说儿子叫苦，立即同意儿子回家。杨妙玲知道后，立即领着王某到单位，单位的领导说什么也不要他了，辛辛苦苦联系的工作就这样泡了汤。第一步计划失败了，杨妙玲并没有放弃，她联系王某的父母出资帮王某开了个小卖部，为了防止再出现上次的情况，杨妙玲三天两头往王某的小卖部跑，观察他的生活状况。但这次又失败了，没过三个月，小卖部就关了门。

连续的失败让杨妙玲伤透了脑筋，想来想去，杨妙玲不知自己到底哪个环节没做好，她开始整夜整夜地失眠，丈夫劝她："别人的事，你干嘛那么上心？"可杨妙玲想，谁让她是这个社区的"父母官"呢？

第二天一大早，杨妙玲就拉起丈夫，给丈夫讲了王某的故事，丈夫没听完，就给了一句："还是钱多，活该。"这句话，让杨妙玲茅塞顿开，看样子，还真是钱多闹的。当天，杨妙玲脑子里就冒出了一个想法，这几年房价一直上涨，投资楼房是个不错的选择，等老俩口买了房，手头没了余钱，王某想花钱也没有了。杨妙玲遂将自己的想法告诉老俩口，他们很爽快就答应了。这下好了，买了一套房子不但花光了老俩口的积蓄，还贷了款，老俩口每个月的退休工资不但要生活，还要还贷款，想给儿子钱也给不了了。杨妙玲因势利导，给王某在社区办公室附近的一个门店找了份临时工，工资不多，应付日常的开支还是可以，但想供自己吸毒是不可能的，以前的那些"毒友"也因为王某经济的拮据而离他而去。初见成效，杨妙玲不敢放松，经常到王某上班的地方了解情况，同时还嘱咐店主把王某看紧点。就这样，一天，两天，一个月……在杨妙玲和其父母的帮助下，王某的心终于静了下来，安心地开始了正常人的工作和生活。

真情解难，"瘾君子"终得归宿

今年40岁的赵某，母亲去世早，父亲70多岁，是一名破产企业的退休工人，妻子无业，儿子在上小学。1998年就因吸毒被劳教。2001年1月释放后，他不思悔改，有业不就，有家不回，整天和那些不务正业的人混在一起吸毒打麻将。找他谈一次话，杨妙玲要跑七八趟，督促做一次尿检更是难上加难，好不容易找见了，他还不配合。他只要回家就向父亲和妻子要钱，不给就吵，打骂妻子，谁的话都听不进去。

同年4月的一天，他和毒友因复吸强戒后再次被劳教。看着赵某父亲老泪纵横、整天满目忧愁的样子，看着幼小天真的孩子失去了父亲的关爱，看着憔悴无力的妻子生活无望的情景，杨妙玲的心怎么也无法平静。她一方面托人给赵某妻子找工作，一方面加大对赵某说服教育工作的力度。她用自己的钱买了西瓜、日用品及胃药前去劳教所看望赵某（赵长期患有胃病），把老父亲的期望、妻子的牵挂、儿子的思念告诉了赵某，推心置腹地和他进行交谈，让他知道社会并没有抛弃他，亲人更没有远离他。赵某吃着西瓜，抹着眼泪，昔日的"瘾君子"终于从悔恨中醒悟了过来。在后来的劳教中，他主动接受教育，积极上进，因有立功表现，被提前4个月解教。出所后，杨妙玲及时组织社区干部对他进行接茬帮教，为了使他有一个稳定的生活来源，还想办法帮他在一家物业公司找了一份工作，如今赵某已彻底戒断毒瘾，一家人过上了和和睦睦的生活。

　　生活不息,奋斗不止。如今,杨妙玲依然默默耕耘在平凡的岗位上,以强烈的责任感续写着一个社区干部的禁毒之歌,履行着一个基层组织应尽的禁毒责任……

 **主编点评**:

　　似春风般亲和,如亲人般关心,高度负责,坚忍耐心,不轻言放弃,十七年如一日,辛勤工作在禁毒工作第一线,把一个个"瘾君子"从毒沼中拯救出来,使他们走上了自立健康的人生正轨,杨妙龄具有一个一般社区干部没有的意志和精神。她获得的许多荣誉,既是组织对她的奖励,也是社会对她的肯定。久病床前无孝子,"瘾君子"面前无亲人,杨妙龄作为一名基层社区民间禁毒人士,默默耕耘在平凡的岗位,在社会的灰色地带,体现出了社会人道主义的光彩,值得敬佩。

岷山脚下普法人
——记岷县申都乡司法助理员李成安

周文馨

"更喜岷山千里雪，三军过后尽开颜"。毛泽东的七律诗《长征》咏叹的岷山，横亘在川、甘两省边界。岷山以北是"苦瘠甲天下"的甘肃定西市岷县，这里春秋干旱，夏有雹灾，自然生态环境极为恶劣。在岷县申都乡坑洼不平的山路上，一个身着褪色制服、手提旧公文包、骑着破自行车的身影，经常穿梭奔波于村间地头，他就是深受群众爱戴的申都乡司法助理员李成安，义务从事普法、人民调解工作13年，像一只辛勤的蜜蜂，把法律和爱心的甘露奉献播洒在这片贫瘠的土地上。

金秋八月，记者翻山越岭来到岷山脚下的申都乡阴山村。今年47岁的李成安，是岷县阴山村少有的"文化人"（高中毕业），头脑灵活，10多年前，他经商率先盖起了4间大瓦房。1993年春天，阴山村的两户村民为了争一分陡坡地而大打出手，双方闹到村里乡里，又告到法院。为了打官司，两家都放弃了农活，孩子辍学，生活陷入困境。时隔不久，邻村的一户村民闹离婚，从法庭回家的路上，出于报复心理，男方将女方的踝骨砸伤，导致女方终身残疾，男方锒铛入狱。当时两村的群众生活贫困，外出讨要饭的农户就有三分之一，加上交通闭塞，缺乏法律意识，他们的生活更是雪上加霜。这两件事深深地触动了李成安，他想，再也不能让村里这样贫穷落后了，于是他主动放弃了做生意，义务当起了几个村的法律宣传调解员。

通过参加中华全国律师函授学习班，李成安勤奋自学，掌握了不少法律知识。1993年秋天，经岷县司法局聘用，李成安正式干起了义务法律宣传员、义务人民调解员的工作，不拿一分报酬，担任7所中小学的法制副校长和乡政府的法律顾问，一干就是13年。

申都乡人大主任李相荣说："哪里有人群，哪里就有成安的法制课。"李成安随身携带的公文包里,雷打不动地装着两个本本:一个是笔记本,上面是一些民事调解记录和典型案例分析,还有上法制课或宣讲法律政策后的心得体会;另一个是《备课本》,他联系生活实际,在上面密密麻麻地写满了普法讲稿。每逢集市日,他都在乡政府门前摆一张桌子,立一块小黑板,为群众义务讲解法律知识,进行法律咨询,风雨无阻。每年的综治宣传月、6·26国际禁毒日、12·4全国法制宣传日,他都想办法、出主意配合学校、乡政府,开展法制宣传活动。

1994年11月24日,申都乡岔林村的胡家和沙地村的李家因儿女订婚彩礼发生争执,胡家不愿退彩礼,李家要拉走胡家的一匹马。双方10余人手执铁锹石块对峙,群体械斗一触即发。闻讯后,李成安当即丢下手中的农活,奔赴现场。10余人忽啦啦一下子把他围在当中,怒目相视。稳住双方情绪后,李成安根据我国《婚姻法》、《民法》中的有关规定,耐心讲法说理,分析利害关系,经过4个多小时的调解,两方当事人终于解开了思想疙瘩,在他主持下达成调解协议,矛盾就此化解。想到农村群众间的婚姻矛盾纠纷较为普遍,李成安当天就在该村对村民们进行了相关的普法宣传。

2005年9月的一天,李成安带上妻子去看病,刚进县城碰上了岷县二中党支部书记张建文,张建文说正准备请他给全校学生上一堂法制课呢,问啥时有空,李成安当即就去了学校。等师生们坐定,他掏出本本就开讲。大家都以为李成安是专门来讲法制课的,却不知道他妻子已在医院门口等他快两个钟头了!

截止目前,李成安已经给中小学讲法律课198场次、受教育的学生2万多人次;给农民群众上法律课128场次,受教育群众1.5万余人;给乡、村、社干部讲法制课38场次,受教育干部1300人次,为乡政府提供法律意见29条;依法调解婚姻家庭、赡养抚养、债务土地等矛盾纠纷410起,预防民事转刑事案件45起。

今年,李成安又帮助乡政府建立健全了11个村调解委员会组织,并规范了出现纠纷先由信息员报村调解委、解决不了再报乡司法所处理的制度,做到了解决纠纷由乡村配合、上下联动、小事不出村、大事不出乡。

由于李成安多年的无私奉献,村民们法律素质提高了,各类民事、经济纠纷及案件逐年下降,近年来申都乡无刑事案件发生,社会治安稳定,群众安居乐业。2001年,李成安被甘肃省司法厅授予全省"人民满意的司法助理员";2003年被中央政法委、综治委授予全国"严打整治先进工作者";2005年被司法部授予"标兵人民调解员"称号,同年被甘肃省委、省政府授予"劳动模范"。2008年初被评为2007年"甘肃十大法制新闻人物"。

主编点评：

"哪里有人群，哪里就有成安的法制课。"李成安的可贵之处就在于，他不仅是一位负责的义务人民调解员，而且是一位热情的普法使者，不要一分报酬！"一砖一瓦皆系稳定"，他从大处着眼，胸中有大局，从小处着手，心里装着和谐乡亲。他像一只辛勤的蜜蜂，把法律和爱心的甘露奉献播洒在申都乡的山山水水，身体力行地践行着一名基层司法助理员的使命。他获得的诸多荣誉正是党和政府及人民群众对他的肯定。

愿做大厦一块砖
——记甘肃全国优秀人民调解员孙林元

张蔚波

家庭矛盾、邻里不和、宅地纠纷、小偷小摸……在一般人眼里，都是些司空见惯的民间小事，无关紧要。但庆阳市西峰区董志镇董志村党支部书记、村调解委员会主任孙林元却不这样认为："别看这些事小，如果不及早处理或处理不好，就会酿成大事，甚至发展成治安、刑事案件，不仅会伤了乡亲们的和气，影响乡风民俗，还会影响社会稳定。"他说："如果说一家一户是国家大厦的一块砖，那我所做的工作就是这个大厦的一块瓦。虽然不是栋梁，但一砖一瓦皆维系着稳定的大局。"孙林元自1990年担任村调解委员会主任以来，就带领村委一班人努力工作，终于把曾经一度治安混乱的村，治理成一个村民安居乐业、经济快速发展的"社会治安综合治理模范村"，他本人也因此多次受到市、区、镇党委和政府的表彰奖励，并被司法部授予"全国优秀人民调解员"的荣誉称号。

"乡里乡亲和为贵"

今年44岁的孙林元看上去憨厚朴实，身体结实硬朗，办起事来也是干练、利落。他不仅肯于吃苦、不怕麻烦，还善于思考、勤于钻研，通过多年的调解实践，摸索出了一套针对不同类型的纠纷和不同当事人的相应调解方法。

董志村地处凤（陕西凤翔）甜（华池甜水堡）公路沿线，管辖18个村民小组，5000余口人，是董志镇政府所在地。

由于交通便利，经济较发达，村情十分复杂，各种纠纷案件时有发生，所以村调委会责任重大。

经过多年的摸索，孙林元对民间调解工作总结出一系列认识和经验。他认为，民间纠纷是人民内部矛盾，调解时不能只靠耐心和诚心，也不能只分个是非，判个输赢，重要的是要以情感人，以理服人，"乡里乡亲和为贵"。

1998年12月，该村一组的路家和许家两邻居因墙壕地界纠纷发生争执，结果许家的儿子打了路家女人，路家女人便借此住进了医院。

孙林元闻讯后和村调委会成员一起赶来调解，他们详细询问了双方当事人和现场的群众，弄清了事情的原委及打架经过，并对许家儿子打人的行为进行了严厉批评。在调解过程中征求双方意见时，路家提出要许家出药费，但许家又不给，理由是只打了一拳，也没打出什么伤，再说自家日子本来就过得紧，没有钱给，而路家的情况则好得多。鉴于这种情况，孙林元当场指出，不管怎么说许家打人是不对的，必须向路家赔礼道歉；而路家女人伤情不重，也应以高姿态谅解许家。起初，双方都不同意。孙林元动之以情，晓之以理，继续耐心地做工作，给双方反复解说"冤家宜解不宜结"、"远亲不如近邻"的道理。最后，双方终于握手言和，并在以后的生产、生活中互帮互助，成为好邻居。直到如今，两家人仍对孙林元心存感激。

"办事公道才服人"

引起纠纷的许多邻里小事，往往牵扯到各家各户的具体利益，所以调解时群众不仅看你怎么说，还要看落实的时候你怎么做，是否能"一碗水端平"。

孙林元在这方面深有体会，所以他给自己定下"为人公道正派，办事不偏不倚"的原则。在工作中他一不贪、二不沾、三不徇私枉法，一碗水端平，一把尺子量到底，只求"公正"二字，并处处以身作则、做出样子。

1999年上半年，村里进行农电线路改造，因要砍伐许多农户的树木，部分群众不予配合，导致工程搁浅。在此情况下，孙林元首先挖掉自家的30多棵树木，然后又一家一户讲道理、做工作，终于确保了工程的顺利进行。

该村马庄队至冯堡队有一条5米宽的道路，由于长年失修路面坑坑洼洼，每逢刮风下雨不是尘土飞扬就是泥泞不堪，给群众生产生活造成极大不便。

2000年村支部和村委会经过讨论决定，加宽路面铺上沙石。此决定一出，就受到村民的拥护。但该路面上有部分农户违章建起的房子，要加宽路面就必须拆除，其中拆毁面积最大的是孙林元的侄子，村民们私下议论，"看看孙林元如何处理吧。"为此，孙林元3次上门做侄子的工作，他讲了两条拆的理由：其一，不经批准就侵占公共路面建私房，本身就是错误的，必须纠正；其二，修路是村里的集体决定，是利民之举，不能因个人私利影响大家的利益。侄子也通情达理，听了孙林元的一席话，心服口服，便带头拆除了两间房屋和三间厦子，其他群众看到后，也纷纷自觉行动，使维修道路工作很快得以完成。

"耐心细致是法宝"

人民调解工作是一项神圣而平凡的工作，细微之中蕴含着调解员人格魅力的崇高，平凡之中体现着党和政府对人民的关怀，所以来不得半点马虎、懈怠。

该村三组的黄某和陆某两家有多年的积怨，虽然村调委会多次调解，但两家人仍耿耿于怀，不能和解。

2002年6月，又因一件小事发生争吵，事后，黄某喝酒大醉，来到陆家大门口上吊自缢。为此，黄家将责任归咎于陆家，家族聚集了20多人到陆家闹事，要求赔偿人命。陆家也不甘示弱，双方手执利器，械斗一触即发。

孙林元闻讯后，立即叫上调委会人员赶到现场，他第一个冲进人群，大声喊道："都放下武器，打伤了人可要负法律责任的。大家都到村委会、司法所去解决问题。"控制住局面后，他又和调委会人员将双方人员劝回各自家里，分头做教育、安抚工作。经过大半天的说服教育，终于将事态平息。

据了解，仅近5年来孙林元直接调处的各类民事纠纷就达218起，防止民转刑案件54起，协调安置刑释解教人员20多人，使董志村的治安状况明显好转，保证了经济社会的快速发展。

主编点评：

孙林元凭着一颗执著的心，怀着满腔对乡亲的爱，在人民调解工作岗位上走过了十多年的风风雨雨、坎坎坷坷，用他耐心体贴的工作作风化解了一件件纠纷，用他和风细雨的教育方式平息了一起起矛盾，细致入微中蕴含着调解员人格魅力的崇高，平凡之中体现着党和政府对人民的关怀，从而赢得了乡亲们的敬重。"如果说一家一户是国家大厦的一块砖，那我所做的工作就是这个大厦的一块瓦。虽然不是栋梁，但一砖一瓦皆维系着稳定的大局。"孙林元被司法部授予"全国优秀人民调解员"的荣誉称号当之无愧。

"王管闲"的故事
——记见义勇为的司法助理员王长利

吴梦寒

在天水市秦州区天水镇，有一个家喻户晓的"王管闲"。提起他，大家都竖起大拇指说，"王管闲"是个正直无私的热心肠，谁有事情找他准没错。这个"王管闲"就是今年被推荐为"甘肃省见义勇为先进分子"的天水镇司法助理员王长利。

不惧艰险

王长利中等身材，貌不惊人。很难想象就是这样一个文弱的男子，孤身一人在外乡解救了一名被骗少女。

今年2月9日，农历正月十二，王长利一大早赶到陇南市礼县，替本镇的几名农民工讨要工钱。处理完事情，王长利在长途汽车站附近的饭馆吃饭时，一个十四五岁的小女孩跑进饭馆，拉住他的袖子哭道："叔叔，救救我吧。我是被人骗到这里来的。"王长利敏锐地感到这个女孩遇到了大麻烦。善良的他一把拉住小女孩冰冷的手说："别怕，我带你报警。"

王长利带着小女孩找到电话亭准备报警，小女孩却忽然恐惧地指着不远处说："来不及了，他们找我来了。"王长利一看果然有十几个人在拦车找人，他当即感到这群人来者不善，不好对付。报警已经来不及了，他决定立刻带小女孩离开这里。

王长利掩护小女孩上了路旁停靠的一辆小公共汽车，吩咐司机快开车。司机却说乘客未满，不愿开车。眼看搜寻的人就要搜过来了，情急之下王长利果断地对司机说："快开车，给你100元，这车我包了。"汽车终于开动了，可是危险并没有过去。出县城后，王长利发现郊区路边有一帮人还在强行拦车检查。

他吩咐小女孩藏在茶色玻璃后,又告诉司机不要停车,自己则坐在靠窗的位置上。那些拦车的人看到车窗旁坐着穿司法制服的王长利,以为是警察就没敢上来。就这样,小女孩有惊无险地被王长利带回家中。王长利的妻子看到小女孩冷得瑟瑟发抖,给小女孩穿上自己的毛衣。面对善良的王长利夫妇,小女孩含泪说出了自己的不幸遭遇:她叫王婷婷,今年15岁,是陕西省周至县人。2005年去南方打工,春节前踏上了回家的路。谁料在火车上被一个30岁的男人骗到礼县。到礼县后,那个男人就逼她做老婆。她是千方百计偷跑出来的,如果不是王长利救了她,她就完了。

听完了婷婷的叙述,王长利赶紧打电话联系到婷婷的家人,又请来大夫给婷婷看病——这个小女孩经过这一番挣扎已经又病又弱。2月14日,婷婷的家人从陕西省赶到王长利家中,失散的父女、姐妹抱头痛哭。而王长利则在一旁长长地舒了一口气。

天水镇的杨栋副镇长说,长利是个善良的人,他干的好事不止这件。群众们都说,他是个正直的人。为了"管闲事",长利哪年不冒几次险,不挨几次打?连王长利自己也承认,在制止老乡械斗的过程中,挨的打骂都记不清了,但他从来没有后悔过。

不辞辛苦

在与王长利交谈的过程中,司法所里来了一对抱着婴儿闹离婚的年轻夫妇。王长利连连向我说抱歉,把夫妇俩带到了调解室。夫妇俩你一言我一语吵着,王长利一边记调解笔录一边劝,时而插科打诨逗个乐。等到夫妇俩吵完,气也出了。王长利笑着说:"你们今天先抱着娃回去,天这么冷,娃感冒了咋整。明天中午12时再来。"夫妇俩抱着孩子走后,王长利跟我说:"农村这样的事情天天有,气上来了闹一闹,气消了就好了。我让他们回去,是制造个机会让他们冷静相处,明天也就好劝些。"

王长利把工作约到了中午12时,又没时间休息了。王长利说也记不清加了多少个班,误了多少顿饭。他说当个基层的司法助理员,就是得"勤",一张婆婆嘴,两条跑路的腿。哪里有事哪有他,谁家有事都找他。天水镇有34个行政村,54个自然村,王长利在担任天水镇司法助理员的16年里,走遍了这里的村村寨寨。还常常为案子,出差到处跑。

2005年的春节,柴山村村民柴某找到王长利家,一进门就长跪不起:"我的事你要是不管，我只有死。"原来，柴某2002年在陕西省武功县做生意时，将一批药材出售给门某。当时协议，货款待门某将药材出手后支付。然而，一直到2004年，门某均以药材出手后没收到钱而拒绝付款。柴某多次上门讨要，都被门某轻易地打发了，柴某的妻子因此要和他离婚。无奈之下柴某找到王长利，希望他帮助解决。王长利二话没说就踏上了去陕西的路。

2月16日，农历正月初八，家家户户都沉浸在"年"的氛围中。王长利来到了陕西省武功县一个偏僻的农村，找到了债务人门某。开始门某打算用对付柴某的老办法对付王长利。但王长利凭借多年来自学的法律知识，耐心说服门某，晓之以理，又伺机动之以情，门某终于改变了态度，将拖欠多年的货款如数交出。

不顾小家

在谈到司法助理员的工作时，王长利讲了他总结的"四心"——公心、诚心、耐心、精心。即：对待村民要有公心；对待当事人要诚心；处理问题要有耐心；办理事情要精心，绝不能敷衍了事。王长利说，哪怕我们看来再小的事情，在当事人就是大事，就得给人家当大事办呢。

在王长利的心中，当事人的事永远是最大的事。对于自己，他却很少考虑。王长利现在仅是镇司法所的招聘人员，月工资只有300元。可他笑着说，这已经增加不少了。1990年他刚开始干这工作的时候，工资只有75元。他又说，当初既然选择了这个事业，就要干出成绩来，哪能因为钱少就不干呢。对于他的选择，王长利的妻子表示非常支持，哪怕生活再清贫，哪怕劳动再累，她也不在意。

说起妻子，王长利表现出深深的歉疚之情。自从妻子过门到现在，他就一直干这工作。工资少，又特别忙，经常在外面跑，家里根本顾不上，里里外外的事都是妻子一肩挑起来。王长利的妻子只有38岁，颈椎病很严重，却没有条件治疗。一方面是家里没钱，另一方面王长利也没有时间陪妻子看病。前几天妻子的颈椎病又犯了，疼的厉害，王长利却只抽出一点时间，陪她去卫生院打了两天吊针。原先家里有6亩地，因为妻子的身体很差，一个人种不了，无奈把4亩地送给别人耕种。

王长利的家就在天水镇，家中的老母亲已经80岁了。说起母亲，王长利特别难过。因为工作忙，常常不在家，在老人身边尽孝的机会非常少，只能让哥哥接去赡养，王长利的心里觉得对不起老人家。

当问起他今后的打算时，王长利说，去年他刚从法律大专毕业，今年还打算上个法律本科。"要干就干出成绩"，这是他一贯的原则。王长利先后被评为全国模范人民调解员、2007年"感动甘肃十大陇人骄子"。

主编点评：

对待村民要有公心；对待当事人要诚心；处理问题要有耐心；办理事情要精心——王长利怀着"四心"，不畏难，不撒懒，不怕苦，弃小家，顾大家，成为家喻户晓、农民爱戴的"王管闲"。王长利的成功启示人们，作为一名人民调解员不仅要爱调解，而且要善于调解，"要干就干出成绩"。王长利立足岗位，敬业为民，胸中有志，奋而有为，是基层干部学习的榜样。

真情铺就和谐路
——记甘肃省优秀人民调解员高军霞

赵成勇

2007年11月，现任白银区公园路街道兰包路社区党支部、居委会主任的高军霞同志荣幸地被甘肃省司法厅、省高级人民法院评为"甘肃省优秀人民调解员"，受到了隆重表彰。这份荣誉，饱涵着她多年来情系居民、热心民调，积极投身和谐文明社区建设的无数心血……

今年29岁的高军霞在社区工作已有5个年头。自她到社区工作的第一天起，就暗下决心，要把人民调解工作作为头等大事来抓。多年来，作为社区负责人兼人民调解员，她走千家、进万户，硬是凭着对群众的无比爱心和对工作的一片赤诚，化解了一桩桩矛盾、一件件纠纷，在平凡的岗位上做出了不平凡的成绩。她直接参与调解各种民间纠纷100多起，制止突发性事件10余件，避免非正常死亡7人，没有因工作失误而导致的民转刑案件的发生，受到了辖区居民的广泛赞誉。

"当一起起家庭矛盾平息时，当势不两立的矛盾双方握手言和时，当双方当事人露出欣慰的笑容时，我由衷地感到高兴和自豪。"这，就是高军霞的肺腑之言。

白银区公园路街道兰包路辖区破产企业、下岗职工和流动人口较多，矛盾相对比较集中且化解比较困难，一些难调处的矛盾纠纷如果处理不当，就会影响社区稳定与和谐。作为社区民调主任，她没有害怕，更没有退缩，而是始终想着为居民解忧，扎扎实实地开展调解工作。

家庭矛盾、邻里不和，事务纠纷、小偷小摸……在一般人眼里，都是些司空见惯、无足轻重的小事。但高军霞却认为："别看这些事小，如果不及早处理或处理不好，就会酿成大事，甚至发展成治安、刑事案件，不仅会伤了居民们的和气，还会影响社会稳定。"为了凝聚大家的智慧和力量切实搞好民调工作,她在社区挑选了懂法律、法制观念强的同志担任调解委员,群策群力调处纠纷。在调解工作中,高军霞不仅肯于吃苦、不怕麻烦,还善于思考、勤于钻研,通过多年的调解实践,摸索出了一套针对不同类型的纠纷和不同当事人的相应调解方法。

俗话说,"打铁还须自身硬"。高军霞依靠什么做好调解工作呢?法理、道理、情理缺一不可。为了弥补法律知识的不足,她利用一切可以利用的机会学习法律知识。通过看书、看报、看电视、上网和到法庭旁听庭审等多种途径学习了大量的法律法规知识,同时积极参加上级司法行政机关举行的各种业务培训,积累了不少的相关知识和经验。

"办事公道才服人"。引起纠纷的许多邻里小事,往往牵扯到各家各户的具体利益,所以调解时群众不仅看你怎么说,还要看落实的时候你怎么做,是否能"一碗水端平"。在这方面,高军霞是深有体会,所以她给自己定下"为人公道正派,办事不偏不倚"的原则。在工作中她一不贪、二不沾、三不徇私,一把尺子量到底,只求"公正"二字,并处处以身作则、做出样子。社区高某、关某同住一院,今年4月的一天,两家小孩一起玩耍时闹出矛盾,进而造成两家大人发生口角,高军霞和社区工作人员在第一时间赶到现场,不偏向任何一方,通过说服教育,使两家和好如初。"耐心细致是法宝"。人民调解工作是一项神圣而平凡的工作,细微之中蕴含着高军霞作为一名普通的基层调解员的人格魅力。

由于纠纷的发生具有很大的随意性,"不分上下班、没有星期天,顾不上吃饭,经常连轴转",是高军霞调解工作的家常便饭。有时家人不理解时,她是这样对家人说的:"人家遇着了麻烦事才来找咱,这是人家对咱的信任,可不能辜负啊!我是一名共产党员,就得为群众办实事、办好事。"

有句名言说得好,"一个人如果能把简单的事情做好就是不简单;一个人如果能把平凡的事情做好那就是不平凡。"高军霞就是凭着执着的追求,在平凡的岗位上,做出了不平凡的业绩,用她耐心体贴的工作化解了一件件纠纷,用她细致入微的教育方式平息了一起起矛盾,浓墨重彩地书写着自己的青春年华。

主编点评：

"人家遇着了麻烦事才来找咱，这是人家对咱的信任，可不能辜负啊！我是一名共产党员，就得为群众办实事、办好事。"朴实的语言，道出了一名基层人民调解员的境界。社区是城镇的细胞，社区的和谐事关城镇的安宁，高军霞这样的社区管理工作者，就是化解冰块的春风，平息矛盾纠纷的桥梁，营造和谐社会大厦的基石。有句名言说得好，"一个人如果能把简单的事情做好就是不简单；一个人如果能把平凡的事情做好那就是不平凡。"

"清官"善断家务事
——记文县堡子坝乡司法所原所长、人民调解委员会副主任陶志新

刘二银

俗话说"清官难断家务事",可在文县堡子坝乡却有一个善断家务事的"清官",自任该乡人民调解员以来,处理大小事件数千起。哪里有矛盾纠纷,哪里就有他的身影;哪里有刑满释放人员,哪里就有他的声音。他就是文县堡子坝乡人民调解委员会副主任陶志新,老百姓亲切地叫他"善断家务事的清官"。在人民调解这个平凡的岗位上,他以满腔激情为老百姓排忧解难,化解民间纠纷,维护了一方稳定,确保了一方平安,促进了社会的稳定和谐。

天大的事情地上了

"天大的事情地上了"是陶志新的的口头禅。2005年7月15日,陈家堡村村民陈某跑进乡政府,一头跪在地上不起来,嘴里喊着"要出人命了",看到这个情形,陶志新赶紧把他拉起来,叫进自己办公室,泡上茶水,安慰他说:"天大的事情地上了,不管发生什么事情我们都能给你解决。"当了解到陈某与同村村民张某为争村里打麦场而起事端,两家人正召集亲戚,一场流血事件一触即发时,陶志新马上往帆布包里塞进手电筒、笔记本,一路小跑来到了事发地点。当时的现场一片混乱,几十号人纠集在一起,手拿石头、镰刀、斧头、棍棒,推推搡搡,几个人脸上已挂了彩,血流满面。看到这种情形,陶志新一步跨到人群中间,大喊一声:"别打了,光天化日打群架,眼里还有没有法律?事情由乡政府来解决。"通过耐心开导,稳定了双方的情绪。事后,通过召开群众会学习并征求群众意见,两天时间就解决了争抢场地的问题。同年11月,

月圆村崖底下任姓两家人为争占坟地打起架来。当陶志新带人赶到现场时，其中一人睡在坟坑里，另一家两人正拿铁锹撮土，扬言要活埋任某，场面气氛非常紧张。经过苦口婆心的说服工作，双方做了让步。事后召开群众大会，定下了制度，凡是今后村民死亡找寻坟地，由村社两级干部召开会议划定地方，从此再没有发生因争抢坟地而发生打群架的恶性事件。

周边地区的"红人"

从堡子坝乡的"名人"到周边地区的"红人"，陶志新调解民事纠纷的这条路走得好艰辛。

2004年8月，武都区沙湾村杨武给堡子坝乡月圆村村民王某打工，在一次施工中炸伤了眼睛，在赔偿问题上双方争执不下，难以解决。王某找到了乡政府。陶志新了解了事件前因后果后，邀请双方协商处理，经双方协商，达成了协议，案件得到顺利解决。

桥头乡刘家湾村和堡子坝乡新胜村上张家社早在解放前就为两村地界经常发生纠纷，2004年8月矛盾逐渐升级，两村地界上连续发生炸药炸死牛、刀砍牛腿的恶性事件。两村联名找到各自乡政府要求解决此事。两乡召开联席会议，成立了协调工作组，由陶志新担任组长，他带领工作组首先召开了两乡干部会议，通过调查走访，翻阅资料，最后决定：民国时期处理意见不能成立，以现在林权划分为主。在划分地界时，两村各派一人手举木杆，站在各自划定的地界上，然后用皮尺丈量，定出中点，标明记号，划定了地界。

类似这样跨县、跨乡的矛盾纠纷，几乎每年都发生，每次参与调解对只有小学文化程度的陶志新来说都是一个极大的挑战。通过几次大的事件的解决，陶志新不仅成为堡子坝乡的"名人"，而且成为周边地区的"红人"，他丰富的农村工作经验，对工作认真细致的态度，都给人留下了深刻的印象。

帮教帮出感情来

"罪犯犯了法理应受到法律的惩罚，可罪犯也是人，他的家属没犯法，帮教时必须带着感情"，这是他对劳教人员帮教时常说的话。

二十年前，堡子坝乡中岭山村发生"抽猪胆"特大恶性刑事案件，涉案村民40多人，枪毙4人，被判处10年以上有期徒刑19人，因为缺乏劳力，导致该村群众增收困难，生活贫困。2006年3月，中岭山崖头村两家村民因牲畜吃庄稼发生纠纷，陶志新带领工作人员赶到村里协调解决。在村民余道观家调处矛盾纠纷时，陶志新发现该村民属于服刑人员家属，生活极端困难，陶志新掏出身上所有的钱，交给了余道观。并走访了几户服刑人员家属。回到乡上后，他及时与乡上领导沟通，为每户服刑人员家属争取到了100元的救济金。并组织19名党员组成帮教工作组，开展结对帮扶活动，每年自掏腰包，为19户服刑人员家属购买化肥、磷肥等生产生活资料，受到社会一致好评。如今每逢过年过节，都有群众给他送来腊肉、干菜等物品，而每到逢集时他的住处都挤满了赶场歇脚的群众，许多群众说，这都是帮教帮出的感情。

什么时候断自己的家务事

给别人断了一辈子家务事，但断自己的家务事却总是没时间，陶志新调解纠纷之路走得义无反顾。

自从事调解工作以来，他的足迹遍及堡子坝乡的沟沟岔岔，山山岇岇，经常早出晚归，风里来雨里去，得病了吃几片药，往往是这件事情还未处理完，那件事情又发生了。2006年12月，家里人捎信来说，他长期瘫痪在床的母亲快不行了，叫他赶紧回去，可他当时正在处理一村民之子被人打瞎眼睛一事。等到处理完他顾不上吃饭，连夜赶到家里时已是晚上三点多，老人已经去世了。长期上山下河，使他小腿得了骨质增生，几个月在床上动弹不得，家人和同事劝他说年龄大了，别干这份工作了，可他却利用养病时间托人买来新《婚姻法》和《计划生育法》等法律书籍，又看了起来。病情还未完全痊愈，他又走村串户，调解纠纷去了。2006年，在他的努力下，家乡月圆村通村公路开工修建，公路从马莲河上盘山而上，由于资金短缺，只能保证路面工程，每逢河里涨水，公路就无法通行。为了架桥，陶志新带头把自己多年积攒下来的养老钱2.6万元捐了出来，并走村串户集资捐款，如今这条11公里长的山路已经成为山区群众走出大山的致富路。乡党委书记感慨地说："老陶是我们每个党员干部学习的榜样。"月圆村老百姓说："如果不是老陶，我们现在还在遭受过河趟水之苦呢！"

为了做好调解工作，他下狠心学习国家涉及农村的各项法律法规，在闲暇时间，当大家都在打麻将，玩耍的时候，他却一个人躲在房子里翻着厚厚的法律条文。有人对他说：你都快60岁将要退休的人了，还那么认真干什么，矛盾纠纷都让你解决完了，法院和其他仲裁机构工作人员不就没事干了吗？还有人劝他，你当过副乡长，早年失去了爱人，趁现在还未退休，赶紧找个老伴好好过日子，你一天那么忙着干吗？子女们也劝他，你给别人断了一辈子家务事，现在也该断断自己的家务事了，辛辛苦苦挣的工资，不是给这家买了烟，就是给那家买了酒，别人干公事用国家的钱，你干公事却自己掏钱。面对人们和亲人的不理解，陶志新却说，艰苦的事，不好干的事就是要共产党员去干，作为一名基层人民调解员，化解农村矛盾纠纷是职责所在。何况人的价值不在职位的高低和权利的大小，而是对社会贡献的多少，我只是在维护社会稳定上面尽了自己的职责而已。

简单的几句话，道出了一位基层法制战线普通工作者的肺腑之言和毕生追求。2006年，因工作业绩突出，陶志新被评为省司法调解"先进个人"。2007年评为市"双十佳先进个人"、"人民调解工作优秀干警"。自从事司法调解工作以来，他先后14次被评为先进个人。

主编点评：

"天大的事地上了"，陶志新的这句口头禅道出了一名司法助理员的责任、自信和智慧。以善断矛盾纠纷而成为家乡的"红人"，陶志新的这条路走得虽然艰辛，但是却充实。他说得好："何况人的价值不在职位的高低和权利的大小，而是对社会贡献的多少，我只是在维护社会稳定上面尽了自己的职责而已。艰苦的事，不好干的事就是要共产党员去干，作为一名基层人民调解员，化解农村矛盾纠纷是职责所在。何况人的价值不在职位的高低和权利的大小，而是对社会贡献的多少，我只是在维护社会稳定上面尽了自己的职责而已。"

洒向山川都是爱
——记甘肃省华亭县山寨回族乡人民调解员刘瑞平

石巨福

在巍巍关山东麓的华亭县山寨乡85平方公里土地上,刘瑞平这个名字妇孺皆知,家喻户晓;认识他的人都会竖起大拇指。他就是甘肃省华亭县山寨回族乡司法所所长刘瑞平。

维护一方和谐,再难的事也要做好

刘瑞平是1996年由公安部门调到司法行政工作岗位上的。自打刘瑞平成为人民调解员的那天起,哪里有棘手的问题,他的身影就会在那里出现。他做调解工作总能透出威严、聪慧与睿智。他始终坚持深入群众,躬身实践,化解矛盾,排除"险情",使当地法制环境悄然发生着巨变。"为了维护一方和谐,再困难的事也要做好",是他的口头禅。

2000年5月27日,西街村农民冯某因家庭婚姻问题恼羞成怒,将妻子表兄之子绑架到10多米高的土崖上,准备往下扔,并持刀威胁欲解救的群众。时任山寨乡司法所所长的刘瑞平闻讯赶赴现场,看到情势十分危急,惨案随时可能发生,面对情绪极度激动的歹徒,他冷静应对,果断做出决定,先承诺一定要给他一个说法,再劝说围观群众先回家以免发生意外,经过一个小时说服无效后,刘瑞平乘歹徒不备果敢冲上土崖,踢掉其手中凶器并与其展开殊死搏斗,最终将歹徒擒获,安全解救了被胁持儿童,被原平凉地委、行署授予"见义勇为先进分子"荣誉称号。

"调"出民族特色

地处华亭县西北"边陲"的山寨回族乡与宁夏泾源县新民乡毗邻，回族群众占总人口近30%。过去"小吵天天有、大吵三六九、势头不对扁担揍"是这里治安状况的真实写照。因此回族乡民族团结是维稳的重头戏，这也决定了刘瑞平较其他司法工作者担子更重。

刘瑞平上任伊始，就张罗成立了颇具民族特色的调委会班子，大胆吸收清真寺的乡佬（清真寺中管理日常事务的人员）为调委会委员，并委以重任，为成功调解回汉之间的民间纠纷打下了良好的组织基础。同时，他要求调委会全体成员尊重回族的民族习惯，回族忌讳的不越雷池一步，回族不忌讳的也要小心谨慎。在处理回汉两族间的矛盾纠纷时，刘瑞平始终坚持一个原则：尊重民族习惯，维护民族团结。

2002年8月，甘河村车家沟社部分农民由于生活习惯不同，在河沟中丢扔死猪影响了泾源县新民乡回族群众的饮水，回汉族群众关系日趋紧张，群体性事件一触即发。得知这一情况，刘瑞平心里也发毛，这件事处理不好影响民族团结，后果将不堪设想。他顾不上多想，冒雨步行30多里赶到车家沟社，连夜组织村社干部和参与群众学习民族宗教政策和有关法律法规，现场发放宣传资料210多份。通过3个小时耐心细致的说服教育，群众才认识到了这种做法的危害性和严重性，他见部分群众思想转过了弯子，便因势利导，带领群众清理了河内脏物，息事宁人。

"解"出家和万事兴的人间真情

把和睦送进千家，把幸福送给万户，这是刘瑞平始终追求的目标。10年来，凭着对人民调解工作的执着和热爱，凭着对村里百姓的满腔热情，凭着"以人心换人心，以党心换民心"的执着，他带领调委会一班人始终脚踏实地地坚守在人民调解的第一道防线上。他用一颗诚心，"解"出了一曲曲家和万事兴的人间真情。

说起刘瑞平做人民调解工作的热情，大家会不约而同地跷起大母指，凡是辖区发生突发事件或邻里之间产生矛盾纠纷，他总会寓情于理，以情感人，用心调节。西街村李某原来在家务农，2006年经过自己联系后在县内一家煤矿务工，见识广了，挣钱多了，观念也变了，渐渐对他的妻子疏远起来，产生了离婚的念头，多次找刘瑞平了解婚姻法规。刘瑞平抓住时机，对他反复讲政策法规、伦理道德，并多次找李某妻子了解情况，消除隔阂，最终消除了双方误会，解除思想疙瘩，使双方和好如初，小日子过得红红火火。

前些年，刘河村兰某因盗窃罪刑满释放回家后，思想一度消沉，情绪极不稳定，刘瑞平主动多次进行走访，讲法律，讲政策，不厌其烦进行"思想扶贫"，三番五次开展"精神帮教"，还多方协调信用贷款，扶持他发展羊皮贩运产业增收，使兰某终于鼓起了生活的希望和信心。富起来的兰某还被推选为社长，带领乡亲们共同奔富路。在他的努力下，全乡刑释解教人员不仅没有一个重新违法犯罪，绝大多数还走上了勤劳致富的路子。

我愿为人民调解奉献我的全部

"心放正，水端平，服务热情，有求必应"是刘瑞平为自己工作定下的准则，他是这样说的也是这样做的。他还说"我愿意为人民做这调解的工作，愿意为和谐社会奉献全部"。

从事人民调解工作10年来，他不断探索调解工作新机制，苦心钻研调解工作新模式，经常放弃休息时间到法院旁听法官审案，学习调解方法和技巧。他以村社、邻里和谐为目标，用爱心、真情和责任感，摸索出一条符合农村实际的调解工作新路子。

基层民事调解既有平等协商、互谅互让、不伤感情，成本低、效率高的特点，又有"搞民调、防激化、不仅难、而且烦"的说法。刘瑞平融法、理、情于一体，充分发挥和为贵的传统文化。他认为要搞好人民调解，最根本的是搞好宣传教育。为此，他以人民调解规范化、法制化、制度化为目标，苦读法律书籍，结合乡情实际，编撰了《山寨乡普法诗》和《山寨乡法制宣传教育光盘》，以群众喜闻乐见和通俗易懂的形式开展发展宣传教育。他组织建成了山寨乡"群众调解之家"，建立了乡村社3级普法培训机制，每年都牵头举办2次声势浩大的"农民法制宣传月"教育活动，累计办班160场次，培训群众2000多人。他还被9所中小学校聘请为法制副校长，长期担任该乡法律顾问，协助乡上修改规范性文件和规章制度，签订经济合同123份，解决乡企纠纷37起。

工作中刘瑞平给自己立下了严格的标准，即依法调解，心系百姓，和谐社会，奉献一生。纠纷解决了，当事人笑了，刘瑞平也笑了，可谁知这笑容的背后，隐藏着多少辛酸与汗水。刘瑞平妻子看到他一天到晚扑到工作上，心疼地说："家里不愁你吃，不愁你喝，也不愁你花，你干嘛非要偏偏干这个，别人看着都绕着走的婆婆妈妈的事，你干得还真上心。"可不管妻子和老人怎么劝，刘瑞平都说："我就是爱上了这个工作。"

一心为民搞调解，洒向山乡全是爱。10年来，他踏遍了这里的山山水水，走遍了每一户人家，熟悉每一份乡情，这里不是他的家乡却胜似家乡，他不是法官却被群众称为"刘法官"。10年间，他调处各类民事纠纷238起，调解成功率达99%，有效制止群体性械斗23起，挽回经济损失近30万元，其先进事迹在《甘肃日报》、《甘肃法制报》和《平凉日报》等媒体多次报道。他用心血和汗水成就了山寨乡调解事业的辉煌，如今，这里打架斗殴的少了，邻里和睦相处的多了；游手好闲的少了，发展产业增收的多了。他担任调解主任期间，该乡没有发生一起群体性上访事件，多次被市县评为"平安乡"和"人民调解先进单位"。他挚爱的调解事业也给了他殊荣，2000年，他荣获全区"模范司法助理员"光荣称号；2001年荣获司法部"人民满意的司法助理员"光荣称号；2004年被省司法厅授予"优秀人民调解员"光荣称号；2006年被省司法厅授予"全省司法行政系统先进个人"光荣称号。

主编点评：

"心放正，水端平，服务热情，有求必应"，是刘瑞平为自己工作定下的准则。10年来，他凭着对人民调解工作的执着和热爱，凭着对村里百姓的满腔热情，凭着"以人心换人心，以党心换民心"的执着，他带领调委会一班人始终脚踏实地地坚守在人民调解的第一道防线上。他用一颗诚心，"解"出了一曲曲家和万事兴的人间真情。我们的基层就需要这样的有心人，我们的干部就需要这种一心为民的精神，他们是社会和谐大厦的基石。

模范司法所长的"调解经"
——记全国模范司法所长马仲华

周文馨　赵志锋

"搞调解难,搞好调解更难,在民族地区搞调解难上加难!"见到记者,一番客套后,马仲华便向记者敞开心扉开始"诉苦"。

今年刚过四十的马仲华是甘肃省临夏回族自治州广河县城关镇司法所所长。在这个位置上已工作了6年的他,调解矛盾纠纷上千件,调处成功率高达98%,曾被司法部授予2005年"全国模范司法所长"。

就是这位司法行政战线上的"全国模范",却面临着种种"难心事",说到动情处,憨厚、老实的他热泪盈眶,这让记者很难与"身材魁梧"、"排头兵"、"领头雁"这些很多人评价他的词联系起来……

科班出身仍犯难　懂法也得懂民俗

2002年5月,马仲华从当地公安部门调任广河县城关镇司法所,从一名公安民警转变成司法所所长,面对新的工作、新的岗位,他感到压力很大。

城关镇是广河县少数民族高度聚居的一个县,回族、东乡族等少数民族占总人口的98.7%,人口流动频繁,社情非常复杂。"当初选派司法所长时,很多人都不愿意来城关镇工作,大家都知道在这里搞调解很难。"马仲华回忆说。

广河县司法局局长马忠林告诉记者:"当初之所以选派马仲华担任城关镇司法所所长,就是考虑到他善于吃苦,又是学法律出身,业务素质非常强,组织上很信任他。"

"以前干公安工作,对法律的要求比较专业,但搞司法行政工作,要接触大量的法律法规、政策条文,同时还要拓展学习领域,掌握一些中华民族传统的伦理、民俗以及一些宗教知识。"马仲华说,在用法律调解纠纷的时候,将传统民俗贯穿其中,往往能取得事半功倍的效果。

今年年初,村民马某在盖房子时,准备在二楼的后墙壁上安装一扇大窗户,以便采光。但在他家房屋背后、与他家仅有一窄巷相隔的邻居坚决不同意,理由是安上窗户之后,侵犯了她的隐私权。

马家认为安窗户仅是为了采光,没有窥探邻居的意图,执意要安;而邻居坚决不同意,认为这会干扰她家的正常生活。双方各执己见僵持不下,都把各自的亲戚叫来,一场武斗一触即发。

消息很快传给了马仲华,情况紧急,他立刻赶到现场,凭着多年积累的威望,好言相劝,双方很快同意"坐下来谈"。

经过马仲华一番艰难的协商,最后调处达成的结果是:马家的窗户能安,但要把原来大的窗户适当缩小,并把安窗户的位置提高,要达到站在自家室内地上看不到窗外对面情形的标准,这样既能采光,又不会影响邻居。

"虽然我是学法科班出身,又干了这么多年司法所长,但如何将法律与传统民俗有效贯穿在具体的纠纷调解中,目前依然在探索。"马仲华深知不断学习"充电",才能干好基层司法行政工作。

拆迁引发"内斗"多 清官难断"家务事"

今年以来,广河县县城实施了大规模的新城扩建工程,由此引发的家庭内部为争夺征地补偿款的矛盾纠纷突然增多,调处的难度都非常大。

"为了能及时化解这些矛盾纠纷,县上成立了工作组,我被抽调去专门负责调处这些'家务事'。"马仲华说,今年上半年他共调解了50多起纠纷,其中涉及拆迁引发的家庭内部纠纷就占到了三分之一。

马仲华说,这些纠纷是他调解生涯中遇到的最难调解的,都是父子、兄弟之间等亲属之间的矛盾,调处不好,家庭这个最基础的"细胞"出了问题,很难实现一方平安。

土地没有被征用之前,这些地不管家庭成员中谁种都行,发生土地纠纷往往是户与户之间的邻里纠纷,这一般都比较好调解。而在征地的过程中,一亩地要补偿7万元,父母与子女、兄弟之间的分歧就来了。

"对于这些家庭内部纠纷,每一起的情况各有各的特点,有时候花费一周的时间做通了老人的思想工作,但子女坚决不同意;有时候费尽周折说服了子女,老人的思想又做不通。"马仲华说,在处理这类矛盾纠纷的时候,他本着"不管谁拿补偿款，都要让全家人受益"这一原则，耐心地对双方做思想工作，虽然过程很艰难，但基本上都得以顺利化解。调解的结果也大不相同，有的父亲、母亲、儿子各占三分之一；有的兄弟间有一方自动放弃，让拿补偿款的一方赡养老人……

俗话说"清官难断家务事"。马仲华说："我们就是吃这碗饭的，调解'家务事'虽然难，但要迎难而上，要不断地去摸索和总结经验。"经过6年的探索，马仲华说调解"家务事"也算是他的一项看家本领了。

忙工作放弃假日　谈家庭热泪盈眶

忙，似乎永远与马仲华如影相随。在6年多的时间里，他共出勤1964天，其中深入基层调解第一线980天，超勤500天，加上放弃节假日和夜晚加班加点，他6年干了8年的活。

夜以继日地工作，为他赢来了很多荣誉，却永远无法弥补他内心的创伤。"由于我忙工作，没有照顾好儿子，一次他摔伤后，导致了严重的脑萎缩，现在癫痫病和高烧时常发作。"马仲华说。

"儿子现在已经14岁了，但智力还停留在4岁孩子的阶段！"谈话间，马仲华眼里一直含着泪。"我不是一个好儿子，好丈夫，好爸爸，妻子也时常抱怨我，说我干的这个活还不如去跑出租做生意挣钱。"

有一次，儿子患病住院了，但他为调解一起纠纷，一连20多天没有回一次家，都是妻子苦苦守护在病床边。第二天，病情稍有好转的儿子用沙哑的声音在电话里要求他到医院陪陪时，他却只能告诉儿子："爸爸忙，脱不开身，等处理完手头工作，一定给你买很多好吃的。"

"从内心讲，我多么希望当时能陪在孩子身边，尽一份父亲的责任。但一想到这件棘手的纠纷如果得不到及时调解，就很有可能酿成惨剧的时候，我就强忍着悲痛继续工作，顾不了那么多了。"马仲华回忆说。

从内心来讲，马仲华也希望调到一个清闲点的单位，这样还可以帮家里干点农活。"但是我喜欢这个工作，司法所刚成立的时候，没有办公室、没有经费，就连水电费都交不起，我都撑下来了；而现在一切都好转了，司法所也规范化了，再谈困难就对不起这份工作。"

马仲华的辛勤工作换来了一方平安。广河县司法局局长马忠林对记者说，在全县6镇3乡的司法所所长中，马仲华业务能力最强，在他担任司法所所长的6年里,他使城关镇这个全县出了名的"三多"(矛盾纠纷多、打架斗殴多、群体性上访多)乡镇连续6年没发生一件集体上访和越级上访,信访案件平均下降了10%,社会治安明显好转。

主编点评:

搞调解难,搞好调解更难,在民族地区搞调解难上加难!但马仲华迎难而上,不断摸索和总结经验,把法律与传统民俗有效贯穿在具体的纠纷调解中,使调解清官难断的"家务事"成为他的看家本领。这其中包含着他对本职工作高度负责的精神,对家庭和谐将心比心的追求,对调解事业的无私奉献。誉他为"全国模范司法所长"当之无愧。

一个全国劳模的"维稳经"
——记临泽县倪家营乡下营村支书宋海

周文馨

"维护农村社会稳定,我认为必须从搞好家庭内部、邻里之间的关系抓起。我们常说家庭是社会的细胞,只要每个家庭安定了,邻居关系搞好了,社会稳定工作也就好做了。"一提到维护农村稳定,全国劳动模范、甘肃省临泽县倪家营乡下营村党支部书记宋海就打开了话匣子。

近年来,在宋海的带领下,下营村一班人狠抓农民增收、村务公开、矛盾纠纷排查调处工作,防止了各类矛盾纠纷的激化、扩大和升级,全村连续10余年无重大事故和刑事案件发生,为全村群众安居乐业营造了稳定和谐的社会环境。

搭好台子"巧引导"

走进临泽县倪家营乡下营村,村委会的大会议室里摆放了420把椅子。村里的干部说,全村420户人家,每家都有一个席位。在这间会议室里,哪家有什么喜事,村干部公布后,全村人都能分享,邻里之间发生了矛盾和纠纷,在这里说一说,继而得到化解。如今,这个村喜事大家贺,不光彩的事大家批。

近年来,针对一些群众的道德意识淡薄、邻里纠纷增多、家庭不和等问题,在宋海的倡议下,村上积极组织开展"敬老人、比公婆、赛媳妇、夸邻居"活动。各村每年利用农闲季节,通过村妇代会、社管会等提名推荐、群众互评,评选出公认的好儿女、好邻居、好公婆和好媳妇,在全村群众大会上表彰奖励,由典型人选在全村群众大会上介绍经验,现身说法,谈他们在日常生活中是如何防止家庭矛盾、邻里纠纷的,家庭成员之间是如何和睦相处的,谈自己的切身感受,用事实教育和感化身边的人,并通过建立"文明之星榜"对各类典型的先进事迹向社会公开。

同时，村干部对本村邻里、夫妻关系不和、婆媳关系紧张的人和事，在群众大会上匿名以事说理，引导村民树立良好的思想道德，使群众思想在潜移默化中发生深刻变化，有效减少了婆媳矛盾、邻里纠纷。

为树立文明健康的新风尚，多年来，在宋海的不懈努力下，村里坚持开展"十星级文明农户"和"遵纪守法好家庭"评选活动，每年结合党员民主评议和村干部述职评议，评选命名一次，引导群众自觉学法、知法、守法，过健康向上的生活。同时，他还组织群众大力整顿村容村貌、改善家庭卫生条件，提倡群众在房前屋后种花，室内养花，每年组织一次评花赛花活动，有效地丰富了群众的精神生活，创造了舒心和谐的生活环境。

抓好根子"解难事"

今年55岁的宋海在下营村已经干了整整23年，自1990年担任党支部书记以来，下营村农民的收入就"芝麻开花节节高"。为了引导促进农民增收，1995年，宋海挨家逐户说服一些种田能手和种粮大户，试种了250亩玉米制种，当年制种亩收入达到1800元以上。

一石激起千层浪。从1996年开始，下营村群众开始大面积制种，到去年，玉米制种面积已发展到7000亩，占耕地面积的90%以上，人均制种毛收入达6203元。他利用丰富的玉米秸秆发展奶牛、肉牛养殖，建成高标准暖棚牛舍示范点3个，成了全乡群众争相学习的样板。目前，全村90%以上的农户建起了高标准暖棚牛舍，农民人均纯收入的三分之一来自养牛业。

针对群众反映强烈的林木归属、宅基地划拨、挤沟占路等问题，宋海动员村上成立了社情民情调查组和矛盾纠纷调解组，由党支部委员分头负责，一面走访听取群众的意见，一面找当事人现场解决，以实际行动取信于民，防止新的矛盾纠纷发生。

针对本村机动车多、财产安全管理有漏洞等问题，在巩固过去"十户联防"制度的基础上，宋海动员村上部分党员自发组成了社会治安义务巡逻队，健全完善了"村、组、户"三级联防、群防群治的队伍，坚持每半月召开一次会议，及时掌握治安动态、纠纷动态、社情动态，牢牢把握矛盾纠纷调处的主动权，努力把影响社会治安的隐患苗头消除在萌芽阶段。

定好框子"促公开"

搞好村务公开，强化民主管理，是保持农村稳定、促进农村发展的重要途径。在宋海的倡导下，下营村坚持把充分保障村民的民主选举、民主决策、民主管理和民主监督的权利作为维护全村社会稳定的重要大事，研究制定了《村级工作管理规范》等村规，建立健全了党员代表议事会、村民代表议事会和民主理财小组；根据群众的要求，进一步明确了村务公开的内容、时间、程序和形式；修订完善了村规民约议事决策规范、村民大会制度、村民代表会议制度、村务公开和财务公开等制度，实现了干部由群众选、大事由群众定、财务让群众知的目标，保证了村民的知情权、参与权、选择权和监督权的正确行使。

主编点评：

"维护农村社会稳定，我认为必须从搞好家庭内部、邻里之间的关系抓起。我们常说家庭是社会的细胞，只要每个家庭安定了，邻居关系搞好了，社会稳定工作也就好做了。"临泽县倪家营乡下营村支书宋海，从大处着眼，小处着手，搭台子，抓根子，定框子，件件工作抓在了点子上，与村委会一班人精诚团结，带领全村人民取得了经济发展、村子和谐、环境稳定的效果，体现出一名全国劳模的带头作用。农村发展就需要这样的"领头雁"。

不愧党性不负民
——记全国信访系统先进工作者王仁贵

景兴才

2003年入夏时节,全省"牢固树立正确的权力观教育"巡回报告团在各地、州(市)巡回演讲。一位中等身材、面容清癯、穿着朴素的汉子的精彩演讲,赢得了一阵阵掌声和赞誉。

他曾16次被省、地、县树立为"优秀共产党员"、"人民公仆"、"十佳公务员"和"先进工作者"。他曾获得过"全国信访系统先进工作者"的殊荣,受到了党和国家领导人的亲切接见。他就是灵台县信访办公室主任王仁贵。

10年前,王仁贵从组织部门调到县信访办公室工作。从此,他把整个心思都用在了工作上。这些年来,王仁贵给自己订了一条不成文的规定:每天晚上坚持自学两小时。

3年来,他先后读完了《哲学》、《邓选》等政法理论和十几门法律课程,写下了数十万字的笔记,撰写论文156篇,其中有12篇被地级以上刊物采用。正是由于王仁贵勤奋学习和刻苦钻研,在处理信访问题时能够轻车熟路,得心应手,让上访群众心悦诚服,满意而归。

信访工作十分"清苦",也很枯燥和烦琐。王仁贵却从来没有懈怠和埋怨过,在信访战线上一干就是10年。

期间,他接待来访1200人次,处理来信900多件,亲自查办的各类信访案件586件,其中查处各类违法违纪案件176起,调解各类民事纠纷187件,解决群众生产生活问题223件,落实各类资金136.6万元,使31个上访老户的问题全部得到解决。

王仁贵刚调到县信访办时,来县委、县政府上访的人不少。这些人当中,有的深感冤屈,下跪哀求;有的情绪激动、辱骂领导、殴打工作人员;有的因问题难决,缠访多年……身为县信访办主任的王仁贵看到此景,心里非常焦急。

他想：天天在县委、县政府门口堵群众不是办法，要想法设方将问题处理在基层，把群众稳定在所在地。他和信访办的同志一同走出机关，深入到工厂、矿山、乡村，一面了解基层情况，一面做群众工作，经过不懈努力，县运输公司、服装厂、经委、二轻系统都安稳了，一个个上访老户的问题都得到了解决，县委、县政府门口又逐渐恢复了正常的工作秩序。

6年前，该县上良乡一村民曹玉霞在做手术时，造成右腿肌肉萎缩。为此她丈夫多次到县委、县政府上访，要求解决问题。当时，王仁贵患尿道结石住院，正在挂液体。他听说这件事后，马上要求出院。主治医生、护士、家里人都劝他挂完液体再去，但他坚持马上要把这件事调查清楚。众人拗不过他，医生只好拔掉了输液针头。出院后，王仁贵拖着疲惫的身子，不分白天黑夜，先后10余次主动到有关部门调查、协商，向有关领导请示汇报，最终给曹玉霞解决了医疗、补助费2.3万元，使这一上访户终于息诉罢访。

7年前，灵台县石沟煤矿因资源枯竭，临近下马停产，职工怕找不到生活出路，情绪不稳定，一起集体越级上访即将发生。王仁贵知道这一情况，连中午饭都顾不上吃，就召集有关人员赶往百里以外的矿区。

由于一路的颠簸和长途跋涉，腹中空空的他饿得直吐酸水。到矿区，他看到上访者语言过激，行为鲁莽，就拖着病躯亲自去矿井、车间和工人们促膝谈心，融化感情。他连续召开各种类型的职工会、职代会，苦口婆心地做职工的思想工作，稳定工人们的情绪。几天来，他东奔西跑，不分昼夜，废寝忘食，眼睛布满了血丝，妻子给他纳的布鞋底都磨透了。一天夜里，正当他给几个民工做思想工作时，因持续劳累，晕倒在地，等他醒过来，人们劝他回去，可他执意不回。由于王仁贵大量细致的工作，终于解决了230多名职工的待遇问题，使一起集体越级上访得到了顺利解决。事后，一位民工曾感慨地说："王主任有一颗善良的爱民心，情同亲骨肉，爱比海洋深。"1996年8月，灵台县种子公司因制种受干旱因素影响，给该县百里、新集、中台三乡镇部分农户供应的高粱种子纯度不高，造成减产，许多群众来信来访，要求补偿经济损失。县上领导批示后，王仁贵立即组织调查组，进村社、访农户、到田头、查实情，一去就是10多天。

有时候，为了取证，王仁贵要翻山越岭40多里，到人烟稀少的山寨去。

由于人生路不熟，一天，王仁贵不觉在大山中迷失了方向，天渐渐黑了，他只好拔些干草往身子底下一垫，脱下鞋往头底下一枕，在羊肠小道上睡了一夜。那回，他走了30多个村寨，访了130个农户，最终为造成减产的群众补偿经济损失6.1万元,切实保护了农民的利益。

朝朝暮暮,岁岁月月,王仁贵置身于信访工作岗位,默默地履行着自己的职责。自1998年以来,他平均每年出勤312天,下乡办事178天,累计行程20余万公里。灵台县各乡村的道路上、上访户的宅院里,都留下了王仁贵深深的脚印。

主编点评:

信访部门是党委和政府面对社会的"窗口单位",信访工作者的操行在一定程度上体现着党委和政府的形象。一个时期以来,随着改革的深入,社会发展的一些深层次的矛盾显现出来,带着期待与诉求的基层群众纷纷来到信访部门,信访部门自然成为社会矛盾的前沿。如何应对?考验着政府的执政水平,也考验着信访工作者的素质。全国信访系统先进工作者、灵台县信访办公室主任王仁贵交了一份合格的答卷。正如一位民工说的:"王主任有一颗善良的爱民心,情同亲骨肉,爱比海洋深。"

实案警世

突案驚廿

深陷"老鼠窝"
——一位榆中农民的传销噩梦

景 冀

一批又一批的甘肃农民离开家乡来到西安,摇身一变成了"加拿大F&P科技投资有限公司"的经销商。他们深信,只要能让更多的人加入到自己的行列,"投资两千八,百万等你拿"的致富神话并非不能实现。

然而,当他们吃清水挂面、睡地铺,以极大的热忱奋力追梦的时候,却又无形中成为传销谎言的复制者,将更多亲友拉进了"陷阱"……

巨富诱惑 投入2800元两年赚120万

2006年5月下旬,甘肃省榆中地区一位农民闵生(化名)向《兰州晨报》反映,他被一位堂哥以包到工程为由从甘肃叫到西安,到了后才发现堂哥是要他交2800元接受培训、购买"芙倍森"化妆品,成为"加拿大F&P科技投资有限公司"的经销商。他感到堂哥一班人的言行与传销很类似,于是佯称没钱,从堂哥处开借条借钱"买"了"产品"后,才得以返回甘肃。

闵生还透露,在那几天里,他被带去听了几次课,讲的都是投入2800元,如何两年挣回120万的故事。故事虽然很短,但很多从甘肃过去的农民似乎都挺相信……

记者核实发现,不仅榆中地区的几个县有大量农民加入,而且甘肃省内的其他地区也有农民加入其中。这些已经从西安回去的农民,很多人已经无心在田间地头干活,整天琢磨的是如何让更多的乡亲到西安"发财"。

卧底直击 "这是给穷人一个机会"

5月31日,本报记者与《兰州晨报》记者一起来到西安张家堡,对此事进行了为期4天的卧底调查。

新来者的晚餐:一坨挂面、三块指甲盖大小的西红柿粒、豆腐粒制成的陕西特产——"珍珠玛瑙拉丝面"

5月31日早,闵先生先电话联系了自己的堂哥,称已联系到两个人过来,对方非常高兴,答应火车到站后,立即去接。

然而当晚7时,闵先生再联系其堂哥时,对方却关机了。记者只好跟着闵先生来到了位于西安市北郊经济开发区郑王庄村内的"加拿大F&P科技投资有限公司"西北区总部。所谓的总部就在郑王村一幢三层楼里。进门后上到二楼,只见迎面一间房子用毛笔写着"办公室"三字,门边墙角处,摆放着很多挂面和莲花白。而楼梯空地上,则凌乱地摆放着近20双鞋。

办公室里一个瘦高、自称姓丁的中年男子见到记者几人后,紧紧地握住记者的手,说了很多关切的话。这中间,一位年纪约60多岁的老人端来热水让记者洗脚,还几乎谦卑地叫记者为大哥,并拿来拖鞋要为记者洗袜子。

听说记者还没有吃饭,姓丁的男子立即让人做饭。过了一会儿,面端上来了,只见碗里除了一坨挂面、三块指甲盖大小的西红柿粒、豆腐粒,居然没有一星儿油。"这是陕西的特产——珍珠玛瑙拉丝面,很有名的。"他看记者慢吞吞地吃起来,就在一旁劝道:既然来了,就多住几天,机会难得……

不知什么原因,才晚上9时多,除了办公室,隔壁的几间房子里居然全黑着灯。随后记者被领进南边一间黑房子,这位姓丁的说,坐了一天火车了,赶紧睡吧,明早好有精神。

进屋后,一股污浊的热浪扑面而来,借着昏暗的光线,记者看到房子不过十多个平方,从南到北,沿墙角地上一个挨着一个居然躺了十几个人。

上课赛过"老鼠会"。在此起彼伏、一浪高过一浪的甘肃民歌声中,平时看上去很内向的农民,都表现得非常狂放

好容易盼到天亮。

几乎不约而同地大家纷纷起身。就在记者还没穿上裤子的时候,就已经有人给打了洗脸水,牙刷上已挤上了牙膏。

一位脸色微红、40多岁的甘肃男子来到面前,异常谦恭地说:"大哥洗吧……"后来记者才得知,对新来的人叫大哥,这是规矩。早饭依然是"珍珠玛瑙拉丝面"。一阵杂乱过后,很多人已收拾停当,把头发梳得一丝不乱。

早晨7时许,记者被带出村,去距离常青路"芙倍森"专卖店东500米处的院子听课。院子很大,似乎没什么人。跟着三三两两的人们从院东北角楼梯上到二楼,又进了一处空房,再穿过去,就到了阴暗、潮热的大教室。教室约200平方米,已坐了黑压压一大群人。

"欢迎咱们的新人!"不知谁起了头儿,教室里顿时掀起热烈的掌声。面对此情此景,记者简直有种受宠若惊的感觉。当同伴将记者和另一位从甘肃来的新人带到教室的前排后,又是一阵掌声。

停歇后,课前活动开始:按照先后加入时间,下面的人一一上台自我介绍:"21世纪的业务精英们,大家现在好!我是来自榆中兰西的,现在归杨某某领导,希望大家在百忙之中抽出一点时间,来我家'厅室'光临指导,我家'厅室'领导愿与大家在生活上成为知心的朋友,在业务上成为最默契的合作伙伴!"每次介绍完,台下的人都会报以狂热的掌声,并被要求唱一首歌。在此起彼伏、一浪高过一浪的"花儿"等甘肃民歌声中,平时看上去很内向的农民,都表现得非常粗犷、狂放。

"'芙倍森'系列化妆品是加拿大第一品牌,在全球有16000家分店……之所以让大家来,实际上是给穷人一个机会"

玩了近一个小时,便有培训员上台讲课:"我们加拿大F&P科技投资有限公司是一家非常有实力的大企业,它生产的'芙倍森'系列化妆品是加拿大第一品牌,如今在全球有16000家分店,不过在大陆只有6家……"

在介绍过公司后,他称,公司采取的营销模式,是将以往被各级批发商以及仓储货运等环节赚走的产品价格的67%利润,通过直销法、五级三阶制形式反馈给公司的经销商,让经销商在短短的两年时间里,赚到120万!他还强调之所以让大家来,实际上是给穷人一个机会。

讲完课,一些穿着笔挺的成功人士便纷纷上台讲述自己的成功经历。记者通过介绍得知,这些农民大部分来自甘肃定西、酒泉、平凉、庆阳、张掖、武威、甘南等地。

下课后,记者详细询问了"五级三阶制",原来五级即E级会员,D级推广员,C级培训员,B级代理员,A级代理商。三阶即推广员升为培训员为一阶,培训员升为代理员为一阶,代理员升为代理商为一阶。而总代理商则位于所有代理商之上,是总负责人。E级会员发展2名下线后会升级为D级推广员,下线会员达9名时会升为C级培训员。培训员此后不再发展下线，只负责新会员的培训工作，当他的直接或间接下线会员达64名时升为B级代理员，下线达292名时升为A级代理商。每发展一名新会员，其所在的直接或间接上线从推广员到代理商每级都会分到2800元的一部分，级别越高分到的越多。

许多上下线都是亲戚关系，即使这样，父亲照样要称呼儿子为大哥，叔叔要给侄子挤牙膏

上完课基本上就没什么事了。吃过拉丝面，总部的人带着记者去街上看"芙倍森"专卖店。虽然专卖店关着门，但似乎只要让你看看，多少你会相信不是子虚乌有。

为了让记者更相信，总部的人还会拿出经销商证书，称有了证书，也就正式成为了公司的一员。而获得证书，得交2800元接受培训、买"芙倍森"的产品才行。而之所以未来前景这么好，每一个人现在却要吃苦，原因就在于只有这样才能锻炼大家的毅力。他们还信誓旦旦地说，公司的高层领导也是吃珍珠玛瑙拉丝面一步一步上去的。

到了下午，记者又被带到常青一路上的几个村子来回转悠。经过串网，记者发现来的甘肃农民除了集中在榆中地区较多、定西等其他地方的也不少。在串网过程中，记者每时每刻身边都有两个人跟着，形同监视。在各个小"家庭"（总部分支），他们相互间交流经验，用热情、乐观来感化、说服你，很多人因此自觉不自觉地陷入事先设计好的谎言里。

在暗访中，记者深为这里的温情担忧，因为他们似乎都是真的发自内心。当一个新人刚到时，不论年龄，所有人都得称呼其为大哥，嘘寒问暖。由于总部里还充斥着一种叫"家族暴发"的观点，所以来的许多上下线都是亲戚关系，但即使这样，父亲照样要称呼儿子为大哥，叔叔要给侄子挤牙膏。

"公司"除安排新人上课、串网外，还通过做游戏、打牌等活动，分散新人注意力。在这过程中，不断提及某某人现在升到某级别，现在多风光等，让新人不知不觉陷入他们编织的谎言里。经过连续攻势，原本文化素质不高的大部分甘肃农民会对谎言深信不疑。而看到火候已到，组织者就会教他们如何用欺骗的手段发展亲友做下线，以及下线到来后稳定其情绪等。

在没有书报、看不到电视、出门有人陪的情况下，很多甘肃农民就这样坠入了传销的泥潭。而一些人交钱拿到经销商证书回到甘肃老家后，依然不遗余力编织各种谎言骗当地农民到西安来，成为他的下线。根据记者看到的几位小头目——培训员的证书编号看，目前已达5位数，有6万多人……

幕后调查 打满问号的公司与产品

编织"百万神话"的"加拿大F&P科技投资有限公司"究竟是一家什么样的企业？难道他们真的在搞产品直销吗？

公司地点"飘忽不定"

据上课的培训员称，该公司生产的"芙倍森"产品已跃居加拿大第一化妆品品牌。但记者查询其网址，除了一些人才招聘网站链接着该公司的招聘网页，未发现更多的有效信息。网页有的注明公司办公地点在广西桂林，有的则在辽宁沈阳、大连等地。网页上还注明"合则约见、谢绝来电"，倘不是亲自前往这些地方应聘，这些招聘信息根本无用。

公司证照几乎全是假的

另外，记者了解到，隶属"加拿大BDC企业集团"的"加拿大F&P科技投资有限公司"竟是在香港注册的一家香港公司。由于"总部"的人未提供公司的营业执照，所提供的税务登记证又是一家名叫广州芙倍森生物技术有限公司的，而所提供的证照经西安市工商局经开分局凤南工商所证实，也均为虚假证照。记者随后在网上查询到广州芙倍森生物技术有限公司的联系办法，但座机被告知"号码已过期"，手机则是"您拨叫的号码还没有用户使用。"

没人见过"芙倍森"产品

那么，"加拿大F&P科技投资有限公司"设在张家堡附近的3个专卖店（其中一家在常青一路），是不是有商品而可以提供出可靠的查询渠道呢？

据称，3处专卖店均有芙倍森化妆品摆放，可是记者暗访调查发现，里面无论是总部的培训员，还是刚刚还处在洗脑阶段的甘肃农民，均没有见这三个店开过门，也没见谁使用过"芙倍森"产品。经询问房东，常青一路上的专卖店租了有一段时间了，店主姓时，但一直没见店里开过门；张家堡转盘的两家店，记者核实房东时，则称店主早在今年正月就已经离开了，走时店主没有取掉店牌，因为她也怕麻烦，所以两个店牌快半年了还挂着。

执迷不悟 村主任称"找到致富路"

6月3日上午，西安市工商局经开分局凤南工商所稽查人员与当地干警一举端掉了授课窝点，陈丰等4名C级培训员被移交到西安市公安局经侦大队有待进一步调查。

最高代理商无影无踪

经凤南工商所稽查人员确认，陈丰等人所持的盖有"加拿大F&P科技投资有限公司"的经销商证书为假证。而且，所谓的西北区总部负责人无法提供营业执照，故此案具备了传销的一些基本特征。在对陈丰等人的调查中，陈交待他是甘肃定西内关人，今年41岁，小学文化，今年正月十三交2800元后成为经销商，先后培训了10个人，每加入一个人，按67%的比例提成，共获利1万多元。

据调查，4名培训员都已有公司发给千元不等的月工资。而新加入人员的钱打入他们个人账户后，他们还要将钱打到更高一级代理商的账户上。而在当地最高的代理商是一个姓宋的人。宋某从未露面，故查处时，早已无影无踪。记者将暗访得到的宋某银行卡号，及时交给了稽查人员。

大学生称自己并不后悔

此次调查中记者发现，参与者除了农民外，甚至包括一些大学生和村干部。一位年仅24岁的大学生，原是西部某理工大学外贸英语专业的毕业生，被亲戚骗来后，已在这里生活了4个多月，由于口才较好，也成为了拿着月薪一千多元的培训员。回顾走过的路，他说自己并不后悔。

村主任认为自己是"解放思想"

不后悔的还有兰州市榆中县甘草镇克涝村主任赵强。下面是记者与现年44岁的赵强进行的短暂对话。

记者：你当了多少年的村主任？

赵强：我1992年就当选村主任，14年了。

记者：你是怎么到这儿来的，后悔不后悔？

赵强：今年正月我被我亲戚叫来的。现在解放思想，要大胆地干，我又没偷没抢、没扰乱社会，我买产品自己用，我没犯法，我不后悔。

记者：你是村干部，你在这儿，村里事谁管？镇上知道不？

赵强：不知道。过一阵我就回去，村里的事都交待过了。

记者：你认为这能发财致富吗？

赵强：我认为能。我认为这就是一条很好的致富路。

记者：那你这几个月挣到钱了吗？

赵强：挣到了，第一个月挣了400元，现在有两三千了。

记者：你叫了多少人才挣到钱？村上的有没？

赵强：我就叫了我姐夫。村上的没有。其他的说不上了。

记者：教室里面有40多度，你不怕他们中暑吗？

赵强：我们到现在也没一个人中暑。要这样，我们40多度还挖田，不就早死光了吗？……

赵强始终坚信为全村找了一条好的致富路。而他的坚持，让记者不仅为他担忧，更为更多的农民兄弟担忧。

主编点评：

俗话说："天上不会掉馅饼。"可总是有人不相信，频频受骗，还前赴后继！文中所披露的正是近年来接连不断发生的传销大案之一。传销总是以这样那样动听的语言，丰厚回报的诱惑，欺骗人们进入圈套，不能自拔，然后又勾连自己的亲人老乡同入瓮中，上演一出出并不新颖的悲剧。有的倾家荡产，有的身受凌辱，有的深受其害又反害他人，有的头撞南墙却执迷不悟……有快速致富的愿望并没有错，错的是选择的错误的手段和途径，尤其是经国家法律明令禁止并坚决打击、在社会上已臭名昭著的传销，去实现自己的梦想，可悲、可叹。人们啊，要警惕！

一个死囚的内心独白
——与农民工王斌余的对话

孟昭丽　刘佳婧　刘晓莉

王斌余，一个普普通通的农民工，带着改变贫穷生活的美好憧憬，17岁开始到城市打工，却在艰辛的生活中不断地痛苦挣扎，备受欺侮。数次讨要工钱无果，他愤怒之下连杀4人，重伤1人，后到当地公安局投案自首。2005年6月29日，宁夏石嘴山市中级人民法院判处王斌余死刑。

8月19日和26日，记者先后两次到石嘴山市第一看守所，与王斌余对话了10个多小时。在取得信任的基础上，王斌余向记者坦露他的内心世界。

憧　憬

我出生在甘肃省一个小山村，常年干旱家里收成不好。我6岁时妈妈就去世了，家里生活困难，一家3口人挤在一个大炕上。这几年用打工的钱，才在土房边盖了几间砖房，可是因为钱不够，新房的门窗到现在还没装上。

小时候因为家里穷，我边上学还边干农活，在家里要做饭、照顾弟弟，小学四年级时我就辍学在家。

我一直想让弟弟上学，可我爸说他自己不识字不也活得好好的，更何况家里没有钱。弟弟二年级也辍学了。

在家里，我觉得自己就像被关在笼子里的猫一样，总想逃出去看看。出来打工是为了挣钱，改变命运，为自己争口气。

（旁白：28日下午，在看守所，记者见到了王斌余60多岁的老父亲王立定。老人一瘸一拐地走了进来，肩上用木棒挑着一个沾满尘土的红布袋，布袋里给儿子装了几件秋衣和几个青苹果。老人是奔波了上千公里路来看儿子的。他告诉记者，儿子很不容易，从小生活不如别人，在家又做饭又洗衣，大了又到外面打工。村里人不出去打工就没法生存!儿子一时糊涂犯了事,我不识字,可我知道应该按国法处理。)

挣 扎

"经村里熟人介绍,我17岁就开始到甘肃天水市打工。随后几年又到了甘肃兰州、宁夏中卫、银川、石嘴山、中宁等地,在建筑行业打工,也曾蹬过三轮车。

刚开始在天水市干建筑活,一天工资11.5元,扣除4元伙食费,最后可以拿7.5元。随后,我14岁的弟弟也到这里来干活了,他一天拿5元。我们吃的是土豆、白菜加面,啥菜便宜就买啥,住在用木板支起来的大通铺上,几十个人挤一间。

有一年春天,我在2米多高的地方打钢筋,掉到了下面7米多深的井里,都是稀泥巴,差点淹死。后来大家把我拉上去了,我总算逃过一死,却大病一场。老板不给我看病,只给了几片感冒药。

2003年8月起,我一直跟着包工头陈某干活,他揽的都是又脏又累又危险的活。在石嘴山一家电厂做保温工时,一天27元。保温用的玻璃纤维扎得人浑身起红疙瘩,我们忍受不了,老板就骂我偷懒。

吴华是工地的负责人。他经常平白无故地拿我们出气。他让我偷工地上的东西,我不干,他就打我,骂我。我们平常从早上7点干到晚上7点,有时候到晚上八九点才下班,只要天亮着就干活。

我们工资一般都是年底结算,平时我们用钱只能找他借。可即使结算清了工钱,仍要扣300元的滞保金。今年老板给我们说晚上加班就给多加8块1毛钱,但最后发工资的时候他们能赖掉就赖掉了。

去年我们签了劳动合同,合同上写了交医疗保险。结果有病根本拿不到,我胃病花了1000多元还是自己掏的。出了工伤他们根本不负责任,工地上一个小伙子腿被砸了还干活呢,后来干不下去只好回家了。

(旁白:宁夏社会科学院经济研究所农民工问题专家李禄胜说:农民工是弱势群体,他们的合法权利经常受到侵犯。究其原因,农民工有80%是自发打工,他们没有技能,没有文化,只能从事简单的手工劳动和体力活,没有竞争力。同时,他们缺乏生活常识、法律常识、城市劳动常识,也没有任何的法律援助。)

反 抗

今年5月份，父亲因为去年修房子腿被砸断一直没治好，家里急需用钱，再加上我身体一直不好，实在不想继续干下去了，就想要回今年挣的5000多元钱。可老板却只给50元。

我气不过，就去找劳动部门，他们建议我到法院。法院说受理案子要3到6个月，时间太长，让我找劳动部门。劳动部门负责人立即给陈某打电话，说他违反《劳动法》。陈某却诬赖我看工地时偷了铝皮，不给我工钱，可我并没有偷。

5月11日，经劳动部门调解，包工头吴新国向劳动部门承诺5天内给我算清工资。谁知回到工地，吴华把我们宿舍的钥匙要走了，不让我们在工地上住。晚上，我和弟弟身上没钱，可住店一天最少要10块钱，我们就到吴新国家要点生活费。吴新国一直不开门，住在旁边的苏文才、苏志刚、苏香兰、吴华还有吴新国的老婆过来让我们走。吴华骂我像条狗，用拳头打我的头，还用脚踢我，苏文才、苏志刚也一起打我和弟弟。我当时实在忍受不了，我受够了他们的气，就拿刀连捅了5个人。我当时十分害怕，就跑了，到河边洗干净血迹，就去公安局自首了。

（旁白：石嘴山市第一看守所第二管教中队中队长王佐宏：当时听到王斌余的案件时，以为他是一个凶神恶煞的人，后来通过跟踪观察，发现他很淳朴、善良。由于从小生活的环境没有多少温暖，在社会上遭到种种白眼、欺侮，多次讨要不到工钱，产生了报复心理。）

反 思

下午见到了我爸，他已经瘦成那样了，见到父亲后我觉得很后悔，当时也是一时冲动。我做了傻事，法律要追究责任。我评价自己是不忠不孝。

说起来我也是坏人，不应该把别人弄死了，我也不想发生这样的事情。这件事情，对于双方的父母都是伤害。

我也没有多少时间了。我爸说了，很支持记者的采访。你们采访我，文章发出来，可以让更多的人关注我们农民工。领导到下面来，只看表面大楼好着呢，我们在墙上施工，一不小心就摔死了，你知道修大楼多少民工死了？我知道有保护我们农民工的政策，但下面人不执行，我们的权利还是得不到保障。

我的愿望很简单，让我父亲、爷爷、奶奶过得好一点，他们苦了一辈子。我希望周围人都要有一颗善良的心，不要瞧不起我们农民工。我希望人和人之间都很友好，都能够互帮互助。我希望社会能够更多地关注我们农民工。

（旁白：宁夏宁人律师事务所律师张博铭：近年来，国家越来越关注农民和农村问题，农民工也要懂得用法律武器来维护自身权益。但同时，国家要进一步采取措施切实保障农民工的各项权利。农民工是城市的建设者，只有切实保护他们的权益才能保证社会的稳定，不要让他们流汗后再流泪！)

主编点评：

王斌余本来是一个淳朴善良的农民，年纪轻轻却走上了不归路，个中原因三两句话实在难以说清。与其说是他个人的人生悲剧，勿宁说是时代的悲剧。农民工处在社会最低层，他们的合法权益受到社会普遍的漠视，当他们的合法权益受到频频侵害而得不到政府部门、司法机关应有的援助和伸张，生活又难以为继的时候，往往铤而走险，以过激甚至犯罪的形式去自我抗争，从被同情者到罪犯，需要全社会去思考。但相信，随着法治进步，农民流过汗后再流泪以至流血的现实会逐步改变。

"同命同价"体现人本关怀
——对甘肃省两起人身损害赔偿案的调查

吴梦寒

人身伤害事故中,城乡居民同命是否同价的现象历来备受社会关注。近日,兰州市公安局交警支队东岗交警大队,在处理一起交通事故时,对在事故中丧生的农民工孔兵兵和城里人管某,按照城镇居民的赔偿标准计算死亡赔偿金,实现了同命同价的人本关怀。

孔兵兵是通渭县北城铺乡人。出事的时候,他刚满20岁,已经在兰州打了好几年工。2005年9月27日,他被兰州市城关区保安服务公司聘用为临时保安,此后在甘肃万盛园物业管理有限公司工作。

1月3日晚上,孔兵兵和朋友管某一起吃饭。吃过饭,管某开上北斗星微型客车上了路,孔兵兵也上了管某的车。凌晨2时35分,他们行驶到兰州市火车站东路公交五公司大门西侧,不幸撞上路边迎面停放的公交车上。车祸后3个小时内,管某和孔兵兵相继死亡。

一个月后,兰州市公安局交警支队东岗交警大队作出事故认定,肇事司机管某承担事故的主要责任,公交五公司承担事故的次要责任,孔兵兵无责任。

虽然孔兵兵在事故中并无责任,但事故的处理还是给他的家人带来新的麻烦。因为孔兵兵是农村户口,按照2003年通过的《最高人民法院关于审理人身损害赔偿案件适用法律若干问题的解释》,得按照农村居民的可支配收入来确定赔偿金额。

而根据《2007年甘肃省道路交通事故的损害赔偿标准》,我省2007年城镇居民人均可支配收入为8920.59元/年,农村居民人均可支配收入为2134元/年。如果将孔兵兵按照农村居民的收入标准,他的家人只能拿到4万元的死亡赔偿金,但如果按照城镇人口赔偿标准计算,他们可以拿到17万元左右的交通事故损害赔偿,赔偿数额差距13万元。

据处理该事故的东岗交警大队徐永盛警官介绍,经过双方同意,事故赔偿协商处理,可按照事故中责任来承担赔偿的费用。当事人孔兵兵的家人提供了孔兵兵在兰州市城区工作的证明,赔偿标准就将按照城镇人口计算。"这么计算是处于以人为本的考虑。目前,兰州市在交通事故处理中,对于在城市工作的农村居民,只要能证明经常居住地和主要收入来源地均为城市的,有关损害赔偿费用都可以根据当地城镇居民的相关标准计算。"徐永盛说。

另据了解,兰州市公安局交警支队的做法,是参照最高人民法院2006年4月《关于经常居住地在城镇的农村居民因交通事故伤亡如何计算赔偿费用的复函》来进行的。复函中明确表示,受害人虽然是农村户口,但在城市经商、居住,经常居住地和主要收入来源地均为城市,有关损害赔偿费用应当根据当地城镇居民的相关标准来执行。

此前,在我省发生的人身损害赔偿案件中,也曾出现过"同命同价"的案例。2007年3月22日,我省首例农民工"同命同价"案在兰州市中级人民法院开庭审理。审判中,"同命同价"成为人们关注的焦点。作为终审审判结果,"同命同价"也在此案中得以体现。

这起首例"同命同价"案件的当事人是农民工通渭县农村青年赵某。事发前,他在兰州给同村的包工头赵满福打工。赵满福承包了由甘肃西艺门窗装饰工程有限公司承建的兰州肺科医院住院大楼的墙体装饰工程的一部分。2006年9月10日下午,赵某在工地干活时,从3楼的窗口摔下后身亡。之后其家人将赵满福及甘肃西艺门窗装饰工程有限公司告到了城关区法院。一审法院认为,赵某在兰州打工已满1年,应该按城镇人口赔偿标准判决。法院判决赵满福赔偿赵某家属18万元,赵满福不服向兰州市中级人民法院提起上诉,二审法院维持了原判。

但是,并不是所有的农民都能和城镇居民"同命同价"。采访中,记者了解到,目前,"同命同价"还是有限的。除了最高法院的一则复函外,我国还没有其他任何一部法律明确规定"同命同价"。也就是说,农民只有在城镇工作和居住,且能够拿出证据证明的,才能够按照城镇居民进行赔偿。对于那些在农村生活,地道的农民来说,当他们的人身受到伤害时,并不能和城里人享受同样的赔偿标准。即使他们和城里人在同一场灾难里,承受了同样的伤害,也很难得到相同的赔偿。

还有一种声音很值得倾听。兰州大学经济法研究所所长刘光华认为,目前人们对"同命不同价"的批评,实质上是针对人身损害赔偿的人为城乡划界,而实际上，由于每个人的自身价值（包括财产价值）确有差别，在人身权益受到损害时，提出"因人而异"的损害赔偿请求理所应当。

主编点评：

毫无疑问，尽管人的自身价值千差万别，但是，法律面前人人平等。司法实践中同命不同价，在人权平等的文明社会中，是人格歧视行为，是等级社会的落后遗产。尽管社会中"因人而异"是普遍的价值取向，但最高法院的一则"复函"，是回归生命的司法赔偿"人人平等"理念的开端。通渭农民赵某是不幸的，但在他的生命赔偿中，获得了与城里人一样的标准，这是对其家属的安慰，也是法治的进步。不论是对农民工维权还是司法实践，这个案子都具有标本意义。但要彻底消除对农民工在方方面面实际存在的歧视，还有待社会文明的进步。

智擒大毒枭
——甘肃破获省内最大毒品案

李 勇　陈志刚　王艳丽　苏 华

　　2004年11月，根据有关线索，一甘肃籍贩毒团伙准备在广州进行毒品交易，甘肃省公安边防总队受领案件侦查任务后，随即成立了"11·12"特大贩卖、运输毒品案专案组。在云南、广东边防总队的大力配合下，专案组成员往返广东、云南、宁夏、甘肃、青海5省区，历时近1年，行程9万多公里，先后在广州、兰州、银川等地抓捕犯罪嫌疑人10名，查（缴）获海洛因230.806千克，查（缴）获毒品数量堪称甘肃省建国以来禁毒之最。2005年10月，"11·12"特大贩卖、运输毒品案侦查工作全部结束，正式移送甘肃省人民检察院审查起诉。

接到线报　仓库抓获两马仔

　　2004年11月12日，甘肃省公安边防总队获悉，一批藏有大量毒品的木材将从缅甸经云南运进广东境内，接货的是一个由甘肃籍人员组成的贩毒团伙。甘肃省公安边防总队随之成立专案组，将此案定为"11·12"特大贩卖、运输毒品案立案侦查。11月17日，在云南、广东省公安边防总队的大力配合下，专案组人员在广州市白云区江夏村一仓库抓获了正在锯木取毒的马有文、马清元二人，并从木材中查获毒品海洛因220公斤。经过审讯，马有文、马清元交代，他们是受一个叫田玉来的宁夏人指使到广东接货的，而这个田玉来只不过是"二老板"，真正的"老板"是一个叫马雁宁的甘肃临夏人。

艰苦蹲点　智擒两个大毒枭

经过周密细致的布控，甘肃省边防总队很快掌握了指挥马有文和马清元运输毒品的两名幕后老板的基本情况和活动范围，田玉来、马雁宁的踪迹终于暴露于专案组人员眼前。原来，狡猾的马雁宁让田玉来在银川遥控指挥马有文、马清元到广东接货，而自己则在兰州遥控指挥田玉来，可谓"诡计多端"。专案组决定在银川、兰州两地对田玉来和马雁宁同时实施抓捕。专案组人员在寒风中连续蹲点守候了30多个小时后，于12月3日下午2时许，在银川市某单位宿舍楼将田玉来当场抓获。同日马雁宁在兰州落网。经过十天的审讯，12月13日下午，马雁宁终于交代，在广州市白云区江夏村查获的220公斤毒品是境外毒贩韩永万从缅甸运进来的，他接货后准备卖给一个叫郑泽川的广东毒贩，先交两包样品，交样品的时间是12月16日，交货地点在广州市三元里。

深挖线索　案情越来越明晰

为了抓获这一贩毒团伙的下家，彻底摧毁贩毒网络，专案组成员押解马雁宁连夜飞往广州，开展案件延伸侦查，全面展开追捕工作。到达广州后，马雁宁的固定下家郑泽川十分狡猾，先后多次与马雁宁电话联系变换交易时间和地点。最后才确定16日他从汕头市来广州接货，要求先准备两包毒品海洛因样品。12月16日上午，在警方的严密布控下，马雁宁带领一名马仔与郑泽川进行了样品交接。后郑泽川打电话给马雁宁说货的质量不错，要求马雁宁先准备14公斤海洛因，分成两包交货。12月18日上午11时，专案组成员兵分两路，一组在广州市三元里地铁口抓获郑泽川派来接货的马仔徐东雄，13时许，另一组在广州市机场路建发广场抓获了郑泽川。经过近30小时的艰苦突审，郑泽川、徐东雄的思想防线被攻破，二人表示愿意立功赎罪，并交代其下家叫朱舜卿，但经联系发现朱舜卿的电话早已停机，这无疑使案件侦破工作陷入了僵局。但令办案人员稍感宽慰的是郑泽川交代出兰州另一姓马的毒枭已将35公斤毒品运到了广州，准备与他交易。

迅速追击　兰州毒网现原形

　　为了打掉这一又"冒出来"的贩毒团伙，彻底摧毁以郑泽川为首的广州贩毒网络，扩大战果。专案组决定再次实行控制下交付，让郑泽川与兰州姓马的毒枭交易。12月21日，在警方的严密监控下，郑泽川的马仔徐东雄顺利接取了兰州马姓毒枭的359克毒品海洛因样品，但是后来由于马姓毒枭的警觉，毒品交易被迫中断，浮出水面的"鱼儿"又沉了下去。

　　12月28日，犯罪嫌疑人郑泽川又接到兰州马姓毒枭的电话，称有40公斤散装"货"要进行交易，29日货从兰州运到广州，先交10公斤货，每公斤价格为25万元，在付清10公斤货款后，再交剩余的30公斤"货"。为确保万无一失，专案组人员多次前往实地，勘察地形，熟悉环境，精心部署，最终将交货地点选定在广州市白云区江南大道海珠大酒店。12月29日下午5时许，在广东省公安厅、边防部门的协助下，专案组办案人员在该酒店509房间成功抓获了替兰州马姓毒枭送货的两名马仔马有苏、马伟林，并当场缴获毒品海洛因4.95公斤。在侦查员巧妙的审讯技巧和强大的政治攻势下，这两名临夏东乡族贩毒人员的防线被一一攻破，不仅彻底交待自己的犯罪事实，还提出愿意戴罪立功，配合警方工作。后据马伟林交代，专案组成员于2005年1月22日在马有苏、马伟林二人的租住地查获毒品海洛因5.497公斤。

及时布控　夫妻毒贩落法网

　　时间跨入新的一年，可"11·12"贩毒案的侦破工作却没有完结，郑泽川的下线朱舜卿手机停机，消息全无，如石沉大海，这成了悬在参战官兵心头的一件憾事。2005年2月21日，专案组终于获得线索，朱舜卿在广州出现，这一消息让办案干警十分振奋。2月22日，甘肃省公安边防总队"11·12"专案组人员再赴广州，在广州市广华四路某小区将长期贩卖毒品、被列为公安部边防管理局挂牌督办的"朱舜卿贩毒案"主犯朱舜卿及其丈夫朱坚辉抓获归案。通过突审，发现二朱在被抓前订立了攻守同盟，于是专案组及时调整策略，决定兵分两路，一组加大对二朱的审讯力度，另一组进行外围调查取证，为审讯工作提供证据。通过十几天的审讯，二朱的心理防线有所突破，取证组调取了犯罪嫌疑人朱舜卿在银行存取100万元现金的原始凭证和录像资料、冻结了犯罪嫌疑人朱舜卿、朱坚辉的房产和非法所得，为确定二朱的罪行提供了有力的证据。2005年3月3日，犯罪嫌疑人朱舜卿、朱坚辉被押解回兰。二朱的归案，标志着"11·12"特大贩卖、运输毒品案的成功告破。

辉煌战果　特大毒网被摧毁

历时10个多月侦破的"11·12"特大贩卖运输毒品案先后抓获犯罪嫌疑人10名，查（缴）获海洛因230.806千克，这是自建国以来，甘肃省警方在禁毒斗争中查获毒品数量最大的个案，缴获犯罪嫌疑人毒资人民币573,806.4元，港币22,200元，冻结存款119,728.38元，扣押手机12部，扣押房产2套。"11·12"特大贩卖、运输毒品案的成功告破，彻底摧毁了以"马雁宁"为首的甘肃贩毒网络和以"郑泽川"为首的广东贩毒网络，为公安部督办的"11·02"特大跨国武装贩毒案侦破工作做出了重要贡献。为甘肃禁毒人民战争写上了浓重的一笔。

2009年4月28日，兰州市中级人民法院宣判一起内地罕见的特大贩卖运输毒品案件，对七名被告人根据不同情节分别判处死刑、无期徒刑。

该案是由兰州市人民检察院提起公诉，经兰州市中级人民法院依法开庭审理并查明，被告人田玉来等七位涉案人员在2003年、2004年共贩卖、运输毒品涉及256公斤。其中，仅2004年11月17日，公安人员从这起案件中查缴海洛因206公斤。

兰州中级法院认为，被告人田玉来与马某（另案处理）共谋贩卖毒品，二人分工负责，由马某联系购买和出售毒品，被告人田玉来负责在出售毒品环节中接送毒品，并指使他人具体实施。被告人马有文、马清元受被告人田玉来的安排接运毒品，其行为均构成贩卖、运输毒品罪，三被告人均是本案的主犯。

法院同时认为，被告人郑泽川、徐东雄、朱舜卿、朱坚辉贩卖毒品，其行为均构成贩卖毒品罪，被告人郑泽川、朱舜卿、朱坚辉亦是本案的主犯。

被告人徐东雄受他人指使进行毒品犯罪，法院认定其为本案的从犯。被告人郑泽川、徐东雄能提供重要线索，并协助公安机关破获另一起毒品犯罪案，有立功表现，法院依法进行了从轻处罚。

宣判结束后，兰州市中级法院召开新闻发布会说，这起案件是该院多年来受理的一起最大的毒品案件，涉案犯罪人员较多，涉及广东、云南、宁夏等省乃至境外，且毒品数量巨大，贩运手段隐蔽。办案中，审判人员亲临办案地核对有关情节，排除案件疑点，依法审结了全案。

 **主编点评：**
　　毒品猛于虎。毒品犯罪对社会家庭危害巨大、流毒深广。我省作为中国西部毒案频发的地区，警方始终保持高压打击态势，但是，仍然有人铤而走险，参与甚至组织跨国贩毒集团，走上人生不归路。以马雁宁、田玉来为首的特大贩毒集团的破灭就是其中典型的一例。他们本可以有一个安康的家庭、幸福的人生，正是想一夜暴富的贪欲和孤注一掷的赌徒心里，危害社会，毁了自己。这不是第一例犯罪案件，也不会是最后一例，远离毒品，远离犯罪，当是我们心中常鸣的警钟。

合法土地经营权不容侵犯
——临泽县一起农民哄抢承包地案背后

周文馨

在全国各地,土地纠纷案件一般都以民事案件查处,而甘肃省临泽县鸭暖乡昭武村农民杨天明、杨发茂、张希道,因聚众强行耕种他人承包经营的土地,被临泽县人民法院以聚众哄抢罪分别判处了2年、1年和6个月的有期徒刑。

被告人杨天明对被控为主犯有异议,上诉于张掖市中级人民法院。近日,张掖市中级人民法院经过审理,维持了一审法院的判决。

串联煽动,抢种他人承包地439.5亩被耙糖

2000年5月,临泽县智源绿色农庄法定代表人刘文智与昭武村村委会签订了土地承包合同,承包了南板滩的1600亩集体荒地,通过综合治理实行农林牧综合经营。

2003年初,刘文智又将承包的土地转租给了临泽龙涛育林基地法定代表人陈光胜,昭武村村委会分别于2003年1月1日和2004年3月28日与陈光胜签订了土地承包合同及补充合同,解除了与原承包人刘文智的土地承包关系,确定了陈光胜与昭武村的土地承包关系。

在陈光胜承包经营期间,由于缺乏资金,陈光胜又与张爱芳于2004年12月18日签订土地承包合同,又将昭武村南板滩的1600亩集体土地转包给了张爱芳,由此张爱芳登记注册为昭武农场,并按照承包合同的规定向昭武村缴纳承包费,这件土地承包流转合同手续齐全,承包经营合法。

2008年,国家扶持"三农"发展的各项优惠政策得到了严格落实,农民发展种植业越来越有利可图了。昭武村农民杨天明、杨发茂、张希道串联部分群众,以张爱芳承包经营南板滩土地不合法为由,煽动抢种张爱芳已经实施承包

经营的土地。

据公安机关介绍，被告人先后5次召开会议，明确了制度，按照合作社指定了10名小组长，由小组长继续煽动吸收抢种已承包土地的群众；向煽动吸收抢种农民户均收取了100元的押金，共收取了98户农民9800元，由专人管理；根据南板滩的土地数量绘制了草图，采取抓阄的办法将张爱芳承包经营的土地分给了各小组，再由各小组分给农户。

2008年3月1日，三被告人组织分到土地的农民到南板滩强行播种，致使张爱芳合法承包经营的439.5亩土地被耙糖，并将其中236.5亩种植了小麦，侵犯了承包人的合法权益。

两审终审，三农民被定聚众哄抢罪

据法院审判人员介绍，这件违法抢种他人已承包经营的土地案件，具有两个明显特征：其一是聚众性：抢种的农民少时几十人，多时上百人；其二是公然性，乡村干部一再劝说抢种他人已承包经营的土地是违法行为，可是被告人依然煽动群众强行种植。土地合法承包人张爱芳只好向公安机关报案，要求依法制止聚众抢种土地的行为。

被告人杨天明、杨发茂、张希道聚众强行耕种他人承包经营土地的案件发生后，有关部门和乡镇的负责人就及时到现场进行劝阻，然而强行种植的行为并没有停止。当时正是实施春播的关键时期，为了避免造成更为惨重的损失，保护土地承包经营的合法性，2008年3月6日，公安机关依法采取果断措施，对聚众抢种土地的杨天明、杨发茂、张希道以破坏生产经营罪予以刑事拘留，同年3月15日经临泽县人民检察院批准被依法逮捕，农民违法抢种已承包经营土地的行为随之被制止。

杨天明、杨发茂、张希道，因聚众强行耕种他人承包经营的土地，侵犯了承包人的合法经营权，被临泽县人民法院一审以聚众哄抢罪分别判处2年、1年和6个月的有期徒刑。

2008年10月，张掖市中级人民法院经过审理，作出了二审判决，认为被告人犯罪事实清楚，证据确凿，一审法院审理程序合法，应用法律准确，量刑适当，维持了一审法院的判决。

法官详解，具备聚众哄抢罪的聚众和公然性特征

目前在全国各地，土地纠纷案件一般都以民事案件查处，而鸭暖乡昭武村个别村民聚众强行耕种他人已承包经营土地的案件却以刑事案件处理，应用法律是否准确？

临泽县人民法院的审判人员认为，该案以事实为根据，以法律为准绳，证据确凿，程序合法，应用法律准确，量刑适当。

聚众抢种他人已承包经营土地案件发生之初，临泽县人民检察院对被告人杨天明、杨发茂、张希道聚众抢种他人已承包经营土地的行为，以构成破坏生产经营罪提起公诉，但是临泽县人民法院合议庭评议认为，破坏生产经营罪是指以泄私愤为目的或其他个人目的，毁坏机器设备、残害耕畜或以其他方式破坏生产经营的行为，并且破坏对象必须与生产经营活动直接相联系，客观表现为破坏生产经营的行为，在主观方面表现为直接故意，具有泄愤报复或者其他个人目的，故意造成生产较大损失，破坏正常的生产经营活动。

而被告人杨天明、杨发茂、张希道聚众抢种他人已承包经营土地的行为，不存在泄个人私愤目的，抢种张爱芳已承包经营的土地并不是为了破坏生产，而是为了自己耕种土地，客观上并没有使生产活动停止，不能构成破坏生产经营罪。但根据《中华人民共和国物权法》的有关规定，土地承包经营权人依法对其承包经营的耕地、林地、草地享有占有、使用和收益的权利，由此被告人杨天明、杨发茂、张希道聚众抢种他人已承包经营土地的行为，构成了聚众哄抢罪，其特征是以非法占有为目的，公然抢夺承包经营权人对土地的经营使用权，具备了构成聚众哄抢罪的聚众性和公然性特征。

主编点评：

土地是农民最传统的养家糊口、发家致富的本钱，农民对土地有着天然的深厚感情，但是对土地的经营权要依法获得。土地作为最基本的国家战略资源，自古就有规范管理的法律法规。土地的家庭联产承包责任制作为改革开放30年最基本的成果，中央已出台的多个"一

号文件"给以强调和完善。土地承包经营权受法律的保护已深入人心。本案中杨天明本是安分守己的农民,之所以走上犯罪道路,一是法律意识淡薄,二是不平衡心态即"红眼病"。随着市场经济的发展,为了使土地适度规模经营以获得最大效益,国家已允许土地依法流转,相信土地经营的侵权案件会不断出现,我们要切记:法律保护我们自己依法获得的土地经营权,法律也同时保护别人依法享有的土地经营权!

为了冤魂的安息
——甘肃农民工法律维权站为农民工遗孀讨说法

张艺鸣 唐华伟

2007年6月4日,甘肃农民工法律维权站受理的第一起农民工维权案,经过《鑫报》律师法律专家团勇盛律师事务所律师8天的法律维权救济,日前该案在律师参与下已正式调解结案。死者家属在兰告诉记者,她的丈夫在兰州打工期间,被兰州某技术开发公司采石场的装载机当场压死,由于被告方对此事件不理不睬拒绝赔偿,导致死者的尸体在华林山不能入葬,当她把此事反映到农民工法律维权工作站时,该站律师竭尽全力解决此事。

在社会的共同努力下,被告方认识到自己的不足,答应赔偿10万余元,事后她为了表达对维权站的感激之情,特意制作了一面锦旗送给法律维权站以表谢意。她感慨地告诉记者:"法律维权站真是农民工维权的'娘家'"。

死者家属魏女士告诉记者,她是陇南市武都区佛崖乡人,2007年的3月份,她的丈夫宋同(化名)和在兰州某技术开发公司工作的徐某取得联系后,她的丈夫就去徐某所办的安宁区某采石场代班干活,谁知道5月份的一天,家里接到兰州打来的电话,说她丈夫得重病了,让她赶紧来兰州。谁想到,到兰州后才知道,自己的丈夫已经死亡。事后通过了解才知道,丈夫在代班期间因为公司下达的生产量大、任务重,连续的加班太累,同时采石场的安全设施差,灯光不齐全,结果在5月11日晚上加班期间,被突然倒退的装载机撞倒,装载机的后轮压在了头部,当场死亡。事故发生后,她作为家属来到兰州,与该公司协商处理丈夫善后事宜,经过多天的协商,该公司坚持不承担事故责任,只向家属出示了一份责任事故处理协议书,在协议中对事故责任作了认定,认定本次事故是由装载机驾驶员李某驾驶装载机在正常作业过程中,宋某不幸被装载机压死,此次事故属责任事故,李某作为拥有合格、有效驾驶证的装载机驾驶员,在作业过程中,因为对作业现场进出人员情况观察不周,注意不够,导致事故的发生，李某应承担一半责任；宋某到李某所在的作业现场检查工作，因自己疏忽大意，对正在作业的装载机进退没有在意，致使自己不幸被装载机压死，宋某应承担一半责任；公司对此次事故的发生没有责任。对于某技术开发公司的责任认定，魏女士认为，该公司在逃避责任，只是将事故责任分解给装载机司机和死者本人。后经过工作站律师与该公司的多次交涉，该公司最终同意一次性赔偿宋金玉的家属死亡赔偿金、丧葬费等共计10万余元。

我省法律维权站首起农民工维权案维权成功。

主编点评：

农民工处在社会底层，他们的维权渠道不畅，路子不多，成本很高。近年来，农民工以死讨薪，暴力维权，群体上访等形式的例子不少。已成为引人关注的社会问题之一。要解决这个难题，至少在两个方面应该努力，一是农民工自身要提高法律意识，提高用法律武器保护自身权利的能力。二是全社会要营造农民工利益保障的空间，给予农民工以堂堂正正的"公民地位"，使他们能在劳动用工、医疗保障、司法审理等关键方面真正享受到阳光。

惨案是怎么样酿成的
——甘肃民乐县法院爆炸案幕后

赵 乔

2006年1月6日9时许,"轰"的一声巨响,伴随着血肉和碎玻璃的一股气浪冲出甘肃民乐县法院大楼,巨大的冲击波震落了附近楼房墙面的瓷砖和窗户玻璃。当惊恐中的人们聚向法院门前时,一具具血肉模糊的尸体正被抬出法院。该事件造成5人死亡、5人重伤、17人轻伤。

事发后,甘肃省委宣传部向外发布了简短的消息。该消息说,当日9时20分,民乐县洪水镇新丰村农民钱文昭闯进民乐县法院4楼会议室,引爆随身携带的爆炸物,致使县委副书记陈兴荣、县法院院长王强、县直机关工委副书记黄建功、县法院办公室副主任王英华被炸死,制造这起惨案的64岁农民钱文昭也被炸身亡。

还以为是锅炉爆炸

1月7日晚,记者从兰州市赶往民乐县,在车上就听到乘客在议论该爆炸案。出租车司机对记者说:钱文昭他也认识。此前,他经常看到钱文昭到法院去"闹事"。

记者一进入民乐县城,气氛顿时变得紧张,各个路口都有警察把守,时不时有警车飞驰而过。民乐县宾馆的门口,也添上了武警岗哨。

记者来到法院门前,看到法院4楼上有4间窗户上的玻璃全部震碎,法院门口有警察在驻守,警惕地观察着往来人群。

在法院对面的"兰州牛肉面馆",面馆老板对记者描述了当时的情景。当日上午,他正在和面,突然听到巨大的爆炸声,还以为是锅炉爆炸了,跑出去看,只见法院的4楼被炸得一片狼藉……

一位熟悉内情的人对记者说，当时，法院正在开会，钱文昭冲进会场，要求王强院长处理他儿子的遗留问题。法院办公室副主任王英华将钱往外推，就在此时，钱引爆炸药。

1月7日下午，记者来到钱文昭家所在的洪水镇新丰村，村民们三五成群地议论着什么。好不容易找到钱文昭家，钱家大门紧锁，上面贴着白对联。

记者走进一户偏僻人家，和其主人聊了起来。主人对记者说，钱文昭去年很"背"，法院在执行案件时，钱死了大儿子。时间不长，大儿媳病故。37天前，他老爷子又去世。你们看到门上的白对联，就是为他老爷子办丧事留下的。

他告诉记者，事发后警察天天来，主要调查钱文昭的炸药来源情况。爆炸案后，钱文昭的老伴和小儿子钱多裕被隔离审查。他介绍说，钱文昭是初中文化程度，年轻时跟本村的一位师傅学油漆技术。出事前，也就是元旦那天，他还去钱文昭家里坐过。钱对他说，儿子赔偿的事情解决完了，但案件的事实还没有完全弄清楚，毒药没有找到下落，对自杀的定性有些草率。另外，法官当时在伊宁英才中学执行案件时，儿子身上被搜走的东西没有归还完，他去找县政法委，政法委要求法院归还，可是法院院长不是推，就是找不到人。他称，当时没有发现钱文昭有什么异常。

在县城，有人告诉记者，警方并没有对钱文昭的亲属进行隔离审查，而是为了保护其人身安全，因为爆炸案的受害人亲属声称要找钱文昭的亲属"报仇"。

一场无奈的官司

钱文昭事发，跟他的大儿子钱多福分不开。钱多福毕业于西北师范大学化学系。在校期间，他与同学汤惠兰成为恋人。毕业后，两人回到家乡，同在民乐县第一中学任教。1992年结婚，婚后生活幸福。钱多福对妻儿细心、体贴，被誉为"模范丈夫"。

但一场突发事件却让这个原本幸福的家庭陷入了困境。从1997年起，汤惠兰时常感到双腿困乏无力，易疲劳。经多方检查，诊断为运动性神经元受损伴肌营养不良，并告之此病尚无药可治，只能靠药物维持及延长其生命。不久，妻子双下肢完全瘫痪，生活不能自理。钱多福请了一位保姆照顾妻子。每天上完课，他便回家照顾妻子，并鼓励她与病魔抗争。

但几年前发生在民乐的地震，使他们的关系开始发生变化。2003年10月

25日，民乐县发生6级地震，家家户户都搬到室外避难。瘫痪在家的汤惠兰被学校老师从家中抬了出来，而当时钱多福却赶回老家，忙于照顾父母。钱多福将妻子抛在了身后，以至于汤惠兰对他绝望，并提出离婚。但他未同意。不久，妻子将他起诉到法院。汤惠兰在诉状中称，自2003年她病情加重后，钱就对她越来越冷淡，不尽照料义务，甚至阻止治疗，她不得不提出离婚。

2003年12月，县法院判决他俩离婚，并将住房和家中一切财物全部判给女方，另外向女方支付现金2万多元，男方只拥有对孩子的抚养权。对此判决，钱多福没有上诉。妻子却提出了上诉。2004年，张掖市中级法院二审判决，将男方应支付给女方的现金数额增至10万元。钱多福一时无法筹措巨款，便远避新疆伊宁一所私立中学任教。

被拘人在乌市猝死

2004年4月5日，汤惠兰申请法院强制执行。民乐县法院认为，该判决生效以后，作为该案件的被告人钱多福不履行法院判决，且携款到新疆伊宁英才学校教学。申请执行人汤惠兰向法院提供了钱多福的住址后，法院认为该案件符合法律规定的强制执行案件的情形，决定派执行庭的法官到新疆强制执行该案，并决定以"拒不执行生效判决"为由，对钱多福进行司法拘留。

2005年5月17日晚上，民乐县法院法官将钱多福从新疆伊宁英才学校带走。18日到达乌鲁木齐，当晚入住该市新农大厦。19日凌晨4时左右，钱多福猝死。

事发后，民乐县法院院长王强在接受兰州市一媒体记者采访时说，该案件的申请执行人汤惠兰身患疾病，在离婚前就瘫痪在床，目前生活非常困难。向法院申请强制执行离婚判决判给她的钱款，主要是为了治病之用。

但钱多福的猝死，却令许多人难以接受。2005年5月25日，新疆伊宁英才学校校长周贺军在接受记者采访时说，钱多福是2004年8月份应聘到该校代课的。2005年3月14日，新疆伊犁农四师医院为其做过体检，身体非常健康。钱多福猝死，学校不能接受，希望民乐县法院有个合理的交代。

"自杀"说受到亲属质疑

2005年5月20日，钱多福的弟弟钱多裕和民乐县法院的有关人员及其他亲属到达乌鲁木齐。当日上午，他们向乌鲁木齐市公安局天山分局报案。21日下午，天山分局立案侦查。可是，钱多福住宿的新农大厦1009号房间已经被打扫过，没有了现场。

5月21日上午，钱多裕和民乐县法院的有关人员在乌鲁木齐市殡仪馆，见到了钱多福的尸体。钱多裕发现，哥哥有口鼻流血的现象。

5月24日，新疆医科大学专家在有关人员和钱多福亲属的见证下，对钱多福的尸体进行了解剖。专家初步认定，钱多福的脾脏增大，正常人脾脏约150克，死者脾脏约460克。

后来，其亲属发现，在钱多福猝死的前3个小时，也就是19日凌晨零时33分，钱多福给一位过去的学生赵某发过一个短信，其内容中有"不过人家（指法院执行人员）表面上很客气，也没有为难我，就将钱看得特别重，尤其是姓X的（指民乐县法院执行人员X某）太过分了"的字样。

该短信的内容，赵某已向民乐县检察院提供，并做了笔录。

5月29日，新疆伊宁英才学校校长周贺军向媒体介绍法院执行案件情况时称，学校方曾由周出面，和法院执行人员商谈了执行事宜。

周提出，钱多福工作繁忙，可以考虑先不要带回民乐，由学校从钱多福的工资中每月扣除1000~2000元，打入民乐县法院的账户，其余还款事宜由学校担保。

执行人员在电话请示民乐法院有关负责人后说不行。周又提出，能否先汇给民乐方2万或3万元，其余款项从钱的工资中按月扣除。执行人员和民乐法院有关负责人通了电话，回答仍是不行。周和该院王强院长亲自通话商谈，也未达成一致意见。

"双赢"变成"双输"

后来，新疆警方把钱多福猝死案定性为自杀。然而，警方对钱多福"服用的氰化钾"的来源一直没有查清。

警方曾派员到新疆伊宁英才中学调查，查看了该校用于化学实验的氰化钾。据调查，该校对实验用药品管理非常严格，没有校长的签字，药品出不了实验室。调查结果是，该校实验室的库存氰化钾没有启封过。警方后来了解到，钱多福工作过的民乐一中实验室有100克氰化钾失踪，但失踪时间不好确认，更没有证据证明失踪的氰化钾最后落入钱手。氰化钾的来源成为悬疑。

钱多福的亲属为此表示，如果氰化钾的来源没有查清，他们对自杀定性是不能接受的。

虽然新疆警方把钱多福的猝死定性为自杀，但警方认为，法院在对钱多福采取强制措施后，在监管上存在问题，法院应负一定的责任。

事发后，民乐县法院就钱多福的后续问题，和钱的亲属进行商谈。法院同意在人道主义的前提下，对其亲属补偿4万元，但钱的亲属却提出了80余万元的赔偿标准。

2005年11月1日，在民乐县政法委的主持下，民乐县法院和钱多福的亲属达成《关于钱多福死亡善后事宜的处理协议》，法院共承担处理钱多福遗体的有关费用、给钱多福父母的赡养费以及钱多福儿子的经济帮助9.8万元。

虽然双方就善后事宜达成了协议，但钱多福的亲属认为该案件并没有结束。他们认为，其一，新疆警方在没有查清毒药来源的情况下，就将此案定性为自杀，有些草率，他们要求继续查实。其二，当时，在执行该案件时，新疆伊宁英才学校提出了很现实的建议，法院没有采纳，使一个"双赢"的案件变成了"双输"，法院有关人员应当负有责任。但法院表示不能接受。钱父亲钱文昭深为不满，最终铤而走险，引发惨案。

爆炸案发生后，当地不少人在震惊之余，也深感惋惜。他们说，钱文昭一家或许有可同情之处，但他这一不理智之举，不仅给许多家庭带来痛苦，也对自己的家族造成巨大的伤害。

主编点评：

这本是一起普通的民事赔偿案件，之所以酿成震惊全国的恶性案件，教训是多方面的，也是深刻的。毫无疑问，司法机关的敷衍塞责是本案由"一般"转化为"恶性"的推手，难托其责。但当事人的过激行为却给多个家庭造成难以弥补的恶果。中国的老百姓最信任政府，信任司法机关，但当遇到司法不公或司法不作为、乱作为的时候，他们会感到异常无助，往往会铤而走险，事与愿违。在这种对决中，作为处于相对弱势的当事人究竟应该采取怎样的态度，相信读者不难得出正确的结论。

三鹿的"结石"
——三鹿牌婴幼儿奶粉事件调查

王 鄱 张 鹤

2008年9月11日,甘肃省卫生厅召开了新闻发布会,披露造成我省"肾结石宝宝"事件的真相,经河北省石家庄三鹿集团股份有限公司自检发现,2008年8月6日前出厂的部分批次三鹿婴幼儿奶粉受到三聚氰胺的污染,投放在市场上的大约有700吨。此种奶粉成为"肾结石宝宝"事件的罪魁祸首。新闻发布会称全省共报告病例59人,其中1人死亡,分布于10个市(州)的24个县(区),主要以农村患儿为多。

省卫生厅9月15日再次发布公告说,我省因食用受污染三鹿婴幼儿配方奶粉致泌尿系统结石患者陡增至389例,仅9月15日当天新增166例,成为三鹿奶粉致病最多的省份。

为弄清事实原委,记者对此事件展开了调查。

婴儿父母:一袋奶粉毁了我娃娃一辈子!

从6月28日解放军第一医院泌尿科接收的第一名患有"肾结石"疾病的婴幼儿开始,截至9月12日两个多月时间,该医院已经陆续收治了18名患有相同病症的婴儿。据了解,这些婴幼儿年龄最小的仅5个月27天,最大的也只有11个月。他们共同的病理特征为:均系1岁以内的婴儿,且症状表现为"双肾多发性结石"和"输尿管结石",入院时许多婴幼儿的病症基本上都到了中晚期,有的甚至系急性肾衰竭。目前除6名患儿病愈出院外,如今仍有12名婴儿正在住院治疗。进一步了解发现,这些身患"肾结石"疾病的婴儿,从出生起都一直食用着河北三鹿婴幼儿营养配方奶粉。

9月11日中午,记者来到解放军第一医院进行采访。该院泌尿科5楼的一间不足20平方米的病房里，竟有4个婴幼儿蜷缩在各自父母怀里哭闹不休，有的头上还插着针管正在输液，几乎所有的家长均愁容满面，唉声叹气。

来自古浪县裴家营镇塘坊村的孟庆佐悲痛地说，他的儿子孟凡文仅仅8个月大，从出生起，都一直给孩子吃三鹿奶粉，主要考虑该产品是国家免检大品牌，质量上有保证，且价格相对低廉。在当地批发每袋17元，零售价每袋只18元钱。可是，今年8月27日，他们竟然发现孩子尿道口出现明显红肿，连续3天都尿不出来，于是急忙抱着孩子到大靖镇卫生院做了检查，医生说是患上了尿结石。"当时我们根本就不敢相信，这么小的娃娃怎么就莫名其妙地患上了尿结石呢？"无奈之余，他们只好抱着孩子到武威市人民医院进行详细复查，结果被告知孩子不仅得了尿结石和肾结石，而且还是双肾结石！这时他们才感觉情况十分严重，连夜乘车赶到省城，让孩子住进了兰州军区总医院。仅两天时间就花费了2700多元。经介绍，又转到解放军第一医院。

孟庆佐还担忧地说："我们3岁的大女儿和胞弟8个月大的儿子，也都在食用这种三鹿奶粉，只是兄弟夫妇俩仍在外地打工，孩子由奶奶一个人看着，所以还没有顾得上去做检查。要是孩子们都患上了肾结石病的话，那可怎么办呀，这让我们全家人还活不活了啊！"

提起儿子的病情，小凡文的母亲崔文红女士早已泣不成声。她说自己的家境本来就相当困难，可这病才治了不到半个月，一下子就花费了1.1万余元，还不知道将来能不能治好，要是万一以后再落下个什么严重的后遗症，那不就是毁了我娃的一生吗？

一位名叫后广广的病孩父亲十分愤慨。他顺手从床头柜上抓起一袋尚未开封的三鹿牌"慧幼"II奶粉喊着："就是这种害人的奶粉将我娃娃吃坏的。"这个来自岷县西江镇铁池村八社农民，说儿子仅10个月大。8月23日察觉孩子有病后，他们曾于24日在岷县诊断并住院治疗过几天。后来病情严重又辗转到兰大一院、二院，8月30日转入解放军第一医院。由于孩子患上"双肾结石"及"肾积水"，病情严重、复杂，医生多次建议他们去北京、上海进行治疗，但是由于家里已经没有钱了，孩子就只好依靠打针、吃药进行保守性治疗。

他们夫妇称，小孩出生一个月后就陆续吃三鹿"慧幼"I、"慧幼"II奶粉，平均一袋能吃3天，发病初期出现呕吐、发烧、3天不尿等明显症状。后广广说奶粉是他从岷县县城一处批发部购买的，这种奶粉一箱装有12袋共204元。自己购买奶粉花费了4500多元，住院治疗也已经花掉了1万多元。

岷县秦许乡扎那村七社的车彦军和王烈芳夫妇生有一对可爱的双胞胎，大儿子名叫王鹏，小儿子叫王贺，目前才9个月大。因为没有母乳，兄弟俩一出生就吃三鹿"慧幼"Ⅰ、"慧幼"Ⅱ奶粉，如今双双都被诊断为"双肾多发性结石"、"肾积水"及"输尿管结石"。

他们说，8月1日—6日，大儿子先发病入住兰大二院，经过手术，自然尿出了一块石头，许多儿科大夫都说这孩子"创造了该院的奇迹。"可是回家后不久，9月5日那天，小儿子也开始发病了，症状同样是呕吐、发烧、无尿。经介绍于当天下午来到解放军第一医院治疗。谁料两天之后，大儿子王鹏再次发病又住了进来。车彦军说，孩子吃的奶粉，是在县城东关口一处小商店里购买的。一次就批发5箱。目前住院治疗又花掉1.2万元。

在该院泌尿科6楼的一间病房里，漳县岩井乡前进村樊家磨社的樊想军和刘小霞夫妇俩，表情木然地坐在病床上相对无语。他们将头上插着针头、贴满胶布正在输液的9个月大的儿子樊锦杰紧紧地搂在怀里，显得痛心疾首。据夫妻俩介绍，儿子从出生到住院前，已经吃掉了8箱三鹿"慧幼"奶粉，现诊断为"双肾结石"、"尿道结石"。8月25日他们曾在定西市人民医院治疗，27日转院来到兰州，9月1日做了手术，目前正在住院观察，医药费也花去1.4万元。

病房里，婴儿们一张张天真无邪的笑脸，与许多父母垂头丧气、忧心忡忡的精神面貌形成强烈反差，他们懵懂无知的幼小心灵，怎么能够明白这一场"厄运"，将对自己的一生意味着什么……

医护人员：婴儿患"结石"极为罕见，不排除后遗症可能

正在几个病房里忙碌穿梭的解放军第一医院泌尿科护士长阎红英告诉记者，这么多的孩子同时患上"肾结石"的现象，她从医以来还是头一次遇到。她说，从医院6月份接诊的第一例患婴开始，虽然已有6名患儿先后治愈出院，但是以后可能还会有婴儿被陆续送进来。

在该院泌尿科主任张伟的办公室里，墙壁一隅新挂上了一面锦旗。张主任说，这是他最近为永登县河桥乡"肾结石"女婴陈玉萍做手术后，她的爷爷陈全有亲自送来挂上的。据了解，对11个月大的患者进行"输尿管镜下婴儿双肾结石碎石清石术"，难度与风险都相当高，这种手术能够取得成功，实际上已经创下了全国乃至全球纪录了。据张主任介绍说，肾结石病常见的主要有两种，一种属含钙结石；另一种属于尿酸胺结石。前者多由骨折后愈合不好引起的，

而后者却与人们所处的地域状况、季节变化、饮食不慎及家族遗传等诸多因素密切相关。临床病症表现为呕吐、没有尿、发高烧等状,而且他强调说肾结石的发病率很少见于婴儿,仅占到所有肾结石患者的5%左右。他说目前从该医院收治的"肾结石"婴儿的状况来看,基本上都属于尿酸胺结石,最大的可能就是与长期食用同一品牌的婴幼儿配方奶粉有关。

针对三鹿婴幼儿奶粉添加了三聚氰胺化工原料的说法,张伟主任说,三聚氰胺可导致人体泌尿系统产生结石是毫无疑问的。他解释说,三聚氰胺是一种重要的有机化工中间产品,主要用于装饰板的制作,用于氨基塑料、粘合剂、涂料、币纸增强剂、纺织助剂等。动物如果长期摄入三聚氰胺,会造成生殖、泌尿系统的损害,膀胱、肾部结石,并可进一步诱发膀胱癌。不过,三聚氰胺也常被不法商人用作食品添加剂,以提升食品检测中的蛋白质含量指标,因此三聚氰胺也被人称为"蛋白精"。但大量摄入三聚氰胺,会损害人体的生殖、泌尿系统,产生肾、膀胱结石,因此,这种不法行为具有非常大的危害性。

该院泌尿科住院总医师李文辉此前接受有关媒体采访时介绍说,目前经紧急治疗后,8名婴儿已经脱离了危险,但是仍需住院两到三周进行观察治疗。至于婴儿出院后会不会患有后遗症?李文辉称,目前时间比较短还不能排除这种可能,要经过以后的随访和两三个月复查后才能确定。

李文辉对媒体记者称,经过检查后发现,该院收治的14名婴儿中有90%以上为尿酸胺结石,这种情况在结石中非常少见,一般是因为营养不良造成,多见于儿童和老人的膀胱结石。而经过进一步检测,医院推测这14名婴儿是由于摄入的脂肪和蛋白含量比例失调,引起体内嘌呤碱代谢异常,继而产生尿酸和尿酸盐结晶,在上尿路梗阻后形成肾结石,从而导致肾衰竭。

监管部门:纷纷"亮剑"迅速彻查

记者在调查采访过程中了解到,目前充斥在甘肃农村市场的三鹿"慧幼"系列奶粉不仅进货渠道"诡秘",其产品质量和真伪也颇令人怀疑。

9月10日,就三鹿奶粉质量问题,中国西部天地商贸有限责任公司(三鹿集团合作公司)董事长周浩义在接受兰州一家媒体采访时仍信誓旦旦地宣称,他们1个月前也曾听到消费者反映,于是主动通过有关部门上报卫生部,又把自己所有流放市场的系列产品送样检测,结果是他们的产品没有一样是不合格的。他们还称此前三鹿集团曾委托甘肃省质量技术监督局对三鹿奶粉的蛋白质含量等多项指标进行逐一检验，结果显示各项指标符合国家的质量标准，因此三鹿奶粉质量是合格的。可是这一说法很快遭到甘肃省质量技术监督局新闻发言人的断然否认。

记者随后也曾多次打电话，试图通过石家庄三鹿集团总部联系到该公司赴兰调查情况的人员，作进一步采访，却一直没有人给予答复。

迫于国内诸多媒体强大的攻势和压力，时隔一天，石家庄三鹿集团股份有限公司就于9月11日晚间发布了产品召回声明，并承认在此次事件发生之前，已在内部检测出了相关的问题，谎言不攻自破。用岷县秦许乡扎那村农民王绪槐的话来讲，你出了问题就要敢于承担责任，为了赚几个"小钱"，连这些几个月大的娃娃们都要哄骗哩！无论如何我们都要向企业讨一个说法。

有害奶粉导致婴儿患病的事，引起省委、省政府领导和各相关部门的高度重视。省委书记、省人大常委会主任陆浩闻讯后立即作了批示："立即采取措施，及时妥善处理。"省委副书记、省长徐守盛，省委常委、常务副省长冯健身也于9月10日作出批示，要求卫生部门及各监管部门做好患儿救治，迅速排查。

9月12日，受省委、省政府委托，副省长咸辉带领有关部门负责同志，到解放军第一医院看望该院收治的肾结石患儿，并给予了慰问。

当天，据省质检局新闻发言人宣称，目前，重点患儿所在地的定西市质检局已经找到了"石家庄三鹿集团股份有限公司"在定西的总经销商张丽霞。据了解，该经销商分别于2008年6月10日和7月10日，两次从石家庄三鹿乳业股份有限公司购进该品牌奶粉420箱（每箱12袋），全部批发给了有关经销网点。据张丽霞反映，三鹿公司从2008年8月25日开始对该种奶粉进行召回，现已召回80箱。质监部门在岷县、漳县等6个县，共检查了256家商铺，查获947袋三鹿乳粉，其余已售出3133袋"问题乳粉"，他们正在协同当地工商部门派员深入山区，逐村逐户进行全面排查，以便将风险降到最低限度。同时，省质检局迅速从住院患者处、安定区、岷县、漳县及永登县的流通领域紧急抽取了8个三鹿系列奶粉样品，派专人乘飞机送达国家食品质检中心进行检验，不日即将通报检验结果。又于9月10日向河北省质检局发出了"协助调查"公函，就该乳粉配方的合法性、原材料来源及品质等情况进行重点调查。

省工商部门也要求各基层单位逐户逐店对食品经销、批发企业、超市、商场、经营门店进行彻查，不留死角。9月12日上午9时，兰州市城关工商分局接上级通知，立即召开紧急会议，要求辖区各工商所立即对各自辖区内的三鹿奶粉进行下架，全面清查"三鹿牌"慧幼奶粉。10时整，分局局长彭琪带领经济检查大队、市管科和消保科执法人员来到辖区的几个大中型超市，对"三鹿"奶粉的销售情况进行了检查。同时，分局下属各工商所也组织执法人员对辖区特别是城乡接合地带的各商店销售的"三鹿"奶粉进行清查，当天共查扣"三鹿"慧幼奶粉716袋，下架"三鹿"奶粉4343袋（桶）。

9月13日上午，由食品药品、卫生、质监及工商等部门组成的联合调查组已赶赴河西开展相关调查。几天来，记者多次走访了市内各大超市和商场，发现三鹿奶粉已经"芳踪"难觅，但是无数家长却闻讯纷纷带孩子到医院进行检查，患婴人数仍在不断增加，截至9月16日记者发稿时，仅解放军第一医院收治的"肾结石"患儿已增加到30例。

2009年2月中旬，记者了解到，解放军第一医院仍有13名来自我省甘谷、积石山等地的农村患儿正在接受着张伟主任的精心治疗。

在人们健康和生命的底线面前，所有的虚假和丑恶现象都变得异常屠弱。三鹿集团终于为自己的不诚实、不守信买了单——新华社2009年2月12日、15日分别发布消息说，三鹿集团正式宣告破产。酝酿多日的三元收购三鹿一事迈出实质性步伐。13日北京三元食品股份有限公司发布多份公告，称董事会已同意三元食品全资子公司——河北三元与三元集团组成联合竞拍体，以不超过总评估价值的110%参加竞买三鹿破产财产包。至此，备受人们关注的"三鹿奶粉事件"，有关债务清偿、企业收购、资产拍卖等在政府监管下有序进行。

而就在1月22日，"三鹿奶粉事件"的另一个主角——原三鹿集团董事长田文华因"生产、销售伪劣产品罪"被判处无期徒刑，剥夺政治权利终身，处罚金人民币2468万余元。企业其他相关领导及事故责任人也获领不同判罚。

一审宣判后，田文华不服判决，日前已通过律师提出了上诉。她偏执地坚称"自己无罪，要求上级法院撤销一审判决"的说法，再次触痛了国人原本就敏感复杂的神经，更引起部分网民的极大争议。但随着法律的利剑出鞘，这样的结果总算暂时让全国的29.4万个患儿家庭，及广大老百姓略感心安。

据后来省卫生厅核准，我省因食用了"问题奶粉"而导致身体不适的婴幼儿共有17804名。截至2月7日，全省共有15680名患者领取了赔偿金，占到应获得赔偿患儿的近九成。兰州市截至2月12日上午10时30分，共有2805名因食用了含有三聚氰胺的奶粉而患病的婴儿家长获赔570.4万元，占到省卫生厅核准该市领取赔偿金人数3668名的76%以上。按照赔偿方案，回顾性死亡病例赔偿标准为每人20万元；重症、接受透析或置管，外科手术等检查或治疗的患儿赔偿标准为每人3万元;未住院治疗或住院一般治疗的患儿每人也有2000元的赔偿标准。赔偿责任主体及资金,由质检总局通报的22家生产含有三聚氰胺婴幼儿奶粉的企业负责、落实。

 **主编点评**:
　　三鹿问题奶粉事件是我国近年来影响巨大的食品安全事件,使千千万万个家庭深受其害,也使我国产品的国际声誉受到很大影响,我省是该事件的重"灾区"之一,也许消极影响到现在还没有消除。痛定思痛,国家及时为患者检查治疗,人大常委会修订出台了《食品安全法》,相关企业和政府的责任人得到了严惩和处理。吃一堑,长一智,相信随着国家食品监管法规的不断健全及监管工作的规范,食品生产、经营将走上法治的轨道。作为消费者,我们要始终睁大双眼!

"捞人"的闹剧
——二级警司思登建导演惊天骗局始末

张 嬿 张兆平

"工作不够大胆。"这是兰州市公安局在对思登建授予二级警司警衔时所写的"组织鉴定"。然而,这个"不够大胆"的二级警司,为谋取不义之财,竟与退休职工王道源合谋导演了一出令人瞠目结舌的惊天骗局:让自己的妻子、哥哥客串假扮高官夫人和中央机关领导,在北京给当事人上演了一出"超级模仿秀"。

2008年3月11日,在看守所等待最终结果的思登建等被告人,接到了甘肃省高级人民法院的终审判决:思登建判处有期徒刑13年;王道源判有期徒刑10年;两人均处以10万元罚金。思登建的哥哥和妻子也分别领刑。随着省高院的终审宣判,使这起为"捞人"而由二级警司设下骗局、在我省引起轰动的案中案尘埃落定。那么,作为一名警察的思登建,是如何从兰州到北京设下一个又一个连环骗局施展骗术的?谎言又是怎么被戳穿的呢?

丈夫入狱 妻子急忙"捞人"

其实,思登建与被"捞"的柏某并不认识,在没有见到柏妻之前,思登建是兰州市公安局经侦支队四大队教导员,妻子已退休,而他二哥则是省委机关某处处长。柏某,是兰州市西固区柳泉乡东坪村村民委员会原主任。这两个素未谋面的人,却由于柏某的涉嫌犯罪而被联系在了一起。

柏某在该村与某企业一起包销经济纠纷中,作为村主任,他组织村民围堵企业大门,严重干扰企业正常工作、生产秩序。柏某因涉嫌聚众扰乱社会秩序被拘捕后,柏妻十分着急,认为丈夫是冤枉的,她想找人为柏某办理取保候审,把柏某"捞"出来。就在她到处找人求情时,得知一位朋友认识兰州市公安局经侦支队教导员思登建。2006年4月27日,思登建接到了柏妻朋友打来的"捞人"电话,并随后在办公室约见了柏妻,表示可以"想想办法"。当天晚上,思登建驾警车来到城关区某酒店,接受柏妻及其家人宴请。酒过三巡,思登建提出"有个人能办成此事",并打电话叫来了此案另一主角——王道源。

当王道源赶到后,思登建向柏妻等人介绍说这是"老书记"、"老领导",是兰州市已离休在京的原市长王某某的弟弟、兰州市委政法委某领导的"挑担"。殊不知这个王道源,其实是甘肃省某企业一名退休职工,现与思登建妻子合伙开办一家门窗加工厂。据王道源后来交待,吃饭期间,思登建给他递眼色让他到包厢外面说话。在包厢外,思登建说自己是警察不好出面,因此由他打探柏某家经济实力。因有利可牟,王道源心领神会。返回包厢后,两人演着"双簧"开导柏妻"要想办成此事,不花钱不行",并拐弯抹角套取了柏妻"只要能把人放出来,花多少钱都行"的许诺。就这样,由思登建和王道源合谋的这起诈骗大戏,在当天晚上酒席桌上拉开了序幕。

小试身手　12万收入囊中

酒宴结束时,柏妻从自己坤包中掏出12万元现金交给思登建和王道源,表示10万元用于为柏某"活动",另2万元用于两人请客吃饭、坐车等花销。随后,在柏妻等人目送下,思登建和王道源携带这笔巨款及两份高档烟酒离开,驾车回到了思登建的办公室。

拿人钱财,就要替人消灾。在随后几天里,思登建和王道源怀揣柏某的申诉材料,出入有关领导办公室游说,替柏某喊冤叫屈。然而,几天过去了,两人的游说要么被拒绝,要么被委婉推脱,这让收了钱的思登建和王道源无法交代,无奈之下两人约见柏妻,如实相告"柏某一案在兰州影响太大,事情不好办",表示把钱退回。不甘心就此罢手的柏妻当场下跪,请求思登建和王道源再想想办法。面对已经拿到手的12万元巨款,想到一出手就能拿出12万元的柏妻,思登建又抛出了"老领导"在中央有关系,甘肃办不成到北京去办的"诱饵"。正处于焦急中的柏妻闻听此言喜出望外,边说"太好了"边恳请王道源"帮忙帮到底"。之后,两人又是给北京认识的人打电话,又是约请人到北京找关系,但事与愿违,"硬关系"根本没有找上。不想放掉这难得"挣钱机会"的思登建,灵机一动给王道源说出了他的"新想法"……

两人经过一番商议,王道源告知柏妻北京领导已联系上,并煞有介事地说:

"北京水很深……"不明究里的柏妻以为北京正在下大雨,王道源提醒她们要带雨具,后来还是随行家属提醒她后,才明白"水很深"中的含意。她赶紧表态:"钱不是问题,黄金铺路我们想办法。"在随后交谈中,柏妻试探着问王道源:"50万元够不够?"心中窃喜的王道源佯装思考了一下说:"就按这个数准备吧。"并吩咐柏妻将钱分装成20万元、30万元两份,再准备10条黑兰州香烟。

与此同时,思登建也在为实现自己的"新想法"与王道源积极筹划着。据王道源在侦查阶段的交待,思登建的"新想法"是"钱与其让别人挣,还不如我们自己挣;找人冒充中央领导在北京把钱拿到手,但事情还是要在兰州办。"可让两人费心思的是找谁来扮演"北京高官"?找外人,不但肥水流了外人田,且事情还容易败露。两人将目标选定在自己亲属身上,在觉得王道源家人"缺少京官气质"被否定后,思登建决定让自己妻子和二哥来演这出戏。对妻子,他倒是有把握,只是担心二哥未必配合,但箭在弦上,思登建还是硬着头皮给二哥做了工作。

警察家属　京城上演惊天骗局

按照思登建二哥的说法:当思登建提出让他帮忙"圆场"时,他当时没有吭气,可见他心里也很矛盾。但经过工于心计的思登建一番工作,他最终还是被说服。也正因为如此,当思登建一家人商量2006年"五一"放假去哪里旅游时,别有用心的思登建提出请全家去北京旅游,让老母亲也逛逛北京城。听说有"免费午餐",思登建家人当然很高兴。而思登建和王道源商议时,决定为了不让双方撞面,两人错开时间分头走,王道源带柏妻及其亲属一行6人乘飞机赴北京。而思登建则携家带口一行8人乘火车到北京。就这样,一场经过精心密谋的骗局从兰州移往北京上演。

2006年5月5日,春光明媚,景色怡人,但柏妻等人却无心观赏首都的美丽景色,而是随王道源匆匆来到北京"全聚德"酒楼,径直进入楼上一间包厢。包厢内沙发上坐着一个衣着得体、行为端庄的中年妇女。寒暄过后,王道源向柏妻等人郑重介绍:"这是国家经贸委主任侯某某的夫人。""侯夫人"向柏妻等人含笑点头说:"本来我与侯某某一起出门来宴请大家,中途有个省的省委书记到京办事,把他叫走了,他晚一点过来。"王道源迎合着说:"当领导的太忙,我们等一等。"说话间,"侯夫人"手机响了,接罢电话,"侯夫人"抱歉地说:"侯某某又被急事绊住来不了了,我只好代表他招呼王书记,你们大家随便坐吧。"落座后，王道源说："唉，几年没来北京，真想见侯主任一面，看来这次又见不上了，柏某冤情还烦您转告。"面对丰盛宴席无心享用的柏妻，赶紧小心翼翼递上申诉材料，并哭诉柏某一案前后经过，央求侯主任说句话。"侯夫人"接过材料边翻看边说："你们的事王书记在电话上说过，侯主任会重视办的。"王道源给"侯夫人"夹着菜说："那就拜托了！拜托了！"饭很快吃完了，"侯夫人"拿出两条白色中华烟、一张卡、一封信交给王道源说："烟你抽，卡里有1000元钱，你看着给嫂子和孩子买点东西，信是侯主任写给甘肃省某秘书长给你们办事的。"王道源一一接过东西，然后提起柏妻等人从兰州带去的装有20万元现金和兰州地产香烟的一个包说："兰州没什么可带的，一点土特产，望收下。""太客气了……""侯夫人"说着接过包先行下楼，上了门口停着的一辆出租车。送完"侯夫人"回到包厢的王道源打开香烟，给每人发了两包说："尝尝，内供中央领导的中华烟。"

在中午见过"侯夫人"后，当天下午4时许，柏妻等人又被王道源带往北京某饭店，在一间豪华套房里，拜见年约50多岁、戴着深色眼镜的"中办秘书局董局长"。王道源在给双方引见后，向董局长介绍柏妻等人时说："她们是电话里给您说过的老板家属。"看过柏妻递上的相关材料，董局长说："这件事'老领导'给我说过，可能的话，我找王刚主任批转到甘肃。"并且说："目前因土地纠纷引起的群众性事件较多，中央要求稳定，你们这件事我会努力办，无论以什么方式，先让人（柏某）出来。"当柏妻等人离开房间时，王道源让她们把装有30万元的包放下，而"董局长"则转赠了王道源两条中华烟和一盒内供中央领导的高档茶叶。"

据柏妻在案发后向有关办案机关描述她们见"董局长"的经过时，说在被"接见"过程中，"董局长"还说：我正在人民大会堂开会，听（王道源）说是家乡事，所以抽空关心一下……""你们来得不巧，要不是我在陪领导，一定要带你们到海里（指中南海）玩一下……""我请中办领导批示后给甘肃去函，五一节长假过后我给中石油老总打个招呼，他们再不要追究了，先想办法把人保出来……"这一切，让她们无法不相信"董局长"的身份，也更让她们对"捞出"柏某充满信心。

提前踩点　警司亲作导演

其实，在北京全聚德酒店里的"侯夫人"，是恩登建的妻子杨某某；那张

"有1000元钱"的购物卡,是思登建家人在逛街时,商家发的商品宣传卡;信是思登建在兰州就编写好蒙骗柏妻等人的;而"侯夫人"接的那个"侯某某来不了"的电话,是思登建打的。"侯夫人"招待的那一桌几千元的宴席,则由柏妻埋了单。更令柏妻等人吃惊的是,被她视为珍贵的所谓"内供中华烟",带回兰州后一直没舍得抽,放到春节招呼客人时才发现是假烟。

"明天中午你以'侯夫人'的名义去全聚德招呼几个人吃饭,人是兰州西固的,到北京来找人办事,人不在你去顶一下。"这是思登建在到达北京后,向其妻交代冒充"侯夫人"见柏妻时所说的话。其实,在去北京之前,思登建已经对其妻打过"预防针":咱们去北京旅游,顺便让你去办事。当妻子问什么事时,思登建说过两天再告诉她,因为还没有决定好,等决定好了再说。而在他们一家人乘坐火车前往北京的途中,思登建的妻子则看到丈夫和其二哥在软卧包厢里聊了好长时间,虽然具体说了什么她不知道,但当她得知丈夫让自己冒充"侯夫人"时,她已经猜到丈夫"会不会像我一样也是让二哥冒充高官?"

为了使这出戏演得逼真,思登建与王道源提前对北京某饭店进行了"踩点",给要假冒北京高官的二哥定了符合北京高官身份、一天4900元的豪华套房。在入住后的当天晚上,思登建和王道源向思妻及思二哥进行了"战前演习",其中包括如何模仿北京高官动作、说话语气及首长夫人气质、见柏妻过程中什么时候交东西给王道源、怎样把柏妻等人带去的包拿回来等,都一一作了详细交待。在给思二哥打气时,他们说:"人家可是提着钱来见你的。"在见柏妻当天,思登建不但要求妻子"收拾精神些",还给妻子打气说:"你去吧,有王道源在那,中间我会打电话给你。"为了"鼓励"妻子,思登建亲自打的送妻子到饭店门口,后又打的到门口接妻子,之后在妻子陪同下,将收到的50万元现金存入以妻子名字开户的存折中。

贪心不足 真相浮出水面

顺利骗取50万元返兰后,思登建、王道源没有丝毫心存惭愧,反而认为柏妻的钱如此好骗,进而使他们欲望越大。当柏妻追问事情进展时,以"某秘书长好像知道给中央侯主任、董局长送钱的事了",又提出,给某秘书长也要送钱。后来,应思登建电话指使,柏妻在一家咖啡厅将20万元现金交给王道源。

在此期间,柏某案件依照司法程序进行着,一点也没有能"捞出来"的迹象,这令柏妻及其亲属心情越来越急。他们通过思登建、王道源送出的钱已高达82万元。不仅如此，思登建还以今天去见某个厅长，要送纪念金币；明天又要去见某书记，要送珍贵邮票；后天又要去见某局长，要送高档茶时等为由，使柏妻又花去十多万元。案发后，王道源所述送礼清单显示：软中华烟40条；芙蓉王20条；每根58元雪茄5根装10盒；价值9000元珍贵邮票；价值8000元纪念币；价值8000余元茶叶、茶海等。2006年8月的一天，柏妻再次接到思登建电话，让到市内某茶叶店去给"办事的人买些茶叶"。接到电话后，柏某亲属带钱如约前往。到思登建指定茶叶店后，他看到思登建正和店主品茶聊天，于是坐了下来。说话间，从茶叶店外走进一个女人给思登建一把钥匙，没有说一句话转身离开。就这几秒钟中，纪某无意间抬头看了一眼，顿时目瞪口呆：这不是在北京见过的"侯夫人"吗？在他发愣时，"侯夫人"已走出店门。纪某随后悄悄一打听，得知此"侯夫人"真正的身份竟是"思夫人"。至此，这起由二级警司思登建和退休职工王道源共同设局套取巨款的骗局被揭开冰山一角。

公正审判　难逃罪责坐定牢

2007年8月10日，思登建、王道源因涉嫌受贿罪被刑拘。一个月后，思妻及其二哥因涉嫌同一罪名被捕。4人因共同涉嫌受贿罪，被检察院提起公诉。兰州市中级人民法院一审以思登建等人构成诈骗罪给予判刑。一审宣判后，思登建、王道源及思登建二哥不服提起上诉；思登建之妻服判。

在上诉中，思登建提出自己主观上没有非法占有他人钱财的目的，客观上没有虚构事实、隐瞒真相的行为，不构成诈骗犯罪；柏妻所送每笔钱都针对具体事、具体人，比如12万元是给王道源托人情关系的费用，50万元送给王道源北京的朋友，20万元是让王道源送给省、市有关领导的，王道源收受钱款如何支配、怎么向他人介绍思妻、思二哥和要达到什么目的和企图，是王个人行为，责任自负，与其无关。他没有与王道源商量共同诈骗柏妻，只是吃过几餐饭、抽过几条烟而已等。而王道源上诉中主要称自己行为不构成诈骗，思登建表示不惜代价将事办成，先后找了省、市、区一些部门和领导，积极为柏某托人申诉，又担心事情办不成拿不到钱，故在北京骗取了50万元，以欺骗方式拿钱替人办事，不是非法占有等。同时，王道源称柏妻相信的是思登建的警察身份，收取多少钱、送给什么人全由思登建作主，自己仅从旁协助，北京之行是思登建一手策划的"新想法"，冒名的人也是思登建妻和兄，82万元赃款由思登建实际控制，自己只去北京花费2万元。

省高院审理后认为：思登建、王道源以非法占有为目的，以替别人帮助办理取保候审需要给人送礼为名义，虚拟行贿对象，伙同思二哥及思妻先后四次骗取柏妻等人人民币82万元的犯罪事实清楚，证据来源合法，内容真实有效，审查属实，予以确认。思登建不是柏某一案侦查人员，王道源是企业退休职工，二人违反司法程序通过社会关系、贿赂等不正当手段，私自给已依法逮捕的犯罪嫌疑人"帮忙"取保候审，严重扰乱了国家司法程序，事实清楚，证据确实充分，骗取巨额现金。思登建、王道源相互勾结、利用他人急于取保候审的心理，以人民警察的身份为掩护，以认识中央国家机关、省市领导为诱饵，一次又一次骗取受害人82万元现金据为己有，责任应共同承担。而王道源以"老领导"身份自居，与思登建共谋虚拟行贿对象，谎称认识国家中央机关的领导，带领柏妻等人到北京骗取巨款，情节恶劣，行为积极，认定主犯正确。在驳回思登建等人上诉后，省高院作出了终审裁定：驳回上诉，维持原判。

记者手记

"金色盾牌热血铸就，危难之处显身手……"这首耳熟能详的歌曲，让人热血沸腾，更让人对警察肃然起敬。而思登建，这个曾被兰州市委、市政府嘉奖过的二级警司，却利用警察这个令人信任和尊敬的职业，为谋取巨额钱财设下骗局，今天的结果是他咎由自取。而他的行为，不但给警徽蒙羞，给社会造成不良影响，还辜负了培养、提拔自己的单位，辜负了信任他的领导和同志们，同时还害了被他拉下水的两位亲人，给自己的家庭造成了伤害。

记者在采访此案中了解到，柏某一案牵涉进的不仅只有这起案件中的4个人，另外还有公安、法院等司法机关的数名人员，目前他们或被审查或正在接受法律的审判。柏某之妻原本想通过非正常手段"救夫"，不料却害人又害己，花去近百万元金钱，不但身心疲惫，还涉嫌妨碍司法公正。而在金钱、人情、关系网等诱惑之下，一些原本是法律执行者的人却知法犯法，自毁前程。今天，无论这些人是已经在铁窗中服刑，还是正在等待法律的审判，相信他们都在深深的内疚和悔恨中度日如年。

反思此案，也有许多被思登建找到或通过关系找到的领导，在金钱、人情的考验面前拒绝了诱惑，保持了党性原则，维护了廉洁的同时，也令自己的"官德"受到了洗礼。无论是柏某一案，还是思登建或正在等待审判的其他涉案人员，我们不想说"法网恢恢"、"法律面前人人平等"等这样的话，我们只想说在公平、正义、良知中不要心存侥幸，更不要以为自己有着怎样的身份就可以为所欲为，思登建案敲响警钟：看清自己的路该怎么走很重要，否则付出的代价也许你将无法承受。

 **主编点评**：
　　原村主任柏某之妻，通过警察要获得的，并不是司法公正，而是想让其夫逃避法律制裁的非分之私，这就决定了其途径必是见不得阳光的"黑道"。而恰遇了"吃黑"的不法警察思登建及其妻子巧演双簧，使这出游戏法治的闹剧有了点黑色幽默。好在柏某之妻并没有暗亏吃尽，觉醒后还是选择了阳光下的法律。在法制尚在健全的社会中，人们可以怀疑司法公正，有人也可能钻法律的空子，但通过金钱维系的链条就可靠了吗？在阳光下不求公正，难道"黑道"中有公正吗？

在"劫"难逃
——定西市安定区公安局侦破"2·24"特大入室抢劫案纪实

王 刚 曾代荣

2009年2月24日凌晨2时许,定西市安定区青岚乡赵家岔村接连发生两起特大入室抢劫案,村里相邻的两家小卖部先后遭劫。劫案打破了乡村往日的宁静,巨大的恐慌笼罩在村民心里。安定警方接到报案后,咬定线索,快侦快破,仅用4天时间,就将涉案的4名犯罪嫌疑人全部抓获归案,还原了乡村平素的静态。

半夜三更,闯进几个蒙面人

深夜,熟睡的老董突然被一声巨响惊醒,还没醒过神,就被几个蒙面人摁在床上动弹不得。紧接着他被捆住了手脚,脸也被毛巾蒙住了。他的第一反应是"土匪"来了,虽然50岁的他并未见过真的土匪。听着翻箱倒柜和搬货的声音,老董想着自己苦心经营的小卖部完了,又猛然想起外衣兜里还装着1万余元的现金,他的头皮都麻了。过了20分钟左右,来人支吾了几句,然后是向外走的脚步声。他略微一动弹,一个本地声音立即威胁了一句,他仍咬牙挨着。

何老汉的铺子比老董的靠后些,相距10来米远,他就睡在小卖部里。他隐隐约约听见外面有脚步声,正要起身去看,门突然被踹开了,紧接着灯也亮了。来人带着头罩,手持铁棒,一进门直奔老汉,连捆带绑。老汉反抗着挣脱了绳索,穷凶极恶的劫匪用刀把、拳头朝这位60多岁的老人头部和面部乱揍,他再也无力反抗了。但凭着直觉,老汉似乎猜出这伙人白天的时候到小卖部里来过,于是他央求劫匪手下留情。劫匪无动于衷,其中一个端起老汉装钱的抽屉跑了。

10分钟左右后，有了汽车的声响，劫匪们消失在夜色中。

又过了几分钟，听见汽车远去的声音，惊魂未定的老董和何老汉估摸着劫匪真的走了，挣扎着咬开绳索，找到村干部汇报后，向西巩驿派出所报了案。

车海寻"7"，咬定线索不放松

犬吠、鸡叫、人吵，劫案惊动了整个村子。

"从记事起，还没见过这阵势……"，闪烁的警灯打断了村里长者的回忆，西巩驿派出所民警于凌晨3时50分许接到报案后，第一时间赶到赵家岔村，安抚受害群众，保护案发现场。约半小时后，分管刑侦工作的副局长陈耀接到报告后，带领侦技民警赶到案发地，连夜开展固定证据、提取物证以及调查走访等工作。令人欣慰的是，当晚即获得重要线索：据目击者回忆，劫案发生的前一天（23日）下午，有一辆绿色面包车曾在案发现场附近出现过，车号中有数字"7"；同时，受害人也肯定劫匪操本地口音。

案情重大，影响恶劣。局领导立即向区委、区政府、区委政法委和市公安局作了汇报，区委常委、政法委书记杨振军，分管公安工作的区政府副区长刘娟玉以及市公安局领导相继批示，要求高度重视，迅速侦破案件。接到报告后，远在北京参加全国县级公安局长专题培训的定西市公安局副局长、安定区公安局局长张宏发出抽调精干警力，不惜一切代价侦破该案的指令，并时刻关注案件进展情况，指导破案工作。

2月24日上午召开的紧急案情分析会上，确定了"从车到案"的侦查思路，侦破工作就此全面铺开。专案组兵分5路，主要领导亲自带队，仅两天时间，在全区大小乡镇以及城区排摸嫌疑车辆600余辆；信息分析组收集、整合线索，排除嫌疑人员70余人，与排摸组相辅相成开展工作。但据不完全统计，全区符合作案车辆特征的绿色面包车有2000多辆，排摸工作难度极大，侦破工作一时陷入僵局。就在这时，负责城区排摸的刑侦专业中队采用多种侦查手段后，获取一条重要线索：23日下午，在城区某加油站出现过一辆车号为甘J·×7×××的绿色面包车，后车牌有意地遮住了，当时车上坐着几名可疑男子。"7"终于出现了，侦查员迅速围绕嫌疑车辆开展调查排摸。令所有人没有想到的是，该车已是四易其主。最终，侦查员辗转陇西县以及安定区口镇、团结镇等地后，终于找到了第4位车主李某。据李某讲，他的车又于数日前赊给了贵某（男，25岁）。经调查，贵某平日行踪不定，家人和亲戚朋友很少知其下落。

贵某现在何处？凶残的劫匪和贵某有无关系？

丧心病狂，盯上堂大大和远舅舅

根据线索，安定警方全警动员、全力以赴，立即围绕嫌疑车辆在全区范围内开展大排查行动。终于在2月27日上午，侦查员在西关市场附近找到了嫌疑车辆，但贵某本人没有露面，精细的侦查员从车内发现了两半包10元左右的烟，还有几处擦痕，该车疑点迅速上升，贵某当即成为重点嫌疑对象，抓捕方案随即确定。

当日下午2时许，侦查员在定西市第一人民医院附近将犯罪嫌疑人贵某抓获。经突审，在强大的心理攻势下，贵某供述了伙同另外3名犯罪嫌疑人，在青岚乡赵家岔村连续抢劫该村两家小卖部的犯罪事实。随后侦查员迅速摸清其他3名犯罪嫌疑人的下落，分别在西关市场附近和葛家岔镇将犯罪嫌疑人程某（男，21岁）、董某（男，23岁）和梁某（男，35岁）抓获归案。至此，4名犯罪嫌疑人全部落网。

经审讯查明，2009年2月22日，董某、贵某和程某以"弄点钱"为目的，驾车到葛家岔镇某村去偷羊，因狗叫惊脱而未能得手。次日，董某的朋友梁某从外地来定西后，沆瀣一气的4名犯罪嫌疑人聚在了董某在城区的某出租房内，抱着城区易被发现、乡下容易得手的侥幸，董某自荐他堂大大和远舅舅的小卖部，4人商量稳妥后，精心谋划了一个自以为天衣无缝的抢劫计划。23日下午14时许，4名犯罪嫌疑人准备好了头套、压剪、手套、刀具、钢管、胶带纸以及装钱用的编织袋，蒙了后车牌，在某加油站加油后，驾车到青岚乡赵家岔村去踩点。到地方后，怕被村上人认出，除董某外其余三人到小卖部里买了水，借机熟悉了地形。踩完点后，4人熬到次日凌晨2时许开始动手。他们先用压剪剪断门锁，后闯进小卖部，采用蒙面持刀恐吓、捆绑等手段，抢劫老董、何老汉小卖部内现金共计1万余元，还有价值0.4万余元的手机、货物等。得手后，4人返回城里，将所劫财物平分。

目前，经安定区检察院批准，上述4名犯罪嫌疑人于近日被安定区公安局执行逮捕。一次次的破案实践雄辩地证明，再精密的作案计划都有百密一疏的时候，以身试法的结果只有一个——锒铛入狱。

 **主编点评**：

作为情节恶劣、危害巨大的犯罪类型，抢劫罪一直是警方严打的刑事犯罪。本案中的4名犯罪分子以农村一小卖部为抢劫对象实施犯罪，手段恶劣，影响很坏，但恶有恶报，他们锒铛入狱的必然命运再次告诫那些有不轨想法的人：莫伸手，伸手必被捉！同时，身处乡村的广大农民朋友且不要被淳朴民风的普遍性所蒙蔽而失去应有的警惕，应该采取适当措施保护好自己的财产，不要给犯罪分子以可乘之机。

后 记

经过两年多的艰苦努力,《和谐甘肃读本》丛书终于面世了。有一些幕后的情况,尚需交待几句。

关于甘肃省近些年来发生的深刻变化的报道浩如烟海。对这些文章加以精心挑选,利用图书的形式集中起来,分门别类编辑成册,既有宏观展示甘肃改革建设大局、传递最新信息、鼓舞人民士气之功用,也是为后世的研究者保存了一份鲜活的史料,为此我们才策划了这套丛书。本丛书的启动,得到了甘肃新闻出版局局长张余胜,原省局副局长、现任中共甘肃省委宣传部副部长管钰年,省局副局长李玉政、袁爱华四位领导同志的热情支持。他们或亲任主编、撰写总序,给予编辑思想上的指导,或肯定这套丛书在政治方面的价值,或支持这套丛书在甘肃"农家书屋"中推广,深入千家万户。没有他们的鼎力相助,这套丛书是很难成功出版发行的。

甘肃文化出版社社长谢国西是本丛书的策划者。他提出了选题,构想了各分册的布局,并全面主持了丛书的组稿计划、版式设计、出版、发行诸项工作。他的事业心和责任感,精细缜密的谋划能力,经验丰富的组织协调能力,使这套丛书的运作得以有条有理的平稳推进,终于如期出版。作为助手和丛书计划的执行者,副社长管卫中具体做了各分册主编遴选、各册内容布局设计,学术和文字、结构把关乃至大量的选稿、改稿工作。编辑部主任原廖平担负了繁重的编辑工作。文化社副总编车满宝参与了本丛书的策划。副社长王奕承担了繁复细碎的出版程序安排和发行协调工作。副总编温雅莉承担了丛书版式设计联络工作。编辑陶伟等人以篦子梳头般的精细完成了书稿的编校工作。

这套丛书的完成,与诸位主编的努力是分不开的。总主编之一玄承东和各分册主编多为资深记者。他们目击和见证了甘肃这些年在方方面面发生的深刻变化,以及党和人民的奋斗过程。因此,在编书时就胸有成竹,把握得当。

丛书出版之日,向上述同志谨表谢忱!

和谐甘肃读本丛书编委会
二〇〇九年九月二十日

图书在版编目（CIP）数据

和谐甘肃读本. 法治保障篇/张余胜，玄承东主编；
李贵世分册主编. —兰州：甘肃文化出版社，2009.9

ISBN 978-7-80714-838-8

Ⅰ. ①和… Ⅱ. ①张… ②玄… ③李… Ⅲ. ①甘肃省
—概况②社会主义法制—建设—成就—甘肃省 Ⅳ.
①K924.2②D927.42

中国版本图书馆CIP数据核字（2009）第179309号

和谐甘肃读本·法治保障篇

李贵世 主编

责任编辑	管卫中
责任校对	杜军辉
装帧设计	锐园设计 史春燕
出版发行	甘肃文化出版社
地　　址	兰州市曹家巷1号
邮政编码	730030
电　　话	0931-8454870
网　　址	www.gswenhua.cn
经　　销	新华书店
印　　刷	兰州新华印刷厂
厂　　址	兰州市七里河区硷沟沿115号
开　　本	787mm×1092mm 1/16
字　　数	272千
印　　张	17
版　　次	2009年9月第1版
印　　次	2009年9月第1次
印　　数	1-8 200
书　　号	ISBN 978-7-80714-838-8
定　　价	30.00元

本书如存在印装质量问题，请与印厂联系调换
版权所有　违者必究

图书在版编目（CIP）数据

和谐甘南读本．法治保障篇／张令瑄，名顺主编；李贵明本卷主编．
—兰州：甘肃文化出版社，2009.9
ISBN 978-7-80714-838-5

Ⅰ.和… Ⅱ.①张… ②名… ③李… Ⅲ.①行政管理②社会主义法制—建设—概况—甘南藏族自治州 Ⅳ.①K924.2②D927.42

中国版本图书馆CIP数据核字（2009）第179309号

和谐甘南读本·法治保障篇
李贵明 主编

| 责任编辑／李贵明 |
| 责任校对／任军海 |
| 装帧设计／田应国印齐 央卷加 |
| 出版发行／甘肃文化出版社 |
| 地　址／兰州市曹家巷1号 |
| 邮政编码／730030 |
| 电　话／0931-8454870 |
| 网　址／www.gswenhua.cn |
| 经　销／新华书店 |
| 印　刷／兰州新华印刷厂 |
| 地　址／兰州市七里河区曹家巷15号 |
| 开　本／787mm×1092mm 1/16 |
| 字　数／272千 |
| 印　张／17 |
| 版　次／2009年9月第1版 |
| 印　次／2009年9月第1次 |
| 印　数／1—5 200 |
| 书　号／ISBN 978-7-80714-838-5 |
| 定　价／30.00元 |

本书如有印装质量问题，请与印厂联系调换
版权所有　违者必究